언 다르고
어 다르다

언 다르고
어 다르다

슬기로운 낱말 공부

김철호 지음

2020년 7월 13일 초판 1쇄 발행
2024년 1월 8일 초판 6쇄 발행

펴낸이 한철희 펴낸곳 돌베개 등록 1979년 8월 25일 제406-2003-000018호
주소 (10881) 경기도 파주시 회동길 77-20 (문발동)
전화 (031) 955-5020 팩스 (031) 955-5050
홈페이지 www.dolbegae.co.kr 전자우편 book@dolbegae.co.kr
블로그 blog.naver.com/imdol79 트위터 @Dolbegae79 페이스북 /dolbegae

주간 송승호
편집 김진구
표지·본문 디자인 디자인비따
일러스트 손호용
마케팅 심찬식·고운성·한광재 제작·관리 윤국중·이수민·한누리
인쇄·제본 한영문화사

ISBN 978-89-7199-201-2 03710

이 도서의 국립중앙도서관 출판시도서목록(CIP)은 서지정보유통지원시스템홈페이지
(http://seoji.nl.go.kr)와 국가자료공동목록시스템(http://www.nl.go.kr/kolisnet)에서
이용하실 수 있습니다. (CIP제어번호: CIP2020027064)

책값은 뒤표지에 있습니다.

언 다르고
어 다르다

슬기로운 낱말 공부

김철호 지음

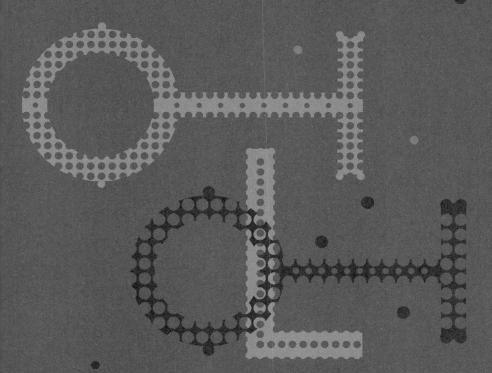

돌베개

말의 생김새를 낱낱이 뜯어보고, 말의 주변을 샅샅이 살핀 뒤, 말이 지나온 길을 찬찬히 돌아보는 저자의 작업은 더없이 집요하고 철저하다. 과문한 나로서는 우리말에 대해 이렇게 입체적으로 접근한 책을 여지껏 보지 못했다. 무심결에 씹히는 깨알 같은 재미도 만만치 않거니와, 무시로 '나'에 대해 생각게 하는 것은 이 책이 지닌 최고의 미덕이다. 말의 바탕은 생각이고 생각의 바탕은 인성이니, 말이 곧 사람이라는 저자의 주장이 가슴을 파고든다.

― 성석제 (소설가)

근사한 단어보다 적확한 단어를 쓰라. 글쓰기의 불문율로 자주 인용되는 표현이다. 멋진 낱말이 따로 있지 않고, 낱말이 제 고유한 뜻으로 쓰일 때 멋이 드러난다는 얘기다. 『언 다르고 어 다르다 ― 슬기로운 낱말 공부』를 보니 정말 그렇다. 말 하나하나가 빛난다. 책을 읽으며 마치 첫아이의 입에서 말문이 터지는 것을 바라보는 엄마처럼 나는 자주 경탄했다. 글을 잘 쓰고 싶어 하는 이들과 같이 읽고 싶은 책이다.

― 은유 (작가)

명색이 시인이라고 모어母語에 대해 각별한 감수성을 지녔다고 여겨왔는데, 이 책을 읽는 동안 얼굴이 뜨뜻해졌다. 그간 내가 척추를 곧추세우고 썼다는 글줄이 여간 부끄러워지는 게 아니다. 지금껏 나는 명색만 시인이었다. 언어의 뉘앙스를 감별하는 능력을 다시 익혀야겠다. 이 책이 좀더 일찍 나왔더라면, 아니 내가 명민해서 이 책의 문제의식을 선취했더라면, 나는 지금의 내가 아니었을 것이다. 다른 누군가에게 영향을 끼치는 모든 전문직 종사자들에게 권한다. 나처럼 뒤늦게 후회하지 말고 얼른 이 책을 펼치시길. 그리하여 새로워진 말과 글과 더불어 새로운 사람으로 거듭나시길. 새로워진 '나'로 인해 이웃과 또 그 이웃들도 함께 새로워지길!

— 이문재 (시인, 경희대 후마니타스칼리지 교수)

종횡무진. 용례가 풍성하다. 무심코 동의어처럼 생각했던 비슷한 말들의 미묘한 차이를 풍성한 용례를 통해 정밀하게 구별하고 확인하는 재미가 쏠쏠하다. 말 또는 낱말의 역사와 관련된 폭넓은 상식을 얻게 되는 것, 문학작품에 담겨 있는 섬세한 감성을 만나게 되는 것 등은 이 책이 주는 또 하나의 선물이다. 말을 정밀하게 살펴야 하는 사람이라면 학생뿐 아니라 누구나 이 책으로부터 많은 도움을 받을 수 있을 것이다.

— 이인종 (수락중학교 국어교사)

나더러 좋아하는 우리말을 몇 개 꼽으라고 한다면 '새기다'라는 말이 빠지지 않을 것이다. "말을 새기다." 얼마나 멋진 말인가. 김철호의 『언 다르고 어 다르다』는 '새기다'에 담긴 뜻들이 중의적으로 어우러져 깊고 풍부한 울림을 만들어낸다. 새긴다는 말에는 심지어 번역한다는 뜻도 담겨 있다. 말을 새기는 책. 얼마나 멋진 책인가. 이 책이 바로 그런 책이다. 말의 바탕까지 파고 들어가, 그곳에서부터 차근차근 새겨 나오는 멋지고 단단한 책이다.

— 정영목 (번역가, 이화여대 통역번역대학원 교수)

일러두기

1. 한 의미소로 독립해 있는 한자어는 어두에 오더라도 그 의미를 두드러지게 나타내기 위해 두음 법칙을 적용하지 않고 원음으로 적었다. 가령 '런'戀, '로'路 등.

2. 본문에 등장하는 한자어는 독서의 편의를 위해 한자 병기를 최소화했지만, 각 꼭지 말미의 '말모음'에서는 의미를 명확히 드러내기 위해 모든 낱말에 한자를 병기하였다.

3. 같은 말이라도 근대 전후로 의미와 용법이 달라진 낱말은 재수록을 원칙으로 했다. 가령 '점 안'點眼 '대중'大衆 등.

● 차례

말공부를 하는 까닭

말의 역사와 상상력

필자의 죽마고우 하나가 몇 해 전에 아버지를 여의었다. 필자는 어릴 적부터 드나들던 그 친구의 집 대문에 걸려 있던 문패를 통해 그분의 함자가 '칠식'임을 알고 있었다. 그런데 최근에 그 친구와 술잔을 주고받다가 뒤늦게 이분의 이름에 얽힌 내력을 듣게 되었다. 친구의 할머니는 먼저 낳았던 세 남매를 모두 첫돌이 되기 전에 잃었다고 한다. 그리고 네 번째로 아이를 갖게 되었을 때, 이번만큼은 어떻게든 살려보리라 작정하고 여러 날을 '칠성당'에 빈 끝에 간신히 아들을 얻게 되었다. 그리하여 이름을 '칠식'이라 지었고, 그 뒤로 태어난 둘째와 셋째는 '팔식'과 '구식'이 되었다는 것이다.

사람의 이름이든 사물의 이름이든, 모든 말에는 역사가 있다. '말의 역사'에 대해 의문을 품는 일은 상상력을 자극하는 강력한 방법이 된다. 이를테면 다음과 같은 식이다.

초등생 여자아이가 지난 주말에 엄마 아빠와 함께 소풍을 가서 풀밭에서 뛰어놀았던 장면을 생각하며 도화지에 그림을 그리고 있다. 풀밭을 칠하려고 초록색 크레용을 집어든다. '풀은 초록색이니까' 하고 중얼거리다, 문득 며칠 전 방과후교실에서 '풀 초'와 '푸를 록'을 배웠던 기억이 난다. '풀'과 '푸르다'의 소리가 비슷하다는 데 생각이 미친다. '푸르다'는 '풀'에서 온 말이 아닐까? 가만히 보니 '붉을 적'의 '붉다'에는 '불'이 들어 있다. '붉다'는 '불'에서 왔을까? 그렇다면 '누를 황'의 '누르다'는 어디서 온 말일까…?

이 아이가 중학생이 되었다. 좋아하는 국사 시간이다. 다행히 선생님을 잘 만났다. 고구려 소수림왕이 '중앙집권제'를 확립했다고 가르쳐주신다. 그리고 '중앙'의 상대가 '지방'이고 '집권'의 상대는 '분권'이니 '중앙집권'의 반대는 '지방분권'임을 친절하게 설명해주신다. 몇 주 뒤 백제가 멸망하는 대목을 배울 때에는 마지막 왕이 생전에 의자에 앉아 있기를 좋아했기 때문이 아니라 이름이 '의롭고 자비롭다'는 뜻이어서 그렇게 불리게 되었음을 알려주신다.

영어 시간, 오늘은 문법을 배우는 날이다. 선생님이 '관사'를 설명하는데 뜬금없이 '모자' 얘기를 하신다. 머리에 쓰는 모자나 갓이 '관'이다. 명사를 사람 머리라고 치면, 사람이 머리에 모자를 쓰듯이 명사가 머리에 쓰는 것이 '관사'란다. 사람은 똑바로 서 있어서 모자가 위에 오지만, 문장은 가로로 누워 있기 때문에 관사가 앞에 오는 것이란다. 명사 중에 '이거다' 하고 정해진 것은 '정관사'라는 모자를 쓰고, 정해지지 않은 것은 '부정관사'라는 모자를 쓴단다. 이어서 이름이 비슷한 '부정사'不定詞를 설명하시는데, 특정한 인칭이나 수, 시제 같은 것에 제한을 받지 않기 때문에 붙은 이름이란다.

다음은 수학 시간. '소수'素數를 배운다. 이 선생님도 훌륭하시다. 우선 이 말의 소리가 '소수'가 아니라 '소쑤'라는 것부터 알려주신다. '소수'는 자연수 세계에서 1과 그 수 자신 외의 수로 나눌 수 없는 수인데, '소'素가 더 잘게 쪼갤 수 없는 '바탕'이기 때문이란다. 큰 자연수를 이런 소수의 곱의 꼴로 나누는 것이 '소인수분해'라는 설명이 이어진다. 그리고 덧붙이시기를, 화학에서는 더 잘게 쪼갤 수 없는 것이 '원소'이고 양자물리학에서는 제일 작은 입자가 '소립자'란다. 국어에서도 가장 작은 '음소'에서 출발해 음절이 되고 단어를 이루는데,

이런 말들에 들어 있는 '소'가 모두 같은 '소'란다. 수학 시간인지 국어 시간인지 모를 지경이긴 하지만 어쨌거나 머릿속에 쏙쏙 들어오기는 한다.

몇 년 뒤 이 아이가 대입 수험생이 되었다. 밤늦게까지 공부를 하다가 몸이 찌뿌드드해 고개를 젖히고 천천히 기지개를 켠다. 천장에 매달린 형광등이 눈에 들어온다. 그 불빛을 잠시 바라보다가, 며칠 전 책에서 보았던 '형설지공'이라는 말이 떠오른다. 그리고 보니 '형광'도 '반딧불'이고 '형설지공'의 '형'도 '반딧불'이 아닌가. 웃음이 나온다. 옛날 선비들이나 나나 반딧불 덕에 밤공부하기는 마찬가지네.

이 여학생이 대학을 졸업한 뒤 출세해 화장품 회사 홍보팀 임원이 되었다. 출근 전에 화장을 하면서 팩에 분홍빛 가루를 묻혀 볼을 두드리다가, 문득 '분홍'粉紅의 '분'이 '가루'임을 생각한다. 이 '분'이 옛날에는 오늘날의 화장품에 해당하는 '안료'를 뜻했다는 사실이 떠오르고, 원래 뜻은 '분을 바르다, 화장하다'였다는 데 생각이 미친다. 바로 그 순간, 출시를 앞둔 신제품의 광고 콘셉트와 헤드카피가 동시에 떠오른다. 광고에는 옛 기방의 여인들이 등장하고, 붉은 분을 찍어 바르고 있는 이들에게 행수가 점잖게 이른다. "화장의 기본은 분홍이니라." 신제품의 이름은 당연히 '분홍'이다.

상상력은 무에서 유를 창조하듯이 아무런 바탕도 없는 곳에서 마법처럼 생겨나는 것이 아니다. 상상력이란 우리가 이미 알고 있는 것들 가운데서, 파편처럼 따로따로 널브러져 있던 개별 사실들 사이의 관계를 발견해내는 능력이다.

의미소의 정체

식당에서 제육볶음을 맛있게 먹다가 문득 '왜 이 집 주인은 돈육을 사다가 제육볶음(제육의 본딧말은 저육이다)으로 둔갑시켜 파는 걸까?' 하는 의문을 품을 수 있는 것은, '돈'豚과 '저'豬가 둘 다 '돼지'임을 알고 있기 때문이다. 이런 사람이라면 '저돌적'이라는 말이 동반한 이미지를 동영상처럼 떠올릴 수도 있을 것이다.

유럽 여행을 가서 가이드의 설명을 듣다가 중세 고위 성직자의 주검을 '시체'라 지칭하는 대목에서 왠지 '시신'이 자연스러울 것 같다는 생각에 고개를 갸우뚱거리게 되는 것은, '신'과 '체' 사이에 뭔가 다른 점이 있음을 직감하고 있기 때문이다. 이런 사람은 '육신'과 '육체'는 과연 같은 것인지, '나신'과 '나체'의 차이는 무엇인지도 따져보게 될 공산이 크다.

'의미소'는 가장 작은 의미 단위다. 더 잘게 쪼갤 경우 아무런 의미를 찾아낼 수 없는 이것을 '의의소'라고도 하고, 북한에서는 '뜻쪼각'(우리식으로는 '뜻조각')이라고 한다. 앞의 예화에서 본 것처럼, '소'素는 여러 학문 분야에서 더 잘게 나눌 수 없는 가장 작은 단위를 가리키는 데 쓰는 말이다. 기계로 치면 단어는 완성품이고 의미소는 부품이다.

일본사람들이 'word'를 번역해 건네준 '단어'라는 말을 토박이말로 옮긴 것이 '낱말'이다. 여기서 '단'이나 '낱'이라는 말에 속으면 안 된다. 의미를 따지는 언어의 세계에서 말의 최소 단위는 단어가 아니라 의미소이기 때문이다. '단어'라는 단어에도, '낱말'이라는 낱말에도 의미소가 두 개씩 들어 있지 않은가.

영어에서 'beer'는 의미소 하나로 된 낱말이어서 더 쪼갤 수 없지만 '맥주'는 '맥'麥과 '주'酒라는 두 의미소로 나눌 수 있다. 'game'을 더 잘게 가르면 의미 없는 소리만 남는다. 하지만 '경기'競技는 '기량을 겨루다'라는 두 개념으로 가를 수 있다. 'photo'는 의미가 한 덩어리지만 '사진'寫眞은 '진짜를 모사한 것'이라는 의미구조를 지니고 있다. 'brick'은 더 작은 의미로 나눌 수 없지만 '벽돌'은 둘로 쪼갤 수 있다. '카페'와 '찻집'의 관계도 마찬가지이고, 'house'와 '주택'도 그렇다. 한 덩어리 의미소로 된 'belief'는 역시 한 덩어리 의미소로 된 '믿음'으로 옮길 수도 있지만, '신앙'信仰으로 번역한다면 '믿음'과 '우러름'이라는 두 가지 의미소를 품게 된다.

인수분해 학습법의 쓸모

낱말을 의미소로 쪼개면 어떤 일이 벌어질까? 우선 재미가 있다. '양말'을 '양+말'로 가르는 순간 '서양 버선'이 된다. '호주머니'를 '호+주머니'로 분해하면 '되놈 주머니'가 탄생한다. '참외'를 '참+외'로 쪼개면 '좋은 오이'가 튀어나온다.

낱말을 의미소로 분해하는 일은 자신이 지금 무슨 일을 하고 있는지도 알려주고, 그 일을 더 잘할 수 있게도 해준다. '쌍용양회'에 입사지원서를 낸 사람이라면 자신이 들어가려고 하는 회사가 '서양 회灰' 즉 시멘트를 다루는 곳임을 아는 것이 합격에 도움이 될 것이다. 식도락가를 자처하는 사람이라면 '대구탕'을 먹으면서 자신이 지금 대구 지역의 향토음식이 아니라 '입 큰 물고기'를 먹고 있음을 알아야 진정한 식도락가의 자격이 있을 것이다.

이렇게 낱말을 의미소 단위로 쪼개서 들여다보는 공부 방법을 필자는 '인수분해 학습법'이라 부른다. 청소년기에 이런 학습법으로 공부한 사람이라면 친구의 여행담을 듣다가 "남자가 어떻게 '여인숙'에 들어갔느냐"며 부러워하는 일은 없을 것이다. 근엄한 분위기의 월례회의에서 '주의를 환기하라'는 상사의 발언을 듣자마자 자리에서 벌떡 일어나 창문을 여는 일도 없을 것이다. 창사 기념식에서 경영주가 '모든 직원에게 불편부당한 대우를 하겠다'고 한 선언을 듣고 저녁 회식 자리에서 비장한 표정으로 '사장이란 작자가 불편하고 부당한 처우를 공언하는 이따위 회사, 당장 때려치우겠다'고 주정을 부리지도 않을 것이다. 이런 사람은 책에서 읽은 진시황의 '불로초'와 신문에 나온 '불로소득' 사이의 연관성을 찾아내지 못해 머리를 쥐어뜯지 않을 것이고, '화를 내다'와 '화를 부르다'의 '화'가 왜 다른지를 이해하지 못하는 자신에 대해 화가 나는 일도 없을 것이다. 이런 사람이 무협지를 읽으면서 '발군'을 '손양'의 남자친구쯤으로 여기거나 소설을 읽다가 '고지식한 사람'을 '지식이 높은 사람'으로 새기는 불상사를 연출하는 일도 없을 것이다.

의미소를 이용한 '인수분해 학습법'의 효용은 분야를 가리지 않는다. 충북 청주의 시의원에 출마한 사람이 '충청도'의 '충청'이 '충주'와 '청주'의 합체임을 모른다면 과연 시의원 자격이 있을까? 서울시장 선거에 나온 사람이라면 '북한산'이 '북한에 있는 산'이 아니라 '한양의 북쪽에 있는 산'이요 '남산'은 '한양의 남쪽에 있는 산'임을 알아야 하지 않겠는가.

의미소 분해 능력의 또 다른 선물은 표현이 적확해지고 문장이 정밀해진다는 점이다. 『로마인 이야기』의 작가 시오노 나나미는 '통찰력'과 '표현력' 사이의 긴밀한 관련성을 언급하면서, '날카롭고 깊은 통찰을 적확하게 표현하는 능력'이 '다음에 올 일을 더욱 날카롭고 깊이 통찰할 수 있게 해준다'고 말했다.

사람의 모습은 보이지 않고 발소리만 들릴 때 '발자국 소리가 들린다'고 하는 경우가 많다. 그런데 '발자국'을 인수분해해보면 '발+자국'이 된다. 이것은 발이 남긴 시각적인 흔적인데, 이런 데서 소리가 날 리 만무하다. 결국 '발자국 소리'는 '발소리'로 충분하다는 것을 알 수 있다.

의미소 분석에 능한 글쟁이는 '병원에 입원했다'나 '학교에 입학했다' 같은 표현은 쓰지 않는다. '입入'에 이미 '들어간다'는 뜻이 들어 있으니 '입원했다' '입학했다'로 충분하다는 것을 알기 때문이다. 이런 사람의 글에서는 의미소 중복을 한눈에 알 수 있는 '아침 조회'나 '저녁 만찬' 같은 표현도 튀어나올 수 없다.

의미소에 대한 이해는 학교지식 전수에도 필수적이다. 「모죽지랑가」를 '화랑 죽지를 사모하여 지은 노래'로 새길 줄 모르는 교사가 과연 국어를 가르칠 자격이 있을까? '진경산수화'의 '진경'이 '진짜 경치'임을 알지 못하고 그저 "그런 건 시험에 안 나와!" 하는 대답밖에 하지 못하는 선생이 과연 국사를 가르칠 자격이 있을까? 가르치는 사람이 모르니 배우는 이들도 알 리가 없다. 그저 단순 사실만을 달달

외우는 공부가 무슨 의미가 있을까?

　모름지기 생물 선생님이라면 '단백질'의 '단'蛋이 '새알'이라는 것까지는 모르더라도 '백'白에서 달걀의 흰자를 떠올릴 수 있는 정도의 연상능력은 갖추어야 하지 않을까? 더 나아가 '단백질'과 '흰자질'이 거의 완벽한 동의어라는 사실까지 파악하고 있다면 더 훌륭한 교사가 되지 않을까?

　인수분해 학습법은 학업 능률 향상을 위한 가장 강력한 도구다. 모든 학문은 개념과 용어로 이루어진다. 공부는 곧 개념을 익히는 일이고, 개념은 언어로 표현된다. 그래서 '모든 학문은 말공부로 시작해서 말공부로 끝난다'고 해도 틀린 말이 아니다.

　예를 들어 '일산화탄소'는 수십 년 전에 살인적인 연탄가스로 유명했고 요즘도 이따금 겨울 캠핑족들을 죽음으로 몰아가는 무서운 화학물질이다. 이것이 산소 원자 하나와 탄소 원자 하나가 결합한 물질이라는 것은 '일산화탄소'라는 말 자체를 가만히 들여다보면 저절로 알 수 있다. 이런 식으로 '인수분해'할 수 있는 학생이라면 누가 가르쳐주지 않아도 '이산화탄소'가 어떤 구성인지 쉽게 유추할 수 있을 테고, 이 물질을 물에 녹여 만든 '탄산음료'에서 '탄소'와 '산소'를 분리 추출하는 개념적 작업도 어렵지 않게 해낼 수 있을 것이다.

　예전에는 없어서 못 먹었지만 요즘은 다이어트의 원수 취급을 받고 있는 '탄수화물'은 어떤가. 이것은 탄소·수소·산소의 화합물로, 수소와 산소의 비율이 물과 같은 조성이어서 '함수탄소'라고도 한다. 역시 이름 자체에 다 들어 있는 내용이다.

　'산화'는 산소와 결합하는 화학 변화라서 '산화'다. '수소'는 물 분자를 이루고 있는 원소라서 '수소'이고, '중수소'는 수소의 동위원소로서 보통 수소보다 무겁기 때문에 '무거울 중重'을 앞세운 '중수소'다.

과목이 서양사라면 이 책의 본문에 나오는 '지중해'가 좋은 예가 된다. 남유럽, 서아시아, 북아프리카로 둘러싸인 세계 최대의 내해인 이 바다는 이름 그대로 '육지 가운데 있는 바다'다. 고대에 지중해를 석권했던 로마인들이 이 바다를 '가운데 바다'라는 뜻으로 'Medi Terra'라 불렀던 것을 의역한 이름이 '지중해'다.

인수분해 학습법은 외국어 공부에도 필수적이다. 십여 년 전 필자는 현지어를 한마디도 모른 채 터키로 건너가서 몇 년을 살았던 적이 있다. 일이 바빠서 따로 학원을 다닐 만한 시간을 낼 수 없었기 때문에 터키어를 혼자서 익혀야만 하는 상황이었다. 이때 필자가 선택한 공부법이 '낱말 인수분해'였다. 예를 하나 들어보자. 늘 버스를 타고 지나가는 동네 어귀에 'Şirinevler'라 적힌 표지판이 서 있었다. 매번 눈여겨 바라보기만 하다가, 하루는 그 뜻이 궁금해졌다. 이리저리 궁리한 끝에 필자가 이 말을 인수분해한 결과는 'şirin+ev+ler'였다. 사전을 찾아보니 'şirin'은 '예쁘다'는 뜻이고 'ev'는 '집', 'ler'는 복수 접미사였던 것이다. 이 동네는 '예쁜 집들'이라는 예쁜 이름을 지니고 있었다.

인수분해 학습법의 또 한 가지 효용은, 같은 '인수' 즉 의미소가 들어 있는 다른 낱말들을 쉽게 연상할 수 있게 해준다는 것이다. 영단어 'emergency'는 한 가지 의미소로 되어 있지만, 이에 대응하는 '비상'非常은 '정상적이 아니다, 일상적이지 않다, 통상적이지 않다'는 의미구조를 지니고 있다. 이렇게 의미소로 인수분해를 하고 나면 '상'

에서 '정상' '일상' '통상' '항상'을 연상할 수 있고, '비'에서는 '비도덕', '비합리', '비인간' 등을 쉽게 떠올릴 수 있다.

'피해'를 한덩어리로 뭉뚱그려 이해하지 않고 '해를+입는다'로 쪼갤 수 있으면 '피의자'라는 말을 '의심을+받는+사람'으로 분석할 수 있는 눈이 생기고, '피동사'를 '행동을+받는+말'로 분해할 수 있는 안목이 생긴다. '도자기'가 '도기'와 '자기'를 합친 말임을 알고 있는 미술사학도라면 고려 '청자'와 조선 '백자'가 '도기'가 아니라 '자기'임을 유추할 수 있다. '천재지변'을 비상사태와 비슷한 뜻을 지닌 네 글자 단어로 치부하지 않고 '하늘의 재앙과 땅의 변고'로 풀 줄 아는 방송기자라면 태풍이나 홍수, 지진 같은 재난 상황을 떠올리기가 훨씬 쉽지 않을까? '유도'의 '유'柔가 '부드러움'을 뜻한다는 것을 늘 유념하면서 이 무도를 수련하는 이라면, 그렇지 않은 사람에 비해 더 나은 선수가 되는 것은 물론 훗날 더 훌륭한 지도자가 될 가능성이 높지 않을까?

물론 이 책에 실린 내용 자체가 시험에 나오는 일은 거의 없을 것이다. 하지만 적어도 시험의 지문을 이해하는 데에는 도움을 줄 것이고, 결국 시험 성적을 올리는 데에도 보탬이 될 것이다. 그래서 예컨대 'x, y, z'가 난무하는 방정식은 능숙하게 풀 줄 알면서 지문에 등장한 '미지수'라는 말이 무슨 뜻인지 몰라 정답을 찾아내는 데 어려움을 겪는 일은 막아줄 것이다. 국사 책에서 "조선의 민중이 '일제'에 항거하여 봉기했다"는 문장을 보고 요즘의 '일제' 상품 불매운동을 연상하는 학생도 줄어들 것이다. 국어 시험지 예문에서 '섬섬옥수'라는 말을 보고 '섬마다 옥수수를 재배하는구나' 하고 새기는 경우도 보기 힘

들어질 것이다(실제로 최근에 한 TV프로그램에서 어느 중학생이 이와 비슷한 장면을 연출한 일이 있다).

의미소 분석의 대상은 토박이말도 예외가 아니다. 예컨대 '낯설다'는 '낯'과 '설다'가 만난 말이다. '설다'는 '익다'의 반대이니 '낯설다'의 상대어는 '낯익다'가 된다. 여기서 '낯'을 '몸'으로 바꿔치기하면 '몸에 익다'가 나오고, '손'으로 바꾸면 '손에 익다'가, '귀'로 바꾸면 '귀에 익다'가 등장한다. '귀에 익다'가 나오면 '귀에 설다'라는 표현도 자동으로 딸려 나온다. 이런 식으로, 의미소는 흩어져 있던 말들을 '연관어'로 묶을 수 있는 상상력을 발현케 한다.

이 책은 학습기에 있는 청소년들의 사고력을 길러주는 데에 도움이 될 것이다. 그러나 필자가 궁극적으로 바라는 것은 사고력을 넘어선 사유능력과 상상력의 확장이다. '사고력'은 생각을 도구화한 개념이다. 예컨대 진학을 위한 시험에 써먹을 수 있는 것이 사고력이다. 그러나 '사유능력'과 '상상력'은 그 자체가 목적이다. 이 두 가지는 인간 존재의 본질과 관계가 있기 때문이다.

근대와 근대어

필자의 아들이 고교 졸업 직후 영국으로 1년간 어학연수를 간 일이 있다. 그전까지 필자는 아이의 학교가 있다는 '본머스'라는 도시에 대해 아무런 정보가 없었다. 한번은 궁금증이 생겨 지도를 찾아보았더니, 포츠머스조약으로 유명한 미국의 도시와 이름이 같은 '포츠머스'

에서 멀지 않은 남부에 자리 잡은 곳이었다. 지명이 바다를 건너갔구나 하는 생각이 떠오름과 동시에, '포츠머스'Portsmouth라는 지명에 눈길이 갔다. 그러고 보니 '본머스'Bournemouth에도 '입'mouth이 들어 있다. 지명에 같은 의미소가 들어 있으니 틀림없이 두 도시 사이에 뭔가 공통점이 있을 터. 지도를 좀더 자세히 들여다보다가 무릎을 탁 쳤다. 두 지역이 모두 영국해협 너머로 유럽대륙을 건너다보고 있는 항구도시였던 것이다. 결국 '항구'의 '구'는 'mouth'에서 온 의미소라는 얘기다. 여기서 조금 더 미세하게 들어가면, '포츠머스'에 들어 있는 'ports'는 '항구'의 복수 표현이다. 그러면 '포츠머스'는 '항구의 입'이 된다. '항구'의 '구'도 입이니, 우리말로 옮길 경우 의미 중복을 품은 지명이 된다.

아무튼 '항구'가 'port'다. 비행기가 없었던 시절, 섬나라인 영국에서 다른 나라로 여행을 가려면 항구에서 배를 타는 수밖에 없었다. 이때 출입국을 관리하는 공무원에게 내밀어야 하는 것이 우리말로 '여권'이라 부르는 'passport'였다. 이것이 없으면 'port'를 'pass'할 수 없었기 때문이다. 비행기가 생긴 뒤로는 'port'에 'air'가 들어가 'airport'까지 생겨났다. 'airport'는 '공중항구', 줄여서 '공항'이다.

'mouth'를 '구'口로 옮기고 'airport'를 '공항'으로 번역한 것은 일본사람들이다. 일본 열도에 본격적으로 상륙한 최초의 서양인은 15세기 말에 인도항로를 발견한 포르투갈인들이었다(이들이 일본에 전해준 사냥총, 카드, 타바코 등은 이후 한반도로 건너와 조총, 화투, 담배로 어어졌다).

포르투갈인들에 뒤이어 에도 막부의 후원으로 대일본교역을 주도

하게 된 것이 네덜란드의 동인도회사 상선들이다. 이들을 통해 유럽의 학문, 기술 문화 등이 대거 밀려들었는데, 이것이 '화란의 학문'인 '란가쿠'蘭學다. 란가쿠가 꽃을 피운 16세기를 시작으로 19세기 메이지 시대에 이르기까지 일본에서는 엄청난 수의 서양 단어들이 한자어로 번역되었고, 개화기 이후 일제강점기에 이르는 동안 고스란히 한반도로 흘러들어왔다.

언어는 종교와 더불어 '문명의 두 기둥'이라 불린다. 언어가 들어왔다는 것은 곧 문명이 들어왔다는 것이다. 여기서 문명은 건축이나 생활양식 같은 물질적인 요소는 물론 가치관, 사고방식, 세계관 등 정신적인 요소까지 포함한다. 언어 속에는 이런 모든 요소들이 어떤 식으로든 녹아들어 있기 때문이다.

이리하여 근대세계에 살게 된 우리들의 상상력은 '근대어'를 통해 '근대'라는 틀에 갇히게 되었다. 이 책 본문에 표제어로 등장하는 열여섯 가지 말 가운데 마지막의 '과실'을 제외한 열다섯 가지가 모두 '근대어'다. 이전의 전통사회에 '수목' '수면' '도로' 같은 말들은 없었다. '신체'나 '언어'처럼 간혹 과거에 똑같은 말이 있었다 하더라도 지금과는 사뭇 의미가 달랐다.

일본인들이 서구어를 옮길 때 활용한 것은 동아시아의 지식층이 수천 년 동안 사용해온 한자 의미소였다. 서구어를 번역한 근대적 낱말들은 동양문명에서 매우 낯선 것이었지만, 그 구성성분은 지극히 오래된 것들이었다. 이렇게 '오래된 의미소'들은 서로 역동적인 관계를 맺으면서 숱한 새 개념과 의미를 창조해내는 위력을 발휘해왔다.

이런 의미소들이 강력한 조어력을 발휘할 수 있었던 가장 큰 요인은, 그것들이 품사는 물론 문장성분 사이를 자유로이 넘나들기 때문이다. 요즘 말인 '애인'은 '사랑하는 사람'이란 뜻이니 '애'가 관형어지만, 옛말인 '경천애인'에서 '애인'은 '남을 사랑한다'는 말이니 '애'는 서술어가 된다. '애견'도 근대적 용법으로는 '(내가) 사랑하는 개'지만, 전통적 용법에서는 '개를 사랑한다'가 된다. '열애'가 '열렬한 사랑'도 되고 '열렬히 사랑한다'는 말도 되는 데에서는 형용사와 부사의 구별도 없음을 볼 수 있다.

이런 의미소들에 익숙했던 옛날의 지식인이 오늘날 환생한다면 다음과 같은 문장에서 소리가 같은 말들 사이의 의미 차이를 구별하는 데 큰 어려움을 겪지는 않을 것이다.

> 천성이 부정직하고 행실은 부정한 여자가 직장에서 부정확한 일처리와 부정행위를 일삼다 해고당한 뒤 자신의 현실을 부정하고자 하는 불안정한 마음에 무당을 찾아가 부정 탔다는 말을 듣고는 부정맥 증상이 생겼다.

이 책은 란가쿠 시대 이래로 일본사람들이 했던 작업을 거꾸로 진행하고 있다. 즉, 그들이 조합했던 '근대어'들을 다시금 '오래된 의미소'로 분해하는 것이다. 이렇게 '근대'라는 속박에서 벗어난 의미소들은 우리 눈앞에 전혀 다른 세계를 펼쳐 보여준다. 그 세계에서 우리들의 상상력은 시간과 공간을 넘나들며 종횡무진으로 뛰놀 수 있게 된다. 무엇보다도 그곳에는 말의 형성과 변화에 참여해온, 가깝고 먼 과거의 수많은 사람들이 등장한다.

이 책의 특징

이 책은 69개 의미소에 딸린 낱말과 표현 3,000여 가지를 소개하고 있다. 그중에 태반은 독자 여러분이 이미 알고 있는 말들일 것이다. 이미 알고 있는 것을 다시 보여주는 이유는 무엇인가. 그것은 연관어들을 계열화하기 위해서다. 낱말 하나하나를 아는 것도 중요하지만 이 낱말이 저 낱말과 어떤 관계에 있는지를 알아채는 일이 더 중요하다고 보기 때문이다.

이렇게 서로 관계가 있는 낱말들을 한데 묶어놓고 들여다보면 이미 알고 있던 말이 이전과는 다른 뉘앙스로 다가오게 된다. '혼신' '헌신' '투신' '분신'을 함께 모아놓으면 사람의 몸과 정신이 하나였음을 새삼 깨닫게 되고, '삼위일체'라는 기독교적 개념 곁에 '물아일체'라는 동양의 고전적 개념을 가져다놓으면 갑자기 '일체'라는 말이 새롭게 다가온다.

의미소 분석의 또다른 효과는, 시공을 초월한 '말의 네트워크'를 드러내준다는 점이다. 어휘는 바다에 뜬 섬과 같다. 겉으로 보면 서로 떨어져 있는 것처럼 보이지만, 수면 밑에서는 해저지형으로 이어져 있는 것이다. 예컨대 『지봉유설』의 '유설'類說이 '분류'와 '설명'이라는 근대적 용어로 분석되는 순간, 근대 이전 사회와 우리들이 살고 있는 근대사회 사이에 보이지 않는 다리가 생겨난다. 이 책은 의미소라는 고리를 통해 시대와 분야를 초월하는 사상事象들이 서로 이어져 있음을 보여줄 것이다.

이 책은 '단어 역사서'이기도 하다. 김언종 선생의 역작 『한자의 뿌리』와 탕누어의 걸작『한자의 탄생』(김태성 옮김)을 주로 참고하여 주요 의미소들의 자원字源을 밝혔고, 전통사회에서부터 쓰여온 말과 근대 이후에 탄생한 낱말들을 구분해서 설명했다. 말의 역사는 곧 문명의 역사다. 이 책에 등장하는 말들을 통해 독자들은 근대 이전 사회 사람들의 내면을 들여다볼 수 있고, 근대의 도래와 함께 우리들의 정신이 어떻게 변했는지도 살펴볼 수 있다.

한편 같은 '훈'으로 새겨온 한자들 사이의 의미 차이를 밝혔다는 점에서 이 책은 최초의 '한자 뉘앙스 사전'이라고도 할 수 있다. 나아가 '자기'와 '자신', '인신'과 '인체', '무지'와 '무식', '애인'과 '연인' 등 수많은 유사어들 사이의 의미 차이까지 밝힌 '우리말 뉘앙스 사전'이라는 점에서 필자의 전작인『국어실력이 밥먹여준다』의 후속편 성격도 띠고 있다.

애초에 필자가 표제어 후보로 잡았던 말은 200여 개를 헤아렸지만, 궁리 끝에 그중에서 일상생활과 밀접하고 사용 빈도가 높은 말, 그리고 연관어의 네트워크가 넓은 말 열여섯 가지를 선별했다. 꼭지마다 분량이 제각각이 될 수밖에 없었던 것은, 각 의미소는 물론 그에 딸린 낱말들의 탄생과 성장 과정이 저마다 다르기 때문이었다.

본문에 소개할 낱말들을 선별하는 과정에서 이제는 용례가 거의 사라진 옛말들은 제외하는 것을 원칙으로 했지만, 어의를 설명하는 데 참고가 되거나 옛사람들의 사고와 정서를 들여다보는 데 도움이 되는 경우, 그리고 말에 담긴 뜻이 깊거나 소리가 아름답게 들리는 경우에는 적극적으로 살려 소개했다.

끝으로 독자들께 당부하고 싶은 말이 있다. 필자가 본문 여기저기서 개진하고 있는 '판단'이나 '결론'을 너무 중시하지 않았으면 한다는 것이다. 어차피 말에 '정답'은 없는 것이고, 언어의 세계에서 '정설'을 세우기는 더더욱 어려운 일이다. 중요한 것은 과정이다. 이 책의 각 꼭지가 내건 목표는 표제어를 이룬 의미소들 사이의 뉘앙스 차이를 밝히는 것이다. 그러나 사실 이것은 명분일 뿐이다. 그것은 마치 명절날 형제간의 화투놀이에 걸어놓은 소소한 판돈과도 같고, 막역한 벗과 함께 당구를 즐길 때 게임비나 짜장면값을 거는 일과 같은 것이다. 글 읽는 재미를 더하기 위한 장치일 뿐, 그 자체가 목적은 아니라는 말이다. 우리의 진정한 목적은 즐기는 것이다. 친구 심부름이라는 목적을 잊고 물가에서 정신없이 첨벙거리며 놀았던『곰돌이 푸』의 피글릿처럼, 우리도 '말의 세계'에서 신나게 한판 놀아보자는 말이다. '배우고 때때로 그것을 익히면 즐겁지 아니한가'.

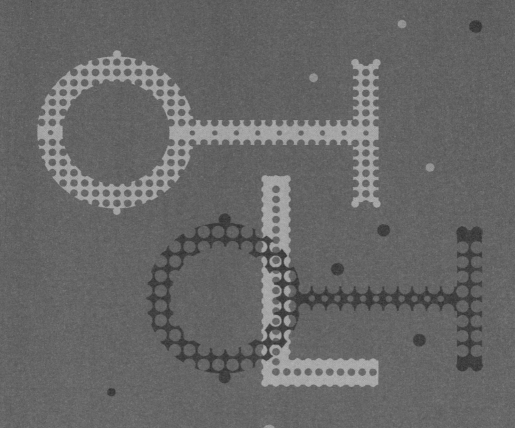

하나 몸

육체에는 없고
육신에는 있는 것

몸·신체

신체발부 수지부모

유가의 주요 경전 가운데 하나인 『효경』에 실린 공자의 말씀 중에 '신체발부身體髮膚 수지부모受之父母 불감훼상不敢毀傷 효지시야孝之始也'라는 대목이 있다. '몸과 머리털과 피부는 부모에게서 받은 것이니 감히 훼손하거나 상하게 하지 않는 것이 효의 시작'이라는 말이다. 조선시대 초학자들의 수양서인 『소학』에도 실려 있는 구절인데, 여기서 '몸'을 굳이 '신체'라는 두 글자로 표현한 이유는 무엇일까?

신체검사·신체조건·신체기관·신체감각·신체접촉·신체질환·신체장애·신체활동·신체리듬 같은 요즘 말들에서도 여전히 '신체'는 '몸'이다. 글자의 뜻도 '몸 신身' '몸 체體'이니, 둘을 합쳐도 나올 것은 '몸' 밖에 없다. 그런데 과연 여기서 두 '몸'은 같은 몸일까?

쉬운 문제를 하나 풀어보자. 아래에서 양쪽의 낱말들을 서로 어울리는 것끼리 짝지어보라.

인체人體 ·   · 공학

                   · 공격

인신人身 ·   · 해부

                   · 매매

                   · 구조構造

글자의 뜻으로 보면 '인체'나 '인신'이나 다 사람의 몸이다. 그런데 확실히 '인신'은 '공격'이나 '매매'와 어울리고, '인체'는 '공학' '해부' '구조'와 어울린다. 이에 반해 '인신 구조'나 '인체 매매'는 영 이상하다.

'인'이 공통이니 차이는 '신'과 '체'에서 나온 것일 텐데, 어째서 이런 차이가 생겨난 것일까?

'신'은 사람의 몸

먼저 '신'身의 쓰임새부터 보자. 이 의미소의 대표적인 뜻은 '사람의 몸'이다. '전신' '상반신' '하반신' '반신욕' 같은 말에 쓰인 '신'에서 '몸' 외의 뜻은 찾기 어렵다. 몸을 움직이면 '운신', 몸을 피하면 '피신', 몸을 숨기면 '은신', 몸의 모습을 바꾸면 '변신'이다.

　'호신술'은 '몸을 보호하는 기술'이고, '보신탕'은 '몸을 보하는 탕'이다. '장신구'는 '몸을 치장하는 도구'이고, '문신'은 '몸에 새기는 문양'이다. 균형 잡힌 미인의 표준이라는 '팔등신'이나, 죽지 않는 몸을 가리키는 '불사신'의 경우도 마찬가지다('불사신'을 '불사신'不死神으로 아는 경우가 많은데, 신은 죽지 않아서 신인데 여기에 '불사'를 붙이면 역으로 '죽는 신'도 있다는 말이 되니 어불성설이다).

　'온몸이 상처투성이'라는 의미로 형편이 엉망일 때를 비유하는 '만신창이'라는 말에서도 '몸'의 뜻에는 변함이 없다. '신'이 사람의 몸이 아닌 것을 가리키는 경우는 극히 드문데, '총신'과 '포신', '전신'과 '후신' 정도다.

　같은 '몸'이라도 '보신'補身이 아니라 '보신'保身이 되면 뉘앙스가 조금 달라진다. 『표준국어대사전』은 '보신주의'保身主義를 '개인의 지위나 명예, 무사안일과 행복만을 추구하는 이기주의적인 경향이나 태

몸 신체

도' 또는 '어떤 일에도 적극적으로 나서려 하지 않고 현 상태를 유지하는 데에 만족하면서 살려고 하는 태도'라 풀고, '보신책'保身策은 '자신의 몸을 온전히 지키기 위한 꾀'라고 설명한다. 그런데 여기서 '몸'이 단지 '몸'이기만 할까?

'신'은 인격체를 포함한다

젊은 시절에 나는 혁명가였고
주님께 드리는 나의 기도는 모두 이와 같았다.
'제게 세상을 뒤바꿀 힘을 주소서.'

중년에 이르러
단 한 사람의 영혼도 고쳐놓지 못한 채
반생이 흘러갔음을 깨닫고
나의 기도는 이렇게 달라졌다.
'저와 인연이 닿은 모든 사람을 변화시킬 은총을 주소서.
가족과 친지들만 변한다 해도 저는 만족하겠나이다.'

이제 오늘내일 할 만큼 늙어서야
내가 얼마나 어리석었던가를 알게 되었다.
이제 나의 유일한 기도는 이것뿐이다.
'저 자신을 변화시킬 은총을 주소서.'

수피 바야싯

육체에는 없고 육신에는 있는 것

'수신제가치국평천하'에서 '수신'修身은 '신체 수련'이 아니라 '인격 수양'이다(수피 바야싯이 젊어서 공자님의 말씀을 경청했더라면 뒤늦게 한탄하는 일은 없었을 것이다). '신독'身讀이라는 아름다운 옛말도 있다. 경전을 입이 아니라 '몸으로 읽는다'는 말이니, 그 내용을 전인격적으로 실천한다는 의미였던 것이다. 동아시아 선인들의 인재 채용 기준이었던 '신언서판'에서 첫째 조건인 '신'은 인격의 연장 또는 반영으로서 몸가짐이나 태도 같은 것을 의미했다.

'목표를 이루기 위해 혼신의 노력을 다했다'에서 '혼신'은 '온몸'이라는 문자적 뜻을 넘어서 각별한 열정을 쏟거나 지속적으로 정신을 집중하는 상태를 말한다. '헌신'도 단순히 '몸을 바치는' 일이 아니다. '투신'은 '투신자살' 같은 경우가 아니라면 그저 '몸을 던지는' 일이 아니라 사람이 어떤 일에 전적으로 시간과 노력을 쏟는 모습을 말한다. 일본 제국주의가 만든 '정신대'의 '정신'挺身에도 '몸을 던진다'는 의미 이상의 뼈아픈 사연들이 얽혀 있다. '분골쇄신'은 '뼈가 가루가 되고 몸이 부서진다'는 문자적 의미를 초월한 표현이다. 정치적 목표를 위해 '분신'하거나 종교적 이유에서 '소신'하는 이들이 불태우는 것은 '몸'만이 아니다. '살신성인'의 '살신'은 자신의 '몸을 죽이는' 것을 넘어 한 인간이 자신의 존재 전체를 희생하는 일이다(이럴 때 옛사람들은 몸과 목숨을 한데 아울러 '신명을 바친다'고 했다).

'독신주의'의 '독신'이나 '혈혈단신'의 '단신'은 둘 다 '홀몸'이지만 단순히 몸뚱이가 하나라는 말이 아니라, 관계에서 멀어진 한 인간 존재를 가리킨다. 사직서에 '일신상의 이유'라고 적은 직원은 몸이 아파서 그만두는 것이 아니다(그랬다면 '건강상의 이유'라고 했을 것이다).

'대신'도 단순히 몸뚱이를 대신하는 것이 아니라 한 사람의 임무와 역할을, 나아가 존재 자체를 대신하는 것이고, '처신'도 몸을 어딘가에 둔다는 의미보다는 세상을 살아가는 몸가짐이나 행동을 뜻한다.

 '신수가 훤하다' 할 때의 '신수'도 '몸과 손'이 아니라 한 인격체의 얼굴에 나타난 그 사람의 마음과 건강 상태를 뜻한다. '신세타령'에서 '신세'는 '몸의 상태'가 아니라 사람의 처지나 형편을 말한다. '신변잡기'의 '신변'도 '몸 주변'이라기보다 한 개인을 둘러싼 일상사 전반을 가리키는 말이다. '종신형'이나 '종신보험'의 '종신'에서 '끝장나는' 것은 '몸'이라기보다 인간 존재 자체다.

 '신'의 의미가 이렇기에, '당신'은 웃어른을 3인칭으로 일컬을 때나 배우자가 상대방을 호칭할 때 존중하는 의미를 담게 된다. 간혹 시비 붙은 상대의 면전에 대고 내뱉는 '당신'조차 '너' '이놈' '이 자식' '이 새끼' 등과 비교하면 상당히 점잖은 표현이 되는데, 이 역시 인격을 필수요소로 삼는 '신'의 힘 덕택이다.

 한편 인간은 사회적 동물이기에, '신'에 담긴 인격체는 곧장 '관계' 속으로 들어가게 된다. 사람이 태어나 자란 고향이나 졸업한 학교, 종사했던 직업은 '출신'이고, 한 사람의 사회적 지위나 계급, 자격 따위는 '신분'身分이다(이 말을 뒤집은 '분신'分身은 원래 부처가 중생을 교화하기 위해 여러 가지 몸으로 나타나는 일 또는 그 몸을 뜻하는 말이었다). '신원보증' '신원조회' 등의 '신원'身元은 신분을 포함해 직업, 주소, 평소 행실 따위를 아울러 가리킨다. 사회적으로 출세하여 이름을 드날리면 '입신양명'立身揚名했다고 한다. 반대는 '패가망신'敗家亡身인데, '망신'은 몸이 반죽음이 되거나 한 것이 아니라 체면이나

육체에는 없고 육신에는 있는 것

명망이, 즉 사회적 인격체가 손상을 입었다는 말이다.

'체'에는 정신이 없다

'체'도 '사람의 몸'을 뜻한다는 점에서는 '신'과 다를 것이 없다. '상체' '하체' '체모' '체취' 등 몸의 일부나 몸에 딸린 것을 가리키는 말에서, '체질' '체력' '체격' 등 몸의 성질이나 특성을 가리키는 말에서 '체'는 그저 '몸'이다. '체위' '체조' '체육' '예체능' '지덕체' 등 운동이나 교육과 관련된 말들에서도 '체'의 의미에는 변함이 없다. 몸에 고통을 주는 '체벌'이나 온몸을 비춰 보는 '체경'에서도 마찬가지고, '체감온도' '오체투지' '절체절명' 같은 말이나 어른께 올리는 옛사람들의 편지글에 자주 등장했던 '기체후'氣體候에서도 '체'는 그저 '몸'일 뿐이다.

'체험'이나 '체득'에서도 '몸'을 거의 벗어나지 않던 '체'는 '체면'과 '체통'에 이르러 인격체의 냄새를 살짝 풍기기도 한다. 하지만 여기가 끝이다. '체'는 사람의 경우 어디까지나 '몸'만을 뜻할 뿐이다. '체'에 마음이 들어 있지 않다는 것은, 부득불 '마음'을 따로 불러내야 했던 '일심동체'라는 말이 증명한다.

'체'體자의 의미를 이루는 데 핵심이 되는 왼쪽의 '骨'[골]이 원래 '소의 어깨뼈'와 '잘라놓은 고깃덩이'를 한데 그려놓은 모습이었다는 사실은 이 의미소가 지닌 '탈정신성'의 출발점이었다. 애초부터 마음이나 정신 같은 것을 지니고 있지 않았기에, 사람을 떠나 동물의 몸으로 쉽게 옮겨 갈 수 있었던 것이다. '생체' '생명체' '생물체'는 사람만

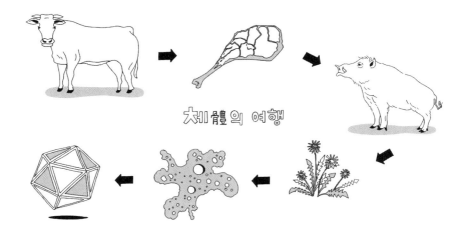

體의 여행

을 가리키는 데 국한되지 않는다. '체액'이나 '체지방'은 사람의 몸에
만 있지 않다. 동물들도 '체호흡'을 하고, 그들의 몸에도 '체열'이 있
다. 수많은 동물들의 눈에 '수정체'가 있고, 모든 동물들의 몸에 '염색
체'가 있다. '뇌하수체'는 인체에 딸려 있으면서도 사람 냄새를 거의
풍기지 않는다.

　'성체'와 '연체동물'을 지나고 '자웅동체'와 '자웅이체'를 통과해 '유
기체'에 이르면 인간과의 거리는 까마득히 멀어진다. 그리고 마침내
'병원체' '항체' '면역체'가 되면 살아 있는지조차 불분명해진다.

　사람의 몸에서 출발한 '체'의 여행은 줄기차게 이어져, '생물체'에서
마침내 '생'마저 떨어져 나간 '물체'가 된다. 사전의 풀이대로 '정신이
나 의식이 없는 유형물'이 되는 것이다. 그리하여 단단한 '고체'도 되
었다가 모양을 잃어 '액체'가 되기도 하고 눈에 보일 듯 말 듯한 '기체'
가 되기도 한다. '사면체' '육면체' 같은 '다면체'였다가 '곡면체'를 거쳐

　　　　　　　　　　　　　육체에는 없고 육신에는 있는 것

'구체'로 변모하고 갖가지 '형체'를 갖춘 '입체' 시절을 보내기도 한다.

산업계로 건너간 '체'는 전기가 통하는 '도체'가 되었다가 전기가 통하지 않는 '부도체'도 되고, 그 중간으로서 IT산업의 '결정체'라 할 '반도체'로도 변신한다.

낮은 하늘로 올라간 '체'는 비행기 '동체'胴體가 되었다가 더 높이 올라가 태양 같은 '발광체'를 포함한 '천체'가 되기도 하고, 다시 지상으로 내려와 '대중매체'에 종사하는 이들의 카메라 앞에서 '피사체'가 되기도 한다.

이제 '체'가 못할 것은 없다. 사회 '공동체'로 나아가 '체제'나 '체재'나 '체계'를 갖추어 '단체' 또는 '조직체'를 이루었다가 '약체'로 전락하면 '해체'되었다가 경제계로 진출해 '기업체' '사업체' '산업체' 등 '업체' 삼형제를 거느리기도 하고, 법원에 들러 '합의체'를 구성하기도 한다.

한편 '체'는 오래전부터 문자와 언어의 세계에서도 활약해왔다. '서체' 세계에서는 '추사체' 등 옛날의 '글씨체'를 비롯해 오늘날 '이탤릭체'라고도 하는 '사체'나 '명조체' '고딕체' 같은 '활자체' 분야에서 찾아볼 수 있고, 한국에서 쓰는 전통 한자인 '번체자'와 중국에서 쓰는 간략한 한자인 '간체자'에도 흔적을 남기고 있다. 서로 상대를 이루는 '인쇄체'와 '필기체'도 글씨의 스타일에 따른 이름들이다.

'문체' 분야에서는 예전의 '국한문체'를 비롯해 '구어체'와 '문어체', '대화체'와 '독백체' 등으로 모습을 바꾸다가 '시쳇時體말'로 남기도 했고, '건조체'나 '강건체' 같은 스타일을 취하기도 했다. 역사 서술 분야에서도 인물 중심으로 쓰는 '기전체'나 연대순으로 적는 '편년체'의 모습으로 활약했다.

'체'의 마지막 여행

'체'에 정신이 들어 있지 않은 것은 태생적 속성이지만, 그 쓰임새가 생명 없는 것들로 대폭 넓어진 것은 근대 이후의 현상이다. 그중에서도 '체'가 가장 늦게, 그러나 가장 폭넓게 진출한 분야는 '생각의 영역'이었다.

'대체'와 '도대체'에서 출발한 '체'의 사유 여행은 '구체적' 대상마저 추상화하는 '총체적' 작업을 시작해 '자체' '실체' 같은 개념을 만들더니 사물을 '개체'와 '전체'로 구분하고 '주체'와 '객체'로 나누었다.

사물의 '본체'와 그 작용, 또는 원리와 그 응용을 이르는 '체용'이라는 전래의 개념을 가져와 '체언'과 용언이라는 언어학의 개념을 만들어낸 것도, 국가의 '정체성'을 따져 '국체'라는 개념을 만들어낸 것도 모두 같은 맥락의 작업이었다. 사람의 본모습을 '정체'라 부르며 따지고 들게 된 것도, 아이나 새끼를 밴 어미의 몸을 가리키던 '모체'가 '본체'와 비슷한 의미를 띠게 된 것도 마찬가지다.

이렇게 자유롭기만 한 '체'의 속성은 어떤 것이든 '합체'하여 '일체'로 만드는 마력을 발휘한다. 몇몇 사람들을 하나로 묶으려 했던 '군사부일체'는 이제 언어박물관에나 어울리는 것이 되었고, 모든 사람들을 한데 엮으려는 '혼연일체'는 사실 부합 여부를 떠나 표현자의 의도를 의심케 하기도 한다. 이에 비해, 나누어 생각했던 것을 다시 하나

육체에는 없고 육신에는 있는 것

로 묶는 '주객일체'나 '물아일체'는 사뭇 극적인 면이 있다. 물론 크리스천들에게는 '삼위일체'보다 드라마틱한 것이 없을 테지만.

'시신'이냐, '시체'냐

'몸'을 가리키는 두 의미소의 쓰임새를 살펴보았으니 다음 문제가 어렵지만은 않을 것이다. 괄호 안에서 자연스러운 표현을 골라보라.

아들은 어머니의 (시신을 | 시체를) 끌어안고 오열했다.

아킬레우스는 적장 헥토르의 (시신을 | 시체를) 말 뒤에 매달아 보란 듯이 끌고 다녔다.

언어의 세계에서 '정답'은 어폐가 있는 말이지만, '어머니'는 '시신'이, '적장 헥토르'는 '시체'가 자연스럽다. 『표준국어대사전』도 이 점을 정확히 짚고 있다.

시신　'송장'을 점잖게 이르는 말.　　　　송장. 시체

시체　송장(죽은 사람의 몸을 이르는 말).　　사체. 유해. 송장

'시신'의 풀이말에 '점잖게'라는 표현을 넣은 편찬자에게 박수를 보낸다. '혼신' '헌신' '투신' '살신'의 결말은 당연히 '시신'이어야 한다. 반대로, 죽고 죽이는 전쟁터에서 적군의 송장은 적대감을 반영한 '시체'가 자연스럽다(아군이라면 '시신'으로 예우하는 것이 마땅할 텐데, 이 점에서 '전우의 시체를 넘고 넘어…' 하는 군가의 노랫말은 고개를

갸웃거리게 한다.

죽은 자는 말없이 누워 있는데, 산 자들은 그 주검을 내려다보며 '시체'냐 '시신'이냐를 놓고 고민한다. 헥토르의 죽은 몸뚱이에 모욕 주기를 일삼던 아킬레우스는 비밀리에 자신의 군막을 찾아와 아들의 주검을 돌려달라고 간청하는 트로이 왕 프리아모스의 철야 읍소에 감동해 마침내 헥토르의 주검을 돌려주기로 마음먹게 되니, 그의 머릿속에서 '시체'가 '시신'으로 변신하는 순간이었다.

『대사전』은 '시체'의 유의어로 '사체'를 들고 '사람 또는 동물 따위의 죽은 몸뚱이'라고 하여 사람 외에 동물까지 범위에 넣고 있다. 이 두 낱말 사이가 정확히 사람과 동물의 경계인지는 모르겠지만(요즘 애완동물의 주검도 '시체'라고 하는 듯하니), 어쨌거나 '시체'가 '시신'과 '사체' 사이 어딘가에 놓여 있다고 보면 사람의 주검을 '시체'라 지칭하기란 극히 조심스러울 수밖에 없다.

'나신'과 '나체'

비슷한 문제로 넘어가보자. 좌우의 표현을 서로 어울리는 것끼리 이어보라.

나신을 ·   · 그리는 화가
나체를 ·   · 엿보는 사내

'나신'과 '나체'에 대한 『대사전』의 풀이는 불만스럽다. 서로 글자 하

육체에는 없고 육신에는 있는 것

나 다르지 않게 '알몸(아무것도 입지 않은 몸)'이라고 되어 있기 때문이다. 두 낱말이 완벽히 똑같다면, 왜 '나체화'는 있는데 '나신화'는 없는 것인가? 페미니스트들의 알몸 시위는 '나체 시위'지 '나신 시위'가 아니지 않은가. 이 문제에서 '나신' 앞에는 '여인의'가, '나체' 앞에는 '모델의'가 생략된 것 같지 않은가? 즉, 사내는 '여인의 나신'을 엿보고 화가는 '모델의 나체'를 그린다는 말이다.

당사자가 전혀 공개할 마음이 없기에 결코 남의 눈에 띄어서는 안 되는 것이 '나신'이다. 하지만 '나체'는 여자든 남자든 당사자가 처음부터 남 앞에 드러내기로 마음먹은 것이기에 화가의 눈을 거쳐 화폭으로 옮겨가기도 하고 사진가의 렌즈를 통해 인화지에 복제되어 대중 앞에 내걸리기도 하는 것이다. 따라서 '나신'을 훔쳐보는 사내의 마음속에는 필시 음심 같은 것이 똬리를 틀고 있겠지만, '나체'를 바라보는 예술가의 마음속에는 작품을 향한 열정만이 들어 있게 된다. 이렇게 '신'과 '체'의 차이는 보는 자와 보이는 자 양쪽의 마음에 전혀 다른 흔적을 남긴다.

'육신'과 '육체'

마지막으로 네 문제만 더 풀어보자. 괄호 안에서 문맥상 더 자연스러운 것을 골라보라.

① 정신과 (육신의 | 육체의) 통합을 지향하는 의학

② 말씀이 (육신이 | 육체가) 되어 우리 가운데 거하시매

③ 환자의 (신열을 | 체열을) 재고는 황급히 의사에게 달려가는 간호사

④ 밤새 (신열에 | 체열에) 시달린 끝에 간신히 몸을 일으킨 나그네

①에서는 '정신'을 이미 적시했으니 그 상대 개념으로 순수하게 몸만을 가리키는 '육체'가 더 자연스럽다('육신'의 '신'에는 인격이나 정신 같은 것이 들어 있으니까).

②는 하느님의 독생자 예수가 성령에 의해 마리아의 태내에서 사람으로 잉태된 일을 뜻하는 '화신' 또는 '성육신'과 연관된 말이니 '육신'이 자연스럽다. 정신조차 결여한 '육체'가 '성령' 즉 '거룩한 영'과 어울리기는 어려울 것이다(참고로, 가톨릭에서 '성체'는 사제가 축성한 빵과 포도주를 예수의 몸과 피에 비유하는 말이다).

③에서는 사람의 몸을 정신과 별개로 보는 현대의학의 일반적 속성상 '체온'과 비슷한 '체열'이 더 자연스럽다.

④에서는 '나그네'가 의료기관에 수용된 환자라기보다는 일반적 환경에 처한 자연인의 느낌이 강하므로 전통적인 '신열'이 더 자연스럽다.

'체'의 모체는 'body'

앞의 문제에 나온 '신열'은 영어의 'fever'에, '체열'은 'body heat'에 거의 정확히 대응하는 말이다. 신기한 것은, 'body heat'를 비롯한 'body'의 여러 가지 쓰임새가 '체'와 흡사하다는 것이다. 아래는 『옥

　　　　　　　　　　　　　　육체에는 없고 육신에는 있는 것

스퍼드 영한사전』에서 관련된 내용만 추린 것이다.

body

1. 몸, 신체 — a human body 인체 ; body fat 체지방 ; body weight 체중 ;
   body temperature 체온 ; body heat 체열

2. (머리 · 팔다리를 제외한) 몸통

3. (인간 · 동물의) 사체, 시체, 시신 — a dead body 사체

4. (건물 · 자동차 등의) 본체, 중심부 — the body of a plane 비행기 동체

5. (흔히 공공 목적을 위해 함께 일하는) 단체(조직) — professional
   body 전문가 단체 ; independent body 독립 조직

6. 물체 — heavenly bodies 천체 ; foreign body 이물질

신기하게도, 2번을 제외하고 모든 풀이가 앞서 살펴보았던 '체'의 다양한 쓰임새와 흡사하다. 사실 신기할 것도 없는 것이, 사람의 몸을 벗어나 쓰였던 '체'의 다양한 조어들이 거의 다 'body'를(또는 이에 해당하는 서구어를) 번역한 것이기 때문이다. 39쪽 첫 문단에서 '근대 이후'라는 표현을 덧붙였던 이유가 바로 이것이다. '체'가 들어간 수많은 낱말들의 고향이 사실은 서양이었던 것이다.

위 풀이 가운데 'body'를 '머리와 팔다리를 제외한 몸통'이라고 한 2번의 설명이 자못 흥미롭다. 이 풀이는 오히려 '체'보다는 '신'身의 의미에 가깝기 때문이다. 이 글을 시작할 때 '신체발부 수지부모'라는 대목에서 공자가 왜 몸을 굳이 '신체'라는 두 글자로 표현했을까 하는 의문을 제기했었는데, '신'은 '머리와 몸통'을, '체'는 사지 즉 팔다리를 각각 구분해 가리키는 의미가 있었던 것이다. (이것은 '신'身이 애

초에 사람의 배를 가리키는 글자였다는 설과 맥락이 닿는 용례다. 그러고 보면 훗날 생겨난 '몸'이라는 뜻도 최초의 의미에서 멀리 벗어나지는 못한 셈이다.) 결국 'body'는 '체'에 몸통을 두고서 한쪽 다리를 '신'에 걸치고 있는 단어라고 할 수 있다.

위의 풀이 가운데 체지방body fat, 체중body weight, 체온body temperature, 체열body heat로 이어지는 대목에서도 흥미로운 점을 발견할 수 있다. '몸속의 지방' '몸의 무게' '몸의 온도' '몸의 열'과 어깨를 나란히 할 수 있는 말로 '몸의 길이' 즉 '신장'이 있다. 그런데 여기에 해당하는 영어 표현은 위 풀이에 나와 있지 않다. 사람의 키를 가리키는 'height'라는 단어가 따로 있기 때문이다. 그래서인지, 'body 시리즈'를 '체 계열'로 옮겼던 근대 이후의 일본인 번역자들도 'height'에 대해서만큼은 '체' 노이로제(?)에서 벗어나 '신장'이라는 말로 옮겨 놓았다. 하지만 이 선택은 썩 잘됐다고 하기 어려운 것이, 이왕 사람의 몸을 동물이나 물체와 동등하게 취급한 마당이니 키도 '체장'이라고 하는 것이 조어의 일관성에서 나아 보이기 때문이다. 어쨌거나 이렇게 해서 '체 시리즈'로 한데 어울렸던 사람과 동물은 키에 이르러 '신장'과 '체장'으로 갈라서게 되었고, 신장은 다시 '장신'과 '단신'으로 가지를 쳤다.

'자기'와 '자신'

'몸'이라는 뜻을 지닌 한자 의미소 중에서 '기'는 '신'身과 비슷한 점이 있다. 옛 기록들에서 인격을 닦는다는 의미로 '수기'修己가 '수신'修身과 거의 같은 의미로 쓰였고, 오늘날 '자기'와 '자신'이 거의 구별 없이 쓰이는 점을 보아도 그렇다(연인 관계에서 '자기야~' 하고 부르는 경우는 예외다).

그런데 '기'에는 '신'과 사뭇 다른 의미가 있으니, 그냥 '몸'이 아니라 '나의 몸', 나아가 '나'를 가리킨다는 점이다. 위의 '수기'에서도 이런 의미를 찾아낼 수 있고, '내 안의 욕망이나 삿된 마음을 다스려 예의에 어긋나지 않도록 한다'는 『논어』의 '극기복례'克己復禮 같은 표현에서도 이를 확인할 수 있다.

끈, 끈 달린 화살, 매듭을 지어놓은 새끼줄 등 '기'己가 처음에 모방했던 사물이 무엇인지도 설이 분분하고 나중에 '몸'을 뜻하는 글자로 쓰이게 된 내력도 명확히 알려지지 않았지만, 어찌 됐든 '기'는 영어의 'myself'나 심리학에서 말하는 'ego' 즉 '자아'와 거의 비슷한 뉘앙스를 지니게 되었다(한편 '신'은 'self' 또는 'person'에 대응한다).

'십년지기'十年知己의 '지기'는 '나를 아는 벗'이고, 이런 의미를 더 정확히 표현한 말이 '지기지우'知己之友 즉 '나를 잘 알아주는 친구'다. '나를 안다'는 것은 단순히 알고 지낸다는 의미가 아니라 나의 속마음까지도 알아준다는 의미이니, '기'가 '나의 인격체'를 포함한 존재 전체를 가리킨다는 것을 알 수 있다. (이 점에서는 '신'과 통하지만, '신'은 '나의 몸'이나 '나'를 한정하여 가리키지는 않는다. '기'己는 한 글자로 '자신'自身이라는 두 가지 의미소를 감당한다.)

'기'에 '남이 아닌 나'의 의미가 있음을 보여주는 용례는 많다. 옛 표현에서 '남'은 『손자병법』의 '지피지기'에서처럼 '피'彼로 등장하기도 하지만 대개는 '인'人을 써서 나타냈다. 위의 '수기'도 '나를 닦은 뒤 남을 교화한다'는 '수기치인'修己治人에서 온 말이고, '나를 버리고 남의 선행을 따른다'는 『맹자』의 '사기종인'舍己從人에서도 이런 쓰임이 보인다. '애인여기'愛人如己는 우리 애인 여기 있다는 뜻이 아니라 '남을 내 몸과 같이 사랑하라'는 뜻이다. '내가 원하지 않는 바를 남에게 베풀지 말라'는, 기독교 『성서』의 한 대목과도 통하는 『논어』의 구절은 '기소불욕己所不欲 물시어인'勿施於人'이다.

'기'에 담긴 '나'의 의미는, 자기에 대한 사랑이 과도해진 '이기심'이나 자신의 이익만을 좇는 '이기주의'에서 가장 날카로운 빛을 낸다.

한편 '자신'과 비슷한 말로 '자체'도 있는데, 앞서 살펴본 것처럼 '체'가 사람의 몸을 벗어나 쓰인 경우에 해당하니 당연히 그 '주체'는 사람이 아닌 것이 된다.

마지막으로, '몸'을 뜻하는 또 다른 글자인 '구'軀는 '자그마한 체구' '거구의 사나이' '노구를 이끌고 찾아왔다' 같은 용례에서 볼 수 있는데, 단순히 '몸'이라기보다는 '몸집' '몸뚱이' '허우대'에 가까워서, 인격체를 포함하지 않는 몸만을, 그것도 몸 전체를 한 덩어리로 가리키는 의미가 있다.

'몸' 말모음

신身   주로 사람의 몸, 특히 정신·인격체를 포함한 한
인간 전체를 가리킨다.
영어의 'self' 또는 'person'에 대응.

자신自身 ┊ 당신當身 ┊ 대신代身 ┊ 신수身手 ┊ 육신肉身 ┊ 나신裸身 ┊
시신屍身 ┊ 신열身熱 ┊ 만신창이滿身瘡痍 ┊ 수신修身 ┊ 입신立身 ┊
입신양명立身揚名 ┊ 망신亡身 ┊ 패가망신敗家亡身 ┊ 신명身命 ┊ 신독身讀 ┊
신언서판身言書判 ┊ 혼신渾身 ┊ 헌신獻身 ┊ 투신投身 ┊ 분신焚身 ┊ 소신燒身 ┊
살신성인殺身成仁 ┊ 분골쇄신粉骨碎身 ┊ 정신대挺身隊 ┊
운신運身 ┊ 피신避身 ┊ 은신隱身 ┊ 변신變身 ┊ 분신分身 ┊

호신護身 ┊ 호신술護身術 ┊ 보신補身 ┊ 보신탕補身湯 ┊
보신保身 ┊ 보신주의保身主義 ┊ 보신책保身策 ┊
불사신不死身 ┊ 독신獨身 ┊ 독신주의獨身主義 ┊
단신單身 ┊ 혈혈단신孑孑單身 ┊ 처신處身 ┊ 신세身世 ┊
종신終身 ┊ 종신형終身刑 ┊ 종신보험終身保險 ┊
출신出身 ┊ 신분身分 ┊ 신원身元 ┊ 신원보증身元保證 ┊
신원조회身元照會 ┊ 신변身邊 ┊ 신변잡기身邊雜記
▶ '신'의 전통적인 용법을 보여주는 옛말과 근대어들

전신全身 ┊ 상반신上半身 ┊ 하반신下半身 ┊ 반신욕半身浴 ┊ 신장身長 ┊
장신長身 ┊ 단신短身 ┊ 팔등신八等身 ┊ 문신文身 ┊ 장신구裝身具
▶ '체'에 가까운 의미로 쓰인 '신'

총신銃身 ┊ 포신砲身 ┊ 전신前身 ┊ 후신後身
▶ 사람의 몸이 아닌 '신'

체 體　정신이나 인격체를 포함하지 않은 사람의 몸.
그 밖의 대상에 널리 쓰이게 된 것은 주로 근대 이후.
영어의 'body'에 대응.

체면 體面 ｜ 체통 體統 ｜ 체경 體鏡 ｜ 체험 體驗 ｜ 체득 體得 ｜ 오체투지 五體投地 ｜
절체절명 絶體絶命 ｜ 일심동체 一心同體 ｜ 기체후 氣體候 ｜ 일체 一體 ｜
혼연일체 渾然一體 ｜ 주객일체 主客一體 ｜ 물아일체 物我一體 ｜ 삼위일체 三位一體 ｜
군사부일체 君師父一體

▶ '체'가 들어간 전통적인 낱말과 표현들

신체 身體 ｜ 신체검사 身體檢査 ｜ 신체조건 身體條件 ｜ 신체기관 身體器官 ｜
신체감각 身體感覺 ｜ 신체접촉 身體接觸 ｜ 신체질환 身體疾患 ｜ 신체장애 身體障碍 ｜
신체활동 身體活動 ｜ 신체리듬 [身體-] ｜ 육체 肉體 ｜ 상체 上體 ｜ 하체 下體 ｜
나체 裸體 ｜ 사체 死體 ｜ 시체 屍體 ｜ 체모 體毛 ｜ 체취 體臭 ｜ 체질 體質 ｜ 체력 體力 ｜
체격 體格 ｜ 체장 體長 ｜ 체위 體位 ｜ 체열 體熱 ｜ 체온 體溫 ｜ 체지방 體脂肪 ｜
체액 體液 ｜ 체호흡 體呼吸 ｜ 체조 體操 ｜ 체육 體育 ｜ 체벌 體罰 ｜ 체감 體感 ｜
체감온도 體感溫度 ｜ 성체 聖體 ｜ 예체능 藝體能 ｜ 지덕체 智德體

▶ 거의 다 근대어로, 여기까지는 '체'가 사람의 몸을 가리키는 데 쓰이고 있다

병원체 病原體 ｜ 항체 抗體 ｜ 면역체 免疫體 ｜
수정체 水晶體 ｜ 염색체 染色體 ｜ 뇌하수체 腦下垂體 ｜
성체 成體 ｜ 연체동물 軟體動物 ｜ 자웅동체 雌雄同體 ｜
자웅이체 雌雄異體

▶ 근대 이후의 학문 용어들로,
　여기까지는 '체'가 생명과 관련하여 쓰이고 있다

생체 生體 ｜ 생명체 生命體 ｜ 생물체 生物體 ｜ 유기체 有機體 ｜
물체 物體 ｜ 고체 固體 ｜ 액체 液體 ｜ 기체 氣體 ｜ 사면체 四面體 ｜ 육면체 六面體 ｜
다면체 多面體 ｜ 곡면체 曲面體 ｜ 구체 球體 ｜ 형체 形體 ｜ 입체 立體 ｜ 도체 導體 ｜
부도체 不導體 ｜ 반도체 半導體 ｜ 동체 胴體 ｜ 발광체 發光體 ｜ 천체 天體 ｜

　　　　　　　　　　　　　　　　　　육체에는 없고 육신에는 있는 것

피사체被寫體 ｜ 매체媒體 ｜ 대중매체大衆媒體 ｜ 공동체共同體 ｜ 단체團體 ｜
조직체組織體 ｜ 업체業體 ｜ 기업체企業體 ｜ 사업체事業體 ｜ 산업체産業體 ｜
합의체合議體 ｜ 국체國體 ｜ 약체弱體 ｜ 해체解體 ｜ 합체合體
▶ 근대 이후 '체'의 쓰임새는 생명체 아닌 것까지 품게 되었다

대체大體 ｜ 도대체都大體 ｜ 체용體用 ｜ 체언體言 ｜ 총체總體 ｜ 자체自體 ｜
실체實體 ｜ 구체具體 ｜ 개체個體 ｜ 전체全體 ｜ 주체主體 ｜ 객체客體 ｜ 모체母體 ｜
본체本體 ｜ 정체正體 ｜ 정체성正體性 ｜ 체제體制 ｜ 체재體裁 ｜ 체계體系
▶ '체'의 쓰임새가 추상적 대상까지 넓어진 예들로, 거의 다 근대어

서체書體 ｜ 글씨체 [－體] ｜ 활자체活字體 ｜ 인쇄체印刷體 ｜ 필기체筆記體 ｜
추사체秋史體 ｜ 명조체明朝體 ｜ 고딕체 [－體] ｜ 사체斜體 ｜ 이탤릭체 [－體] ｜
번체자繁體字 ｜ 간체자簡體字 ｜ 문체文體 ｜ 국한문체國漢文體 ｜ 기전체紀傳體 ｜
편년체編年體 ｜ 건조체乾燥體 ｜ 강건체剛健體 ｜ 구어체口語體 ｜ 문어체文語體 ｜
대화체對話體 ｜ 독백체獨白體 ｜ 시쳇時體말
▶ '체'가 글씨나 문장의 스타일을 가리키는 것은 전통시대부터 있었던 용법이다

기己 인격체로서의 '나'. 심리학의 '자아'. 영어의 'ego' 또는 'myself'에 대응.

자기自己 ｜ 수기修己 ｜ 수기치인修己治人 ｜ 십년지기十年知己 ｜ 지기지우知己之友 ｜
지피지기知彼知己 ｜ 사기종인舍己從人 ｜ 애인여기愛人如己 ｜ 이기심利己心 ｜
이기주의利己主義
▶ 마지막 둘만 근대어

구 軀　사람의 몸 전체를 한 덩어리로 가리킨다.
　　'몸집' '몸뚱이' '허우대' 등과 통하며,
　　'body'와 가깝다.

체구 體軀 ┃ **거구** 巨軀 ┃ **노구** 老軀
▶ '구'의 쓰임은 극히 제한적이다

　　　　　　　　　　　　　　　　육체에는 없고 육신에는 있는 것

'얼굴'의 여러 얼굴

얼굴·안면

'얼굴'에 관한 의문들

『표준국어대사전』은 '얼굴'을 '눈, 코, 입이 있는 머리의 앞면'이라 풀면서 유의어로 '안면'顔面을 제시하고 있다. 한편 '안면'을 찾아보면 첫 풀이에 '얼굴'과 같은 말이라 되어 있다. 그런데 '얼굴'은 과연 '안면'과 같은 말일까?

아는 사람을 두고 흔히 '안면이 있다'고 한다. '안면'은 '얼굴'이니, '안면이 있다'는 말은 '얼굴이 있다'는 말이 된다. 세상에 얼굴 없는 사람이 없는데, 어째서 이런 표현이 생겨났을까? '안면이 있는 사람'이 '아는 사람'이라면, '얼굴이 없는' '무안'은 왜 '모르는 사람'이 아니라 '부끄러운 얼굴'일까?

같은 '낯 씻기'를 민간에서는 '세안'이라 하고 군대에서는 '세면'이라고 한다. 두 '얼굴'은 어떻게 다른 것일까? '후안무치'인 사람과 '철면피'인 사람 중에 어느 쪽의 낯가죽이 더 두꺼울까? 그리고, '낯 위'인 '면상'은 왜 욕이 되는 것일까?

시인 천양희가 「시작법」에서 '문장을 면면이 뒤져보면 표면과 내면이 다른 면이 아니란 걸 정면과 이면이 같은 세계의 앞과 뒤라는 걸 알게 된다' 했을 때의 '면'들은 어떤 '얼굴'일까?

'미용실'의 '미용'에서 '용'容도 '얼굴'이고 '미모'의 '모'貌도 '얼굴'이다. 두 '얼굴'은 같은 것인가, 다른 것인가?

'안'顔은 '얼굴'의 높임

'안면'을 이루는 '안'과 '면'의 차이가 무엇인지는 자원字源을 통해 어렵지 않게 알아낼 수 있다. 먼저 '안'부터 보자.

'안'顔은 '선비' '훌륭하다' '크다' 등을 뜻하는 '언'彦과 '머리 혈頁'이 만난 글자다. 사람의 얼굴에 드러난 바람직한 덕목을 가리키기 위해 생겨났기에, 이 의미소에는 애초부터 사람을 높이는 뜻이 담겨 있었다.

'용안' '성안' '천안' '옥안' 등은 모두 옛날에 임금의 얼굴을 가리키던 말이다('옥안'은 '아름다운 얼굴'을 뜻하기도 한다). '얼굴을 범한다'는 '범안'은 임금의 좋지 않은 낯빛에 관계하지 않고 바른 말로 간하는 일을 뜻했다.

'존안'尊顔과 '대안'臺顔은 상대편을 매우 높여서 그 얼굴이나 그 사람 자체를 가리키는 말들이다. '아름다운 얼굴'인 '방안'芳顔도 남을 높여 그 얼굴을 이르는 말로 쓰였다. '얼굴에 절한다'는 '배안'拜顔은 존경하는 사람을 만나 뵙는 일이고, '얼굴을 받든다'는 '승안'承顔은 웃어른을 뵙는 일이다. '얼굴을 베푼다'는 뜻의 '사안'賜顔은 방문한 아랫사람에게 면회할 것을 허락하는 일이나 좋은 낯빛으로 아랫사람을 대하는 일을 뜻했다.

'안'에는 감정이 담긴다

'안'顔에는 '훌륭함'을 비롯해 그 사람의 여러 속마음이 드러난다. '낯빛'을 흔히 '안색'이라고 하는데, 사실 '안' 안에 이미 '낯빛'이라는 의미가 들어 있는 것이다.

'엄안'과 '정안'正顔은 '정색'正色과 비슷한 말로, '엄정한 얼굴빛' 또는 '엄숙한 낯빛'이다. 인정이 없어 보이는 차가운 얼굴이 '빙안'이고, 차가움을 풀고 부드러워진 얼굴이 '해안'解顔이다. '온화한 얼굴'인 '온안'과 '화안'도 비슷한 뜻이다. 굳어 있거나 무표정한 얼굴을 풀고 활짝 웃으면 '파안' 또는 '개안'開顔이 되는데, '파안대소'破顔大笑라 하면 더 꼼꼼한 묘사가 된다.

사람 마음이 늘 좋을 수만은 없다. '고안'은 '괴로워하는 얼굴' 또는 '불쾌한 안색'이다. '우안'과 '수안'은 기말고사 성적이 우수하지 못해 우수에 잠긴 '근심스러운 얼굴'이고, '읍안'은 읍내가 떠나가도록 '우는 얼굴'이다.

'후안'과 '무안'

사람의 얼굴에는 세상을 보는 눈이나 인생을 살아가는 태도가 나타난다. '쳐든 얼굴'인 '항안'抗顔은 고개를 쳐들고 건방지게 마구 행동하는 일을 뜻한다. '두꺼운 낯가죽'인 '후안'은 뻔뻔스러워 부끄러운 줄을 모르는 사람의 비유인데, '후안무치'厚顔無恥라 하면 좀더 직설적인 표현이 된다. 소설 『강안 남자』의 제목에 등장했던 '강안'強顔도 '얼굴 가죽이 두껍다'는 뜻이다. '얼굴에 쇠가죽을 발랐다'는 '면장우피'面張牛皮도 비슷한 의미다.

여기까지는 사람 얼굴을 '안'顏 대접하고 있으니 그나마 나은 편이다(뒤에서 보겠지만, 사람 얼굴을 '면'面이라 하면 낮추는 의미가 있다). '쇠처럼 두꺼운 낯가죽'인 '철면피'鐵面皮는 '얼굴에 철판 깔았다'는 표현의 조상이다. 이런 사람들은 공항 검색대를 통과할 때 별다른 이유 없이 '삐' 하고 경보음이 울릴 수도 있다. 이런 사람들의 낯가죽을 벗겨 욕보이는 일을 '박면피'剝面皮라고 하는데, 경험상 쉽지는 않은 일이다.

한편, '철면'이 좋은 의미로 쓰이기도 한다는 사실은 잘 알려져 있지 않다. '철면무사'鐵面無私는 '사사로운 감정에 구애되지 않음'을 비유하는 말이다. '냉면한철'冷面寒鐵은 냉면집 장사가 여름 한철이라는 뜻이 아니라 '사사롭고 편벽됨이 없어 권세를 두려워하지 않는 정신'을 이르는 말이다.

부끄러움을 아는 평범한 사람들로 넘어가보자. '회안'悔顏은 '잘못을 뉘우치는 얼굴'이다. '땀 흘리는 얼굴'인 '한안'汗顏은 얼굴에 땀이 날 정도로 매우 부끄러워하는 얼굴을 가리킨다. 부끄러움이 심해지면 아예 얼굴이 사라져 '볼 낯이 없는' '무안'이 되는데, 어찌어찌해서 '무안'을 면한 경우가 '면무안'免無顏이다.

'교안'은 '교태를 띤 얼굴'이고, '노안'奴顏은 '노비나 하인처럼 굽실거리는 얼굴'이다. '사내종의 얼굴과 계집종의 무릎'을 뜻하는 '노안비슬'奴顏婢膝은 노비가 고개를 숙이고 무릎을 꿇듯이 남과 교제할 때 지나치게 굽실굽실하며 비굴한 태도로 일관하는 경우를 이른다.

'홍안'과 '안료'

'안' 이야기의 마지막으로, 나이나 건강상태와 관련한 얼굴들을 살펴보자(얼굴의 신체성은 뒤에서 살펴볼 '면'과 관계가 깊은 주제인데, 여기서 열거할 '안' 계열 낱말들은 어디까지나 인격에 대한 존중을 전제하고 있다는 점이 다르다).

오늘날의 '생얼'에 해당하는 옛말부터 보자. '소안'素顔과 '도안'徒顔은 글자 그대로 '맨얼굴'로, 화장하지 않은 얼굴을 가리킨다. '친안'親顔도 생긴 그대로의 얼굴을 뜻한다.

'붉은 얼굴'인 '홍안'은 나이가 젊고 건강해서 혈색이 좋은 얼굴을 뜻한다. '아름다운 귀밑머리와 붉은 얼굴'인 '옥빈홍안'玉鬢紅顔은 젊은 남녀의 아름다운 모습이고, '윤이 나는 검은 귀밑머리와 붉은 얼굴'인 '녹빈홍안'은 젊고 아름다운 여자의 얼굴이다. '홍안박명'은 '얼굴이 예쁜 여자는 팔자가 사납다'는 말인데, 통계학적 근거는 불확실하다. '백발홍안'은 나이가 들어 머리는 희었지만 얼굴은 소년처럼 불그레한 경우를 말한다.

'늘 붉은 얼굴'이 아니라 '잠시 붉어진 얼굴'도 '홍안'이다. '거석이홍안'擧石而紅顔은 '드는 돌에 낯 붉는다'는 속담의 한역이다. 힘들여 무거운 돌을 들고 나야 낯이 붉어진다는 말이니, 무슨 일이든지 반드시 그 원인이 있음을 비유하는 표현이다. '술 취한 얼굴'인 '취안'에 음주라는 원인이 있듯이.

'꽃처럼 어여쁜 얼굴'인 '화안'은 여성 전용이고, '옥같이 아름다운 얼굴'인 '옥안'과 '거울같이 맑은 얼굴'인 '경안'은 유니섹스다. '노안'

老顏과 '추안'秋顏은 '노쇠한 얼굴'이다. '창안'은 '창백한 얼굴' 또는 '늙어서 여윈 얼굴'이다. '창안백발'蒼顏白髮은 '늙은이의 쇠한 안색과 센 머리털'을 가리킨다. '동안'은 '어린아이의 얼굴'이고, '하얗게 센 머리에 어린이의 얼굴'인 '학발동안'은 신선의 얼굴을 형용하는 말이다.

예나 지금이나 사람들이 얼굴만큼 공들여 매만지고 가꾸는 데도 없을 것이다. 사과할 때 입에 올리는 '미안'未安은 '마음이 편치 않다'는 말인데, 소리가 같은 '미안'美顏은 '아름다운 얼굴' 또는 '얼굴을 아름답게 하는 일'이다. 얼굴을 매만져서 곱게 만드는 기술이 '미안술'이다. 얼굴에 바르는 액체 화장품이 '미안수'이고, 초음파를 이용한 '세안' 기구가 '미안기'다.

옛날에는 부녀자의 화장을 '기름 바른 머리와 분 바른 얼굴'이라는 뜻으로 '유두분면'油頭粉面이라 했다. 물이나 기름에 이겨 도료나 화장품을 만드는 착색제를 '안료'顏料라고 하는데, 원래 화장할 때 얼굴에 바르는 연지나 분 따위를 이르는 말이었다. 문자적 뜻은 '얼굴에 바르는 것'이다.

'면'面은 얼굴의 생김새

한자 '안'顏이 눈에 보이지 않는 여러 가지를 두루 상징하는 비구상 회화라면, 사람의 얼굴 윤곽을 본뜬 '면'面자는 눈에 보이는 것을 몇 가닥 선으로 표현한 거친 데생이다. '면'을 써서 거칠게 요약하자면, '안'은 인간의 '내면'을 표현하고 '면'은 사람의 '외면'을 보여준다.

여러 사람의 다양한 얼굴이 '면면'이다. '인심여면'人心如面은 사람마다 얼굴이 다른 것처럼 마음도 다 다르다는 말이다. 사람마다 얼굴이 다른 덕분에 우리는 누가 내 친구이고 누가 내 원수인지 알아볼 수 있다. 이렇게 저마다 다른 얼굴의 생김새, 얼굴의 겉모양을 가리키는 의미소가 '면'이다.

얼굴을 알아보는 '면식'面識은 인간관계의 출발이다. '일면식'도 없는 '생면부지'生面不知인 사람과 관계가 형성될 수는 없다. '일면지분'一面之分은 얼굴만 겨우 아는 교분이고 '반면지분'은 그 절반인 '반쪽 얼굴 교분'인데, '오십보백보'처럼 말만 다를 뿐이다('반면'半面의 원래 뜻은 '옆얼굴'로, 미인의 옆모습을 그린 그림이 '반면미인'이다.) 물론 단 한 번 만나 옛 친구처럼 친해지는 '일면여구'一面如舊도 간혹 있기는 하다.

아무튼 '초면'에서 시작한 인간관계는 '아는 얼굴'인 '구면'을 지나 '잘 아는 얼굴'인 '숙면'으로 이어지는데, 이렇게 서로 얼굴만 알고 지내는 사이가 '면붕' '면우' '면교' '면분'이다. 서로 속마음이 오가지 않는 이런 관계에서는 알맹이 없는 '체면'이 중요시된다('체'와 '면'은 '신체성'에 초점이 있다는 점에서 상통한다).

아무튼 '면'은 겉으로 드러난 얼굴이기 때문에, 얼마든지 거짓으로 꾸밀 수가 있다. '가짜 얼굴'인 '가면'은 본심을 감추고 겉으로 꾸미는 거짓 태도나 행위, 표정을 비유하기도 한다. '웃는 얼굴을 한 호랑이'인 '소면호'도 겉으로는 웃고 있지만 속으로는 딴마음을 품은 사람을 빗댄 말이다.

'대면'과 '당면'

분명한 기약 없이 막연하게 만남을 기대하면서 흔히 건네는 인사가 '얼굴 한번 봅시다'다. 누군가를 만나려면 지문을 감식하거나 홍채를 인식할 필요 없이 그 사람의 얼굴을 알아보면 된다. 서로 얼굴을 알아보고 만나서, 서로 얼굴을 보며 이야기를 나누는 것이 만남이다. 만나는 일과 얼굴을 보는 일은 같은 일이다.

'면회' '면접' '면담'에서 '면'의 겉뜻은 '얼굴을 대하다'이고, 속뜻은 '만나다'다. '면전'에서 꾸짖거나 나무라는 '면박'面駁의 경우도 마찬가지다. 옛날에 밀실에서 스승이 법문의 비밀스럽고 중요한 것을 제자에게 말해주는 일을 '면수'面授라 했다.

'출필고出必告 반필면反必面'은 '나갈 때는 부모님께 반드시 출처를 알리고 돌아오면 반드시 얼굴을 뵈어 안전함을 알려드려야 한다'는 가르침이다. 『예기』에 나오는 유명한 얘기인데, 여기서는 '면'이 '얼굴을 보인다'는 뜻으로 쓰였다.

서로 얼굴을 마주보는 일이 '대면'對面이다. 문자 그대로 풀면 '얼굴을 대하다'다. 사람이 아니더라도 어딘가로 얼굴을 향하거나 어떤 것이 얼굴 앞으로 다가와도 '대할' 수밖에 없다. 벽을 대하고 앉아 참선하는 '면벽'이 그렇고, 어떤 상황에 '직면'直面하거나 '당면'當面하는 일도 그렇다.

'면'은 얼굴의 낮춤

'안면근' '안면골' '안면신경' 같은 말에서 보듯이, 근대적 용어인 '안면'은 가치중립적인 말이다. 역시 근대의 산물인 '면도'도 그렇고, 옛날의 '얼굴거울'인 '면경'도 마찬가지다.

옛날에 남자들이 추위를 막거나 여자들이 남의 시선을 가리기 위해 얼굴을 가리던 물건을 '면의'面衣라 했다. 오늘날 결혼식 때 신부가 머리에 쓰는 '면사포'도 얼굴을 가리는 용도다. 검도에서 얼굴과 머리를 보호하기 위해 머리에 쓰는 물건이 '호면'이다. '복면'覆面이나 '방독면'도 목적과 상관없이 얼굴을 가리는 물건이다. 이런 낱말들은 하나같이 사람의 마음이나 감정과는 관계없는, '면'의 신체성과 가치중립성을 보여준다.

이렇게 '면'의 뉘앙스는 최소한 가치중립적이고, 그래서 보통은 사람을 낮추는 의미가 있다. 사람에게 가치중립적인 낱말을 쓰면 결국 낮추는 셈이 되기 때문이다. '사람' '인간' '남자' '여자' 같은 낱말들도 글에서는 아무런 느낌이 없지만, 입에 담는 순간 하나같이 당사자를 낮추는 뉘앙스가 생겨난다. 사람을 가치중립적으로 대하는 것은 별로 중시하지 않는다는 말이고, 나아가 하찮게 본다는 의미가 된다.

앞서 나왔던 '대면'은 뒤집어서 '면대'面對라고도 한다. 그런데 이 말은 대등한 관계에 있는 사람을 만났을 때 얘기고, 윗사람에 대해 쓰면 어울리지 않는다. 방금 보았듯이, '면'에는 사람을 낮추는 의미가 있기 때문이다. 그렇다면 윗사람 뵙는 일을 '대안'이라고 하면 될 듯하지만, 이 말이 거의 쓰이지 않는 까닭은 '대등하다'는 말에서 보듯이 '대'에 '맞서다'나 '겨루다' 같은 뜻이 있어서 말 그대로 '대등한' 관계를 전제로 하기 때문이다. 따라서 '서로 대면'하는 '상면'도 대등한 관계에 한정한 말이다.

'낯빛'인 '면색'도 좋게 쓰이는 경우가 없다. 부끄럽거나 성이 나서 얼굴을 붉히는 일, 또는 망신을 당한 경우를 '적면'이라 하는데, '얼굴이 붉으락푸르락하다' 정도의 의미다. '백면'은 '흰 얼굴'이긴 한데, 방안에 들어앉아 글만 읽어서 얼굴이 햇빛에 그을리지 않은 경우다. '백면서생' '백면서랑' '백면랑'이 모두 세상일에 조금도 경험이 없는 사람을 비유하는 말이니, 결코 좋은 뜻이 아니다.

그러니 어떤 사람을 욕하고 싶다면 일단 그 얼굴부터 '면'으로 대접해야 한다. '사람 얼굴에 짐승 마음'인 '인면수심'은 마음이나 행동이 몹시 흉악한 사람을 이르는 말이다. 이런 사람의 얼굴은 흔히 '면'보다도 윗길인 '면상'面上이라 칭한다.

'짐승 마음'이 이 정도이니, 아예 '짐승'이 되면 무조건 '면'이 되는 것이 당연하다. '칠면조'를 어떤 경우에도 '칠안조'라 할 수 없는 것은, 그것이 사람이 아니기 때문이다. '귀면와'나 '귀면청동로'에 그려진 '귀신 얼굴'이 '귀안'이 아니라 '귀면'인 것도, 귀신은 사람이 아니기 때문이다. 이렇게 사람 아닌 것들의 얼굴이 다 '면'이니, '면'은 사람에게 섣불리 쓸 수 없는 면이 있다. '세면대'와 '세면기'(세숫대야)에 담긴 '세면'은 군대나 그에 준하는 조직에서 쓰는 용어인데, 민간의 '세안'에 비하면 확실히 사람 얼굴을 허투루 보는 느낌이 있다(얼굴 씻는 일을 흔히 '세수한다'고 하는데, '세수'洗手의 문자상 의미는 '손 씻기'다).

안 顔
면 面

　물론 불문 밖의 어법이었겠지만, 옛날에 석가의 얼굴을 '누른 얼굴'이란 뜻으로 '황면'이라 하고 석가모니를 노자에 비유해 '황면노자'라 했다. 아수라도에 있는 존재들을 구제한다는, 머리 위에 조그만 얼굴 열한 개를 지닌 보살은 '십일면관음'이다. 이렇게 거룩한 존재들의 얼굴에 '안'이 아닌 '면'을 쓴 것은, 이들을 짐승이나 물건 취급해서가 아니라 이들이 중생들과 같은 인격이나 사사로운 감정을 초월한 존재들이라는 인식에서가 아닐지….

'방면'과 '장면'

늘 다른 의미소와 붙어 다니는 '안'과 달리 '면'이 낱글자로서 독립적인 낱말로 흔히 쓰이게 된 것은 복잡다단해진 근대사회의 제반 현상을 반영한 결과다(이런 낱말들은 예외 없이 가치중립적이다).

'이런 면, 저런 면' 할 때 '면'은 '쪽'이나 '방향'이다. '방면' '전면' '후면' '정면' '측면' '이면' '내면' '외면' '일면' '반면' '양면' '전면' 등이 이 계열인데, 모두 '얼굴을 향하다'라는 애초의 뜻에서 멀리 가지 못한 경우다.

'표면' '노면' '지면' '수면' 등에서 '면'이 '겉'의 의미로 쓰인 것도 '얼굴의 겉모양'이라는 태생적 의미의 연장이다.

'페이지'를 뜻하는 '면'도 '종이의 겉'이다. '지면' '액면' '서면' '도면' '보면'譜面 등에서는 '인쇄한 종이'가 되는데, 이런 것들을 복사할 때에는 '단면'單面과 '양면'을 선택해야 한다. 종이를 대체하는 디스플레이 수단이 등장한 뒤로는 '화면'이나 '장면' 같은 말도 생겨났다.

'면'의 추상도가 가장 높아진 경우가 '점-선-면'의 '면'이다. '평면' '곡면' '구면' '사면' '단면'斷面 등은 수학이나 기하학, 건축학 등에서 쓰는 용어들인데, '겉'이라는 애초의 의미에서 가장 멀리 온 경우다.

'미용'과 '용모'

한편 '용'容도 '얼굴'이라는 뜻으로 자주 쓰이는 의미소다. '미용실'의 '미용'은 '얼굴을 아름답게 한다'는 뜻이다. '용'容은 원래 '받아들이다' 또는 '담다'가 본뜻이었다. 여기서 '많은 표정을 담을 수 있는 얼굴'이라는 뜻으로 넓어졌는데, 이런 점에서 '안'顔과 통하는 글자다. '안면'의 옛말인 '용안'容顔은 '용'과 '안'이 상통함을 보여준다. 임금의 얼굴을 가리키는 '어용' '성용' 같은 말에서도 '안'과 같은 용법을 확인할 수 있다.

사람의 얼굴 모양이 '용모'이고, 사람의 용모와 특징을 기록한 것이 '용모파기'다('파'疤는 '흉터'를 의미하니, 주로 거친 이력을 지닌 사람의 얼굴을 그린 것이었음을 알 수 있다). 요즘도 구인공고 같은 데서 '용모 단정'이라는 표현을 이따금 보게 되는데, 사람의 '외모'를 조건으로 내세우는 것은 인류의 보편적 가치관에 정면으로 역행하는 일이다. '생김새로 사람을 취한다'는 '이모취인'以貌取人이라는 옛말도 용모의 미추만을 보고 사람을 판단하는 일을 경계하라는 뜻이었다.

'가용'佳容과 '연용'姸容은 '여인의 아름다운 얼굴'이고, '화용' '월용' '옥용'은 여인의 아름다운 얼굴을 각각 꽃, 달, 옥에 빗댄 말들이다. '소용'은 '웃는 얼굴'인데, 이젠 별 소용이 없는 말이 되었다.

한편 '수용' '허용' '관용' '포용' '용인' '용납' '용서' 등은 '용'容이 본뜻의 하나인 '받아들이다'로 쓰인 예다. 경찰에서 쓰는 말인 '용의자'는 '의심을 받는 사람'이라는 뜻이다. 사람이나 사물이 서로 화합하기 어려움을 이를 때 '얼음과 숯이 서로 용납하지 못한다'는 뜻으로 '빙탄불상용'氷炭不相容이라 한다. '내용' '용량' '용기'容器 등에서는 '용'이 '받아들여진 것' 즉 '담긴 것'이나 '담다'를 뜻한다.

'미모'와 '외모'

'모'貌도 '얼굴'을 뜻하는 의미소다. 오늘날의 '미모'에 해당하는 옛말이 '옥모'玉貌다. '옥모화안'과 '옥모화용'은 '옥같이 아름답고 꽃다운 용모'이고, '옥모경안'은 '옥같이 아름답고 거울같이 맑은 얼굴'이다. '옥모방신'玉貌芳身은 '옥같이 아름답고 꽃다운 용모와 몸매'라는 뜻이다.

'용'容이 '안'顔과 통한다면, '모'貌는 '면'面과 친근하다. '면'이 그렇듯이, '모'는 겉으로 드러난 얼굴 모습을 의미한다. '얼굴의 생김새'라는 본뜻에서 '상태나 됨됨이'라는 뜻으로 넓어진 '면모'라는 낱말이 이 점을 잘 말해준다. '체면'의 예스러운 표현인 '체모'도 '면'과 '모'의 유사성을 보여준다. '풍채와 용모'를 가리키는 '풍모'도 이 점을 확인케 한다. 한편 '외모' '전모' '변모' 같은 낱말에서는 이 글자의 본뜻인 '모양' '자태' '행동거지' 등의 의미를 읽을 수 있다.

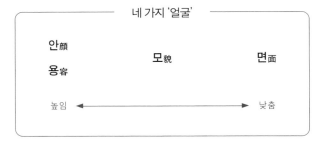

네 가지 '얼굴'

안顔
용容

모貌

면面

높임 ←――――――――――――→ 낮춤

'얼굴' 말모음

안顔 감정·태도·인격 등 내면을 표현하는 얼굴.
남의 얼굴을 높이는 의미가 있다.

엄안嚴顔 | 정안正顔 | 빙안氷顔 | 해안解顔 | 온안溫顔 | 화안和顔 | 파안破顔 |
파안대소破顔大笑 | 개안開顔 | 고안苦顔 | 우안憂顔 | 수안愁顔 | 읍안泣顔 |
항안抗顔 | 후안厚顔 | 후안무치厚顔無恥 | 강안強顔 | 회안悔顔 | 한안汗顔 |
무안無顔 | 면무안免無顔 | 교안嬌顔 | 노안奴顔 | 노안비슬奴顔婢膝
▸ 얼굴에 나타난 감정이나 품성을 표현하는 옛말들

소안素顔 | 도안徒顔 | 친안親顔 | 화안花顔 | 경안鏡顔 | 미안美顔 |
미안기美顔器 | 미안수美顔水 | 미안술美顔術 | 홍안紅顔 | 녹빈홍안綠鬢紅顔 |
백발홍안白髮紅顔 | 홍안박명紅顔薄命 | 거석이홍안擧石而紅顔 | 취안醉顔 |
노안老顔 | 추안秋顔 | 창안蒼顔 | 창안백발蒼顔白髮 | 동안童顔 |
학발동안鶴髮童顔 | 세안洗顔 | 안료顔料
▸ 사람의 얼굴을 가치중립적으로 표현한 말들

용안龍顔 | 성안聖顔 | 천안天顔 | 옥안玉顔 |
존안尊顔 | 범안犯顔 | 대안對顔 | 배안拜顔 |
승안承顔 | 사안賜顔 | 안색顔色
▸ '안'에 높임의 의미가 있음을 보여주는 옛말들

면 面 얼굴의 생김새 등 외면에 초점이 있다. '낯'과 통하며,
사람의 얼굴을 가치중립적으로 표현하거나 남의 얼굴을
낮추는 의미가 있다.

면면面面 ㅣ 인심여면人心如面 ㅣ 철면鐵面 ㅣ 철면피鐵面皮 ㅣ 박면피剝面皮 ㅣ
면장우피面張牛皮 ㅣ 냉면한철冷面寒鐵 ㅣ 유두분면油頭粉面 ㅣ 면식面識 ㅣ
일면식一面識 ㅣ 일면지분一面之分 ㅣ 반면지분半面之分 ㅣ 일면여구一面如舊 ㅣ
반면미인半面美人 ㅣ 생면부지生面不知 ㅣ 초면初面 ㅣ 구면舊面 ㅣ 숙면熟面 ㅣ
면붕面朋 ㅣ 면우面友 ㅣ 면교面交 ㅣ 면분面分 ㅣ 체면體面 ㅣ 소면호笑面虎 ㅣ
면대面對 ㅣ 대면對面 ㅣ 직면直面 ㅣ 당면當面 ㅣ 면벽面壁 ㅣ 면회面會 ㅣ 면접面接 ㅣ
면담面談 ㅣ 면전面前 ㅣ 면박面駁 ㅣ 면수面授 ㅣ 출필고반필면出必告反必面 ㅣ
면도面刀 ㅣ 면경面鏡 ㅣ 가면假面 ㅣ 복면覆面 ㅣ 방독면防毒面 ㅣ 면의面衣 ㅣ
면사포面紗布 ㅣ 호면護面 ㅣ 면색面色 ㅣ 적면赤面 ㅣ 백면白面 ㅣ 백면서생白面書生 ㅣ
백면서랑白面書郎 ㅣ 백면랑白面郎 ㅣ 인면수심人面獸心 ㅣ 면상面上 ㅣ 칠면조七面鳥 ㅣ
귀면鬼面 ㅣ 귀면와鬼面瓦 ㅣ 귀면청동로鬼面靑銅爐 ㅣ 황면黃面 ㅣ
황면노자黃面老子 ㅣ 십일면관음十一面觀音 ㅣ 세면洗面 ㅣ 세면기洗面器 ㅣ
세면대洗面臺 ㅣ 안면顔面 ㅣ 안면근顔面筋 ㅣ 안면골顔面骨 ㅣ 안면신경顔面神經

▶ '면'이 '사람의 얼굴'을 가리키는 데 쓰인 옛말과 근대어들

표면表面 ㅣ 수면水面 ㅣ 노면路面 ㅣ 지면地面 ㅣ 지면紙面 ㅣ 액면額面 ㅣ 서면書面 ㅣ
도면圖面 ㅣ 보면譜面 ㅣ 화면畵面 ㅣ 장면場面 ㅣ 평면平面 ㅣ 곡면曲面 ㅣ 구면球面 ㅣ
사면斜面 ㅣ 전면前面 ㅣ 후면後面 ㅣ 정면正面 ㅣ 측면側面 ㅣ 이면裏面 ㅣ 내면內面 ㅣ
외면外面 ㅣ 반면反面 ㅣ 단면單面 ㅣ 양면兩面 ㅣ 전면全面 ㅣ 일면一面 ㅣ 방면方面 ㅣ

▶ 사람의 얼굴이 아닌 것에 '면'을 쓴 근대어들

얼굴·안면

용 容　표정을 담은 얼굴. '안'顔과 통한다.
　　　　　본뜻은 '담다' '받아들이다'.

용모容貌 ┃ 용모파기容貌疤記 ┃ 용모단정容貌端正 ┃ 용안容顔 ┃ 어용御容 ┃
성용聖容 ┃ 가용佳容 ┃ 연용姸容 ┃ 화용花容 ┃ 월용月容 ┃ 옥용玉容 ┃ 소용笑容 ┃
미용美容 ┃ 미용실美容室

▸ 사람의 얼굴을 가리키는 '용'

내용內容 ┃ 용량容量 ┃ 용기容器 ┃ 수용受容 ┃ 허용許容 ┃
관용寬容 ┃ 포용包容 ┃ 용인容認 ┃ 용납容納 ┃ 용서容恕 ┃
용의자容疑者 ┃ 빙탄불상용氷炭不相容

▸ '용'이 '담다' '받아들이다'라는 본뜻으로 쓰인 경우

모 貌　겉으로 드러난 얼굴 모습. '면'面과 통한다.

미모美貌 ┃ 옥모玉貌 ┃ 옥모화안玉貌花顔 ┃ 옥모화용玉貌花容 ┃
옥모경안玉貌鏡顔 ┃ 옥모방신玉貌芳身 ┃ 이모취인以貌取人 ┃ 면모面貌 ┃
외모外貌 ┃ 체모體貌 ┃ 풍모風貌 ┃ 전모全貌 ┃ 변모變貌

▸ '모'는 '얼굴'을 넘어 '모양'이나 '모습'을 뜻하기도 한다

'얼굴'의 여러 얼굴

몸의 눈, 마음의 눈

눈·안목

'눈'을 보는 눈

눈 감을 때
선명해지는 장면이 있는 것처럼
눈 감아야
들을 수 있는 소리가 있다

오래된 기억의 틈새에 스며 있던 것들
어느 순간 흘러나올 때 있다

세상을 보기 위해
눈이 있는 것이지만
가끔 감기 위해
눈은 또한 있는 것이다

주형창, 「눈」

오늘날의 '눈'은 차고 메마른 초겨울 날씨만큼이나 무미건조하다. '안
과'에서 '검안'을 한 뒤 시력에 따라 '안경'을 맞추고, '안구'를 보호하
기 위해 작업자는 '보안경'을, 멋쟁이는 '색안경'을 낀다. 잠을 잘 때나
눈병이 났을 때에는 '안대'를 하기도 한다. 이 모든 낱말에 들어 있는
'안'眼에는 느낌이 없다.

옛날의 '눈'은 달랐다. 예컨대 '점안약'의 '점안'은 요즘에는 눈에 안
약을 떨어뜨려 넣는 일일 뿐이지만, 옛날에는 '화룡점정'을 뜻하기도
했고 불상의 눈을 마지막으로 그려 넣는 '점불정'을 의미하기도 했다.

'눈'을 보는 눈은 이렇게 세월을 따라 변해왔다.

한편 '안하무인'의 '안하'眼下가 '눈 아래로 내려다보는 곳'을 뜻하는 데 비해 '목하'目下는 '바로 지금'이라는 의미가 되는 까닭은 무엇일까? 사람의 얼굴 생김새를 '이안구비'耳眼口鼻가 아니라 '이목구비'耳目口鼻라고 하는 까닭도 궁금하다. '눈 안眼'에 '눈 목目'을 더한 '안목'眼目이 '두 눈'이 아니라 '사물을 분별하는 눈'이 되는 것도 이상하다. 아무튼 '안'과 '목' 사이에 어딘가 다른 점이 있다는 말인데, 그 차이를 살펴보는 것이 이 글의 목표다.

'안전'과 '목전'

'목'目은 사람의 눈을 본떠 생겨난 글자다. 그런데 뒤에서 볼 것처럼 이 의미소의 쓰임새가 여러 가지로 넓어지자 최초의 뜻인 '사람의 눈'만을 가리키기 위해 '안'眼이 생겨났다.

조선시대 궁중에서 '눈'을 '안정'眼精 또는 '안시'眼視라 하고 눈물을 '안수'眼水라 했던 것을 보면 '안'에 눈을 높이는 어감이 있었음을 알 수 있다. 상대편을 높여서 그 안목을 이를 때 '존안'이라 하고 '시력'을 높여 '눈이 밝다' 또는 '눈이 총명하다'는 뜻으로 '안총'眼聰이라 했던 것도 같은 맥락이다.

어쨌거나 '안'과 '목'이 '사람의 눈'을 가리킬 때에는 서로 넘나드는 일이 많다. '눈앞'인 '안전'과 '목전'은 '눈으로 볼 수 있는 아주 가까운 곳'이라는 문자적 의미와 '아주 가까운 장래'라는 비유적 의미가 모두 같지만 실제 쓰임에서는 '목전'이 압도적이다. '목전의 이익만 생각하다'나 '시험을 목전에 두다' 같은 경우가 대표적이다. 앞날을 내다보지 못하고 눈앞의 일만 생각하는 계책을 '목전지계'라 했다.

　'물고기 눈'인 '어안'과 '어목'은 실제 쓰임에 차이가 많다. '어안'은 광물의 일종인 '어안석'이나 아래에서 위를 올려다본 도면인 '어안도', 앵글이 180도 이상인 '어안렌즈' 같은 근대적 용어에서만 쓰인다('어안이 벙벙하다'의 '어안'은 다른 말이다). 반면에 '어목'魚目은 예부터 손이나 발에 생기는 티눈을 가리키기도 하고, 진주 비슷하지만 아니라는 뜻으로 가짜가 진짜를 어지럽힘을 빗대는 말로 쓰여왔다. '물고기 눈과 연산燕山의 돌'인 '어목연석'도 있다. 두 가지가 다 옥과 비슷하나 옥이 아닌 데서 허위를 진실로, 우인을 현인으로 혼동하거나 거짓이 진실을 어지럽힘을 비유한다.

'안'眼은 마음의 눈

불가에서 쓰는 말로, 사람 중에 가장 높은 이인 부처를 높이는 '양목양족'이라는 재미난 표현이 있다. 문자 그대로 풀면 '두 눈 두 발'인데, '족'足과 어울린 '목'目의 신체성을 잘 보여주는 말이다. 이렇게 '목'은 사람의 눈을 가리킬 때 어디까지나 '몸의 눈'에 머물러 있다.

　반면에 '안'은 '마음의 눈'으로 넓어질 때가 많다. 시인 주형창이 갈파한 것처럼, 이런 눈은 굳이 뜨고 있지 않아도 사람의 내면에서 늘 빛을 발하고 있다. 아름다움과 추함을 분별하는 눈인 '심미안'審美眼

이 그렇고, 사물의 가치나 진위를 구별하여 알아내는 눈인 '감식안' 鑑識眼도 마찬가지다. '눈을 갖추었다'는 뜻의 '구안'은 '옳고 그름을 가릴 수 있는 눈이 있다'는 뜻으로, 이런 눈을 갖춘 선비를 '구안지사' 具眼之士라 했다. '석가의 눈과 공자의 마음'인 '석안유심'釋眼儒心은 매우 자비롭고 어진 마음으로 사랑함을 이른다.

'눈을 뜬다'는 뜻의 '개안'開眼은 각막 이식 등을 통해 시력을 되찾는 일이기도 하고, 불도의 진리를 깨닫는 일이기도 하다. 불상을 만들어 처음으로 공양하는 일도 '슬기로운 눈을 뜨게 한다'는 의미로 '개안'이라 한다. 여자의 아름다운 눈을 가리키는 '옥안'은 수정, 주옥, 유리 등을 끼워 박은 불상의 눈을 이르기도 한다.

불교에서는 의심이 많고 불도를 믿지 않는 사람을 '무안인' 곧 '눈이 없는 사람'이라 한다. 중생을 자비롭게 보는 관음보살의 눈은 '자안'이고, 부처의 자비스러운 눈은 '애안'이다. 석가가 깨달은 비밀의 극의인 직지인심·견성성불의 묘리는 '정법안장'正法眼藏이라고 한다. '천안통'天眼通은 부처의 도를 이루는 '육안' '천안' '법안' '혜안' '불안'의 다섯 눈 가운데 '천안', 즉 세간의 모든 고락의 모양과 갖가지 형과 색을 내다볼 수 있는 자유자재한 작용력을 말한다.

'안경을 쓰지 않은 맨눈' 또는 '몸에 딸린 눈'인 '육안'肉眼에 상대되는 말은 여러 가지다. 마음속으로 사물을 꿰뚫어보는 '심안'心眼은 드물게 '심목'心目이라 하기도 한다. 보통사람의 눈인 '범안'凡眼이나 속인의 눈인 '속안'俗眼과는 다른, 이른바 '제3의 눈'이다. '혜안'慧眼도 사물을 밝게 보는 슬기로운 눈이다. 진리를 분명히 가려내는 눈이나 수행하여 얻은 지혜의 눈은 '도안'道眼이라고 한다. '천 리 밖을 보는 눈'인 '천리안'千里眼도 먼 데서 일어난 일을 직감적으로 감지하는 능력이나 사물을 꿰뚫어보는 힘을 의미한다. '정수리의 눈'인 '정문안' 頂門眼은 사리를 환하게 비쳐 아는 특별한 힘을 가리킨다.

'육안'에서 '심안'으로

그리스 신화에도 '심안'이라는 주제가 등장한다. 최고신 제우스는 바람피우기에서도 타의 추종을 불허하는 존재였다. 그 부인인 최고 여신 헤라는 남편의 꺼지지 않는 바람기에 늘 신경을 곤두세우고 살 수밖에 없는 여인(?)이었다. 한번은 제우스의 못 말리는 바람기가 강의 신 이나코스의 딸 이오를 향해 뻗치게 되었는데, 눈치 빠른 헤라가 이를 알아챘다는 사실을 알게 된 제우스가 부인의 질투 어린 복수를 차단하기 위해 이오를 암소로 변신시켰다. 그러나 헤라는 이 사실마저 알아챘고, 모르는 척 제우스에게 '저 예쁜 암소를 나한테 선물로 주시면 안 될까요?' 하고 부탁한다. 거절할 명분이 없었던 제우스는 암소를 내줄 수밖에 없었고, 헤라는 연적인 암소(이오)를 동굴 속에 가두고 괴물 아르고스를 시켜 입구를 지키게 한다. 눈을 100개나 지닌 아르고스는 잠을 잘 때에도 그중 몇 개는 뜨고 있어서 24시간 감시가 가능한 최적의 파수꾼이었다. 천상에서 이오의 가련한 처지를 내려다보고 있던 제우스가 쓰린 마음을 어쩌지 못하고 아들이자 전령신인 헤르메스에게 이오 구출을 명한다. 지상으로 하강한 헤르메스는 말 그대로 신기에 가까운 피리 솜씨로 아르고스의 눈 100개를 모두

감게 만든 뒤 이 괴물을 척살하고 마침내 이오를
구해낸다.

안 眼　　　　　목 目

눈이 100개였던 아르고스의
별칭은 '판옵테스'panoptes,
즉 '모든 것을 보는 자'였다.
아는 것의 출발은 보는 것이다.
서태지와 아이들이 외쳤던
'난 알아요'에 해당하는
영어 표현에는 'I know'와
'I see' 두 가지가 있다. 육안으로 모든 것을 볼 수 있었던 아르고스의
능력은 헤르메스Hermes에게 흡수되어 심안으로 모든 것을 알 수 있
는 능력으로 승화되었다. 훗날 이집트 신화 속 지혜의 신 토트와 결
합하여 '헤르메스 트리스메기스투스'라는 전설적인 인물이 등장하게
된 일이나 그의 이름에서 '해석학'hermeneutics이라는 말이 탄생한 것
이 바로 이런 연유에서다.

'외눈'과 '눈멂'

군이 심안이 아니더라도 사람이 항상 두 눈으로만 봐야 한다는 법은
없다. '쌍안경'은 두 눈으로 보도록 만든 광학 기계다. '쌍'雙의 절반이
'척'隻이니, '척안' 또는 '일척안'은 한 짝 눈, 즉 외눈인데, 남과 다른
특별한 식견을 의미하기도 한다. '독안'도 외눈으로, '독안룡'은 애꾸

눈 영웅 또는 고덕한 사람을 뜻한다.

'일목'一目도 한쪽 눈 또는 애꾸눈인데, '한 번 본다'는 의미도 된다. '일목요연'一目瞭然은 '한 번 보고 분명히 안다'는 뜻이다. '일목십행'一目十行은 한 번 잠깐 봐서 10행을 읽는 것이다.

두 눈이 다 먼 상태는 '맹안' 또는 '맹목'이라고 하는데, 특히 '맹목' 盲目은 사리에 어두운 눈을 가리키기도 한다. 아무 분간 없이 덮어놓고 행동하는 상태를 '맹목적'이라 한다. 항공에서 날씨가 좋지 않을 때나 야간에 계기가 가리키는 대로만 하는 비행이 '맹목비행'이고, 해외시장에 관한 충분한 지식 없이 하는 무역이 '맹목무역'이다.

눈의 움직임

눈으로 할 수 있는 가장 기본적인 운동이면서 늘 해야만 하는 일이기도 한 것이 '깜빡거리기' 또는 '깜짝거리기'다. '일순간'一瞬間은 '눈 한 번 깜짝할 사이'이고, '순식간'瞬息間은 '눈을 한 번 깜짝하거나 숨을 한 번 쉴 만한 아주 짧은 동안'이다. '어둠 속에서 눈 깜빡이기'인 '암중순목'暗中瞬目은 아무런 소용도 없는 짓을 말한다. 역시 '눈 깜짝할 동안'인 '별안간'瞥眼間은 '갑자기' 또는 '난데없이'와 같은 뜻이다. 참고로 '별'瞥에는 '힐끗 보다'라는 뜻도 있어서, '일별'은 '한 번 힐끗 보기'다. '삽시간'도 매우 짧은 시간이다('삽'霎은 '가랑비' 또는 '잠시'라는 뜻이다).

'개목'開目은 눈을 뜨는 것인데, 경북 안동에 있는 절 이름인 '개목사' 정도 말고는 '개안'과 같은 비유적 의미는 거의 없다. 눈을 감는 것은 '폐목'閉目이고, 잠을 자기 위해 눈을 붙이는 것은 '접목'接目이다.

'눈길을 쏟는다'는 뜻의 '주목'注目은 관심을 가지고 주의 깊게 살피거나 조심하고 경계하는 눈으로 살피는 일을 말한다. 교사나 상사가 '주목!' 하면 자신에게 시선을 모아달라는 말이다. 한편 '주안'主眼은 주된 목표이고, '주안점'은 특히 중점을 두어 살피는 점이다. '착안'着眼은 어떤 일을 주의해서 보는 일이나 어떤 문제를 해결하기 위한 실마리를 얻는 일로, '착목'着目이라고도 한다.

'열안'悅眼은 눈을 즐겁게 하거나 사물을 보고 즐거움을 느끼는 것으로, '눈 호강' 정도가 되겠다. 소리가 같은 '열안'熱眼은 '열이 오른 눈'으로, 어떤 일을 이루려고 애가 달아 기를 쓰고 있는 상태를 비유하는 '혈안', 즉 '핏발 선 눈'과 같은 뜻이다.

'눈을 비빈다'는 '괄목'은 학식이나 업적이 크게 진보하여 그 사람을 다시 보게 되었다는 '괄목상대'刮目相對로 자주 쓰인다. '손가락으로 가리키고 눈으로 주시한다'는 '지목'指目은 사람이나 사물이 어떠하다고 가리켜 정하는 일을 말한다.

소리 없이 눈으로만 글을 읽으면 '목독'目讀, 소리 없이 눈웃음을 지으면 '목소'目笑다. '목례'目禮는 소리 없는 '눈인사'다. 다른 사람은 모르게 눈짓으로 제지하는 '목금'目禁은 점잖은 자리에서 가끔 필요한 경우가 있다. '눈으로 하는 셈'인 '목산'目算과 '눈으로 헤아림'인 '목측'目測은 얼추 '눈대중'으로 묶을 수 있다.

'목격자' '목격담'의 '목격'目擊은 '눈으로 직접 본다'는 뜻으로, '목도'目睹라고 하면 예스럽고 문어적인 표현이 된다. '목표'目標와 '목적'

目的은 '눈길이 가 닿은 표적', 즉 이루려 하는 일이나 방향을 뜻한다.

'눈'은 가장 요긴한 것

사람의 체면을 뜻하는 '면목'面目은 눈이 얼굴을 대표한다는 것을 말해준다. '참모습'인 '진면목'은 사람이나 사물이 본래부터 지닌 훌륭하거나 좋은 면이다. 사람의 몸에서는 머리가 가장 중요하고 얼굴에서는 눈이 가장 중요하니, 예부터 한 집단의 우두머리를 '두목'頭目이라 칭한 것은 매우 자연스럽다.

옛사람들은 눈을 사람의 감각기관 중에 가장 중요하게 여긴 데서더 나아가 '알맹이'나 '핵심'이라는 의미로 넓혀 사용하기도 했다. '시를 볼 줄 아는 안목'인 '시안'詩眼은 '시의 눈'으로 새길 경우 한시에서잘되고 못됨을 결정짓는 중요한 한 글자를 뜻하기도 한다. 오언에서는 셋째 글자, 칠언에서는 다섯째 글자다. '구절의 눈'인 '구중안'句中眼도 시구에서 가장 중요한 한 자를 말한다. '글자의 눈'인 '자안'字眼은한문에서 가장 중요한 대목의 글자를 뜻한다.

눈동자를 '안정'眼睛이라고 하는데, '정'睛 자체가 눈동자를 가리킨다('귀신의 눈동자'인 '귀안정'은 우렁이의 별칭이다). '점정'은 사람이나 짐승을 그릴 때 맨 나중에 눈동자를 찍는 것을 말한다. 가장 요긴한 부분을 마쳐 완성한다는 뜻으로 '화룡점정'畵龍點睛이라는 말이있다. 중국 남북조시대에 양나라의 장승요가 절의 벽에 용 네 마리를 그렸는데, 눈동자를 그려 넣지 않고는 '눈동자를 그리면 용이 날아가버리기 때문'이라는 이유를 달았다. 어떤 사람이 그 말을 허황하게 여기자 장승요가 용 한 마리에 눈동자를 그려 넣었는데, 갑자기 천둥번개가 치면서 용이 벽을 깨고 나와 구름을 타고 하늘로 올라가버렸다고 한다.

동물의 '눈'

동물의 눈과 관련된 말들은 연상작용에 기댄 용법이 많다. 알맹이가 검고 잘아서 쥐 눈처럼 생긴 '쥐눈이콩'은 '서목태'라고도 한다. 반면에 알이 굵고 눈에 검은 점이 있는 '눈검정콩'은 '흑안대두'다. 늦벼의 한 가지인 '고새눈거미'는 '흑안작도'라 하는데, '검은 눈 참새 벼'라는 뜻이다. 역시 벼의 일종인 '오안황'의 '오안'은 '까마귀 눈'이다.

　'참새 눈'인 '작목'은 밤눈이 어두운 경우를 가리킨다. '흰 눈 참새'인 '백안작'은 동박새를 가리키는 말로, '비단 눈 아이'라는 뜻의 '수안아'라고도 한다. '큰 눈 참새'라는 뜻의 '대안작'은 몸집이 참새만 한 지빠귀과의 새다.

　명태 눈으로 담근 것은 '태안해'이고, 눈이 붉은 잉어인 '눈불개'는 '홍안어' 또는 '적안어'라고 한다. '적안하'는 눈이 붉은 참복의 한 가지다. '열목어'熱目魚는 연어과에 딸린 민물고기인데, 역시 눈이 붉어서 붙은 이름이다. 눈이 튀어나온 짱뚱어는 '철목어'凸目魚라 하고, '토끼 눈'인 '토안'은 동물이 눈을 뜨고 자는 현상을 말한다.

'태풍의 눈'과 '그물눈'

사람이나 동물의 것이 아니더라도 '눈처럼 생긴 것'을 '눈'이라고 하는 경우가 있다. '태풍안'은 '태풍의 눈'이다. '칼 눈'인 '도안'은 환도의 몸이 자루에서 빠지지 못하도록 슴베와 아울러 자루에 비녀장을 박는 구멍을 말한다. '총안'과 '포안'은 사격을 위해 성벽이나 보루에 낸 구멍으로, 묶어서 '사안'射眼이라고 한다. 조선 후기에 세 포신을 겹쳐 만들었던 삼혈포는 '삼안포' 또는 '삼안총'이라고도 했다.

'방안'은 '모난 눈' 즉 '모눈'이고, '방안지'方眼紙는 '모눈종이'다. 동서와 남북으로 좌표 선이 그려진 지도가 '방안지도'이고, 네모지게 뚫어 놓은 총안은 '방안총혈'이다. 문살을 가로세로로 비껴 넣어 짠 창문은 '사안창'斜眼窓이라고 한다.

각기 열아홉 가닥에 이르는 가로줄과 세로줄이 교차하는 바둑판은 '눈 목目'자를 겹쳐놓은 모습과 유사하다. 외줄로나 모로 다섯 개를 잇따라 놓는 게임을 '오목'이라고 하는 이유다. 일반 바둑에서 두 집이 나는 것을 '양안'兩眼이라 하는데, 조어의 일관성 면에서 '양목'이 나을 뻔했다.

'눈 목目'자와 비슷하게 생긴 그물코도 '눈'이다. '그물'인 '강'綱이 전체라면 '그물눈'인 '목'目은 부분이다. 오늘날 생물분류체계의 범위가 '종-속-과-목目-강綱-문-계' 순서로 넓어지는 데에는 이유가 있다(사람은 '포유강' '영장목'이다).

'그물'과 '그물코'를 합친 '강목'綱目은 사물의 대략적인 줄거리와 자세한 조목을 뜻하는데, 옛날 중국의 주희가 지은 『자치통감강목』을

줄여서 이르는 말이었다. 사마광의 『자치통감』에 실린 내용을 크게 '강'
綱으로, 세세하게 '목'目으로 구별하여 편찬한 이 책이 '강목'의 원조
다. 『동사강목』은 영조 때 안정복이 쓴 역사책이고, 『본초강목』은 명
나라 이시진이 2천 종에 가까운 동식물과 광물을 풀이한 약학서.

'목'目은 한눈에 보기

마음의 눈을 가리킬 때가 많은 '안'眼과 달리 주로 육체의 눈을 가리
키는 '목'目은 눈의 초보적 기능인 '한눈에 보기'나 '훑어보기'를 의미
하기도 한다. '제목'題目은 작품이나 문서의 내용을 대표하는 이름이
고, '목차'目次는 제목이나 목록, 조항 따위의 차례를 말한다.

'명목'名目은 형식상 표면에 내세우는 이름이나 구실이다. 법으로 정
해 강제로 통용하는 화폐를 '명목화폐'라고 한다. '품목'은 물품의 명
목이고, '종목'은 종류의 명목이다. 조세의 명목은 '세목'稅目이고, 범죄
행위의 명목은 '죄목'이다. 법률에서 토지의 명목을 '지목'地目이라 하
고, 상업에서 물건의 명목을 '물목'物目이라고 한다. '계목'啓目은 조선
시대에 임금에게 보이는 서류에 붙인 목록이었고, 『삼대목』은 신라
때 각간 위홍과 대구 화상이 진성여왕의 명으로 편찬한 향가집이다.

'목록'目錄은 원래 진열품이나 소장품의 이름을 일정한 차례로 적은
기록, 또는 책 첫머리에 그 내용의 제목을 차례로 적은 명목으로, '재
산목록'과 '도서목록'이 대표적이다. 옛날 중국에는 오늘날의 서지학
과 도서관학을 아우른 '목록학'이 있었고, 중세 유럽에는 '나쁜 책'을

몰아내기 위해 교황청이 운영한 '목록의회'가 있었다.

과거에 과거科擧를 의미했던 '과목'科目은 요즘에는 공부할 지식 분야를 가르는 말이 되었다. '덕목'은 충·효·인·의 같은 덕을 분류하는 명목이다. '조목'과 '항목'은 법률이나 규정을 이루는 낱낱의 조와 항이다. 각 조목을 일일이 들면서 이야기하는 모양이 '조목조목'이다.

한편 눈과 귀는 사람의 인식작용을 대표하는 기관으로서 서로 붙어 다닐 때가 많다. 어떤 사람이 다른 사람들의 눈에 특별하게 띄면 '이목을 끈다'고 한다. '이목'耳目은 귀와 눈을 중심으로 한 얼굴의 생김새를 뜻하기도 한다. '이문목견'耳聞目見, 즉 귀로 듣고 눈으로 보는 법이니, '이목이 넓다'는 것은 '보는 것과 듣는 것' 즉 견문見聞이 넓다는 말이 된다.

'눈'은 마음의 창

'눈은 마음의 창'이라는 서양 격언이 있다. 당나라의 이연수가 지은 『북사』에는 사람됨을 알아보는 데 '형체보다는 얼굴[面], 얼굴보다는 눈[眼]'이라는 대목이 나온다. 눈이 사람의 인격이나 정신을 드러낸다는 것은 동서양의 선인들이 공유한 경험적 진실이었다.

눈은 깊게는 사람의 됨됨이를 드러내고, 얕게는 생각과 감정을 드러낸다. 그래서 눈짓으로 말하는 '목어'目語나 '안어'眼語가 생겨났고, 그렇게 해서 뜻이 통하는 '목성'目成도 가능하다. 말로 표현하기 어려운 은근한 정이나 환심을 사기 위해 아첨하는 마음도 '안파'眼波로 쉽게 통할 수 있다. 서로 따뜻한 마음으로 미소를 보내는 모습을 옛사람들은 '눈썹이 가고 눈이 온다'는 '미거안래'眉去眼來라 표현했다.

'눈 안'인 '안중'은 마음속을 의미한다. '안중인' 또는 '안중지인' 眼中之人은 정든 사람이나 항상 마음속에 그리는 사람이고, '안중무인' 眼中無人은 사람됨이 교만하여 남을 업신여김을 이르는 말이다. '눈 아래에 사람이 없다'는 '안하무인'도 같은 뜻이다(같은 '눈 아래'라도 '목하'는 '지금' 또는 '바로 이때'를 뜻한다). 이렇게 '눈에 뵈는 게 없는' 상태를 '안공'眼空이라고 한다. '안공사해'眼空四海나 '안공일세'眼空一世는 세상 모든 것을 업신여기면서 거드름을 피우는 태도를 말한다.

'백안'의 문자적 뜻은 '흰 눈' 즉 '눈알의 흰자위'인데, 나쁘게 여기거나 업신여겨서 흘겨보는 눈을 비유한다. '백안시'白眼視는 상대를 업신여기거나 냉대하여 흘겨보는 것이다. '흰 눈을' 보는 것은 백설을 보는 것이고, '흰 눈으로' 보는 것은 눈의 흰자위인 '백목'이 보이도록 흘겨 뜬 눈, 즉 '백안'으로 보는 것이다. '찬 눈'인 '냉안'도 비슷한 뜻인데, 흔히 '냉안시'冷眼視로 쓴다. '백안시'에서 얼굴을 더 틀어 상대를 '안계'眼界 밖으로 밀어내면 도외시度外視나 무시無視가 되고, 아예 반대편으로 돌려버리면 '반목'反目이 된다.

'백안시'의 반대는 '흑안시'가 아니라 '청안시'靑眼視다. '청안'은 상대를 기쁜 마음으로 대하는 뜻이 드러난 따뜻하고 친밀한 눈초리다. 역시 '푸른 눈'인 '벽안'碧眼은 눈동자가 푸른 서양사람을 뜻하는 말이다. 인도 출신인 달마대사는 '벽안호승'이라 불리기도 했는데, 글자 그대로 '눈 푸른 이방인 스님'이라는 뜻이다.

'근시안'과 '목불인견'

'눈'과 관련한 속담과 관용표현 몇 가지를 추려본다.

'근시'는 '가까운 것만을 보는 제한된 시력'인데, '근시안'近視眼은 사물을 피상적으로 보는 얕은 사고력을 말한다. '색안경'은 주관이나 감정에 사로잡힌 관찰 또는 편협한 견해를 비유하는 말로 흔히 쓰인다.

눈빛은 '목광' 또는 '안광'이다. 한문 어순으로 '안광철지배'眼光徹紙背, 우리말 어순으로 '안광지배철'은 '눈빛이 종이 뒤를 꿰뚫는다'는 말로, 책을 정독하여 그 내용의 참뜻을 깨닫는다는 뜻이다. '안투지배' 眼透紙背 역시 독서의 이해력이 날카롭고 깊음을 비유한다. '눈빛이 땅에 떨어진다'는 '안광낙지'眼光落地는 해산물이 아니라 사람의 죽음을 이르는 말이다.

'안고수비'眼高手卑는 '눈은 높으나 손은 낮다'는 뜻으로, 이상만 높고 실력이나 실천이 따르지 못하는 경우를 빗댄 말이다. '안명수쾌'眼明手快는 눈치가 빠르고 하는 일이 시원시원한 사람, 또는 눈썰미가 있고 손놀림이 매우 빠른 사람을 가리킨다.

'차마 눈 뜨고 볼 수 없음'인 '목불인견'目不忍見은 매우 딱하거나 참혹한 상황을 비유하고, '얼굴이 아주 새로워짐'인 '면목일신'面目一新은 체면이나 명예, 사물의 모양, 일의 상태가 완전히 새로워졌음을 뜻한다.

'낫 놓고 기역자도 모른다'는 속담에 해당하는 사자성어가 '목불식정'目不識丁이다. 고무래를 보고도 그것이 '정'丁자인 줄 모른다는 말인데, 고무래는 곡식을 그러모으거나 펼 때, 또는 밭의 흙을 고르거나 아궁이의 재를 긁어모으는 데 쓰는 'ㅜ'자 모양의 기구다.

'목송'과 '그리움'

'Out of sight, Out of mind'라는
서양 속담이 있다. 눈에서
멀어지면 마음에서도 멀어지기
쉬운 법이다. 목소리가 미치지
않는 먼 곳까지 가 닿을 수 있는 것이
사람의 눈길이다. 그리던 사람이
멀리서부터 다가오는 모습을 바라보며

목송 目送

맞는 일을 옛사람들은 '목영'目迎이라 했다. 반갑게 만나 정겹게 얘기
를 나누다 결국에는 헤어질 수밖에 없는 순간이 온다. 작별 인사를
나눈 뒤 나에게서 떠나 멀어지다 마침내 시야에서 사라질 때까지 뒷
모습을 바라보며 배웅하는 일이 '목송'目送이다.

　기억의 붓을 잡고 머릿속 화선지에 사람의 얼굴을 '그리는' 일이
'그리움'이다. 화상통화와 카톡이 만남을 대신하게 된 요즈음, 사랑하
는 이의 얼굴을 그릴 필요는 사라졌다. 누군가를 향해 그리움을 느끼
는 일도 드물어졌다. 서신 한 번 주고받는 일조차 쉽지 않아 서로를
향한 그리움이 모든 이들의 가슴속을 채우고 있던 시절, '눈마중'으로
만나고 '눈배웅'으로 헤어지던 사람들의 모습은 이제 그리움의 대상
으로 남아 있다.

'눈' 말모음

안眼   '눈'을 높여 이르는 어감이 있다.
      '마음의 눈'을 의미하기도 한다.

척안隻眼 ︱ 일척안一隻眼 ︱ 독안獨眼 ︱ 독안룡獨眼龍 ︱ 맹안盲眼 ︱ 열안悅眼 ︱

열안熱眼 ︱ 혈안血眼 ︱ 안어眼語 ︱ 안파眼波 ︱ 미거안래眉去眼來 ︱ 안전眼前 ︱

안중眼中 ︱ 안중인眼中人 ︱ 안중지인眼中之人 ︱ 안중무인眼中無人 ︱ 안하眼下 ︱

안하무인眼下無人 ︱ 안공眼空 ︱ 안공사해眼空四海 ︱ 안공일세眼空一世 ︱

백안白眼 ︱ 백안시白眼視 ︱ 냉안冷眼 ︱ 냉안시冷眼視 ︱ 청안靑眼 ︱ 청안시靑眼視 ︱

벽안碧眼 ︱ 벽안호승碧眼胡僧 ︱ 석안유심釋眼儒心 ︱ 안계眼界 ︱ 안광眼光 ︱

안광철지배眼光徹紙背 ︱ 안광낙지眼光落地 ︱ 안투지배眼透紙背 ︱

안고수비眼高手卑 ︱ 안명수쾌眼明手快 ︱ 별안간瞥眼間 ︱ 안정眼睛 ︱ 귀안정鬼眼睛 ︱

흑안대두黑眼大豆 ︱ 흑안작도黑眼雀稻 ︱ 오안황烏眼黃 ︱ 대안작大眼雀 ︱

백안작白眼雀 ︱ 수안아繡眼兒 ︱ 태안해太眼醢 ︱ 홍안어紅眼魚 ︱ 적안어赤眼魚 ︱

적안하赤眼河 ︱ 토안兔眼 ︱ 점안點眼 ︱ 주안主眼 ︱ 주안점主眼點 ︱ 착안着眼 ︱

육안肉眼

▶ '안'이 단순히 '눈'을 가리키는 경우들로, 마지막 넷만 근대어

구안具眼 ︱ 구안지사具眼之士 ︱ 개안開眼 ︱ 무안인無眼人 ︱

정법안장正法眼藏 ︱ 천안天眼 ︱ 천안통天眼通 ︱ 법안法眼 ︱

혜안慧眼 ︱ 불안佛眼 ︱ 도안道眼 ︱ 천리안千里眼 ︱

정문안頂門眼 ︱ 범안凡眼 ︱ 속안俗眼 ︱ 근시안近視眼 ︱

심미안審美眼 ︱ 감식안鑑識眼 ︱ 심안心眼

▶ '안'이 '마음의 눈'을 이르는 경우로, 마지막 넷은 근대어

안정眼精 ︱ 안시眼視 ︱ 안수眼水 ︱ 안총眼聰 ︱ 존안尊眼 ︱

옥안玉眼 ︱ 자안慈眼 ︱ 애안愛眼

▶ '안'에 높임의 의미가 있음을 보여주는 옛말들

시안詩眼 | 자안字眼 | 구중안句中眼
▸ 눈과 같이 소중하고 핵심적인 것

태풍안颱風眼 | 도안刀眼 | 총안銃眼 | 포안砲眼 | 사안射眼 | 삼안포三眼砲 |
삼안총三眼銃 | 방안方眼 | 방안지方眼紙 | 방안지도方眼地圖 |
방안총혈方眼銃穴 | 사안창斜眼窓 | 양안兩眼
▸ 눈처럼 생긴 것

검안檢眼 | 안과眼科 | 안구眼球 | 안대眼帶 | 안경眼鏡 |
보안경保眼鏡 | 색안경色眼鏡 | 쌍안경雙眼鏡 | 점안點眼 | 점안약點眼藥 |
어안魚眼 | 어안석魚眼石 | 어안도魚眼圖 | 어안렌즈 [魚眼-]
▸ '안'이 들어간 근대어들

목目 주로 '육체의 눈'을 가리키며, 눈을 평범하게 이른다.

이목耳目 | 이목구비耳目口鼻 | 이문목견耳聞目見 | 면목面目 | 진면목眞面目 |
면목일신面目一新 | 백목白目 | 안목眼目 | 심목心目 | 맹목盲目 |
맹목비행盲目飛行 | 맹목무역盲目貿易 | 암중순목暗中瞬目 | 개목開目 |
폐목閉目 | 접목接目 | 착목着目 | 주목注目 | 괄목刮目 | 괄목상대刮目相對 |
목성目成 | 목어目語 | 목독目讀 | 목소目笑 | 목례目禮 | 목금目禁 | 목산目算 |
목측目測 | 목격目擊 | 목격담目擊談 | 목격자目擊者 | 목도目睹 | 목영目迎 |
목송目送 | 목하目下 | 목전目前 | 목불인견目不忍見 | 목불식정目不識丁 |
어목魚目 | 어목연석魚目燕石 | 서목태鼠目太 | 작목雀目 |
열목어熱目魚 | 철목어凸目魚 | 두목頭目
▸ '눈'의 의미로 쓰인 '목'(마지막 낱말은 의미가 확장된 것)

지목指目 | 반목反目 | 일목一目 | 일목요연一目瞭然 |
일목십행一目十行 | 목표目標 | 목적目的
▶ '보다'라는 의미로 쓰인 '목'

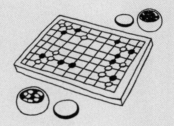

강목綱目 | 제목題目 | 목차目次 | 목록目錄 |
재산목록財産目錄 | 도서목록圖書目錄 |
목록학目錄學 | 목록의회目錄議會 | 명목名目 |
명목화폐名目貨幣 | 물목物目 | 품목品目 | 종목種目 | 죄목罪目 | 세목稅目 |
지목地目 | 계목啓目 | 과목科目 | 덕목德目 | 항목項目 | 조목條目 |
조목조목條目條目
▶ '한눈에 보기' 또는 '훑어보기'라는 뜻으로 쓰인 '목'

오목五目
▶ 눈 목目자처럼 생긴 것

잠이 없으면 삶도 없다

잠·수면

잠과 삶

갓난아기가 나비잠 잔다 양팔을 V자로 치켜올리고 살폿 날 듯 날아오를 듯 고요하다

여린 입술로 우주를 동그맣게 말아서 비눗방울 불 듯 불러올렸다 내렸다 하는 저 호흡의 힘은 어디서 나오나

젖꼭지를 꼭 문 저 예쁜 블랙홀 속으로 세상의 엄마들이 다 빨려들어 갔다

홍은택, 「나비잠 1」

시인 박노해는 「이 땅에」에서 '나는 잠 못 자고 달려가기 위해서가 아니라 내 리듬으로 노래하기 위해 이 땅에 왔다'고 외쳤다. 잠이 없으면 '내 리듬으로 노래'할 수 없다.

홍은택은 갓난아기의 잠에서 생명을 보고 있다. 잠이 없으면 삶도 없다. 수면은 생명을 지탱한다. 이해인이 「오늘을 위한 기도」에서 잠을 죽음 연습에 비유했듯이, 인간은 죽음과도 같은 잠에 기대어 삶을 이어가는 역설적인 존재다.

잠은 깊을수록 죽음과 유사한 것이 된다. 죽음에 가까운 '깊은 잠'에는 '혼수'와 '숙면'이 있다. 그런데 왜 '혼면'이나 '숙수'는 없는 것일까? 무더운 여름날 민간에서는 한가롭게 '오수'를 즐기고, 군대에서는 일률적으로 '오침'을 실시한다. 두 가지 '낮잠'은 어떻게 다른 것일까? 시인 황금찬이 「심성」에서 '전 인류가 기다리는 선한 의인은 언

제 잠을 깨고 일어설까' 하고 부르짖었을 때 '잠'은 이 중에서 어떤 잠일까?

세상에는 밤마다 '불면증'에 시달리는 사람들이 있는가 하면, 군대에는 밤마다 '불침번'을 서는 병사들이 있다. '불면'과 '불침'은 어떻게 다른 것인가?

'침식'과 '숙식'은 둘 다 '자는 일과 먹는 일'이다. '침식을 제공하는 일'과 '숙식을 제공하는 일'은 같은 것일까, 다른 것일까?

'수'睡는 졸음

'수련'睡蓮은 뿌리줄기를 물속으로 드리우고 있는 연꽃이다. '눈'[目]과 '드리우다'[垂]가 만난 '수'睡는 눈꺼풀이 저절로 내려오는 일, 즉 '졸음'을 의미한다. 잠을 자려고 누워 있는 것이 아니라 깨어서 앉아 있는데 저도 모르게 잠에 빠지는 것, 즉 '앉아서 졸다'가 본뜻이다. 그러니, 앉아서 조는 일을 가리키는 '좌수'라는 말에는 의미의 중복이 숨어 있는 셈이다.

못 견디게 쏟아지는 졸음을 악마에 비유한 '수마'는 '어쩔 수 없이 빠지게 되는 잠'인 '수'睡의 본질을 드라마틱하게 표현한다. 수마의 위력은 걸으면서 조는 '수보'에서 극명하게 드러난다. 필자도 군생활 시절 야간 행군 중에 수보를 경험한 적이 있다.

졸음이 얼마나 물리치기 힘든 상대였으면 '졸음이 몰려온다'는 표현이 생겨났을까. 이렇게 '몰려오는 졸음'을 '수휘'睡彙라고 한다. 따뜻한 봄날이면 어김없이 몰려오는 달콤한 졸음인 '춘수'春睡는 대항하기 힘든 강적이다.

'깜빡'이나 '꾸벅꾸벅'은 조는 모습을 묘사하고, '잠시'나 '잠깐'은 조는 시간을 말해준다. '졸음'에서 출발한 '수'는 '낮잠'인 '오수'午睡에서 보듯이 '잠'이 되어도 그 시간이 길지 않다. 스페인과 남미의 '오수'인 시에스타는 높은 기온과 식곤증의 결합이 낳은 관습으로 보는 것이 일반적이다. 음식을 먹은 뒤에 찾아오는 나른함과 졸음을 아울러 가리키는 말이 '식곤증'이다. 박준이「선잠」에서 '같은 음식을 먹고 함께 마주하던 졸음'이 바로 이것인데, 정확히 표현하면 '식곤수증'食困睡症이 되겠다. 우리나라 군대에서 혹서기에 실시하는 '낮잠'을 '오침'이라고 하는 것은 '취침' '불침번' 등에서 보듯이 모든 '잠'을 '침'寢으로 통일한 결과다.

'반수'는 '반은 잠들고 반은 깨어 있다'는 '반수반성'半睡半醒의 준말이다. 박준이 같은 시에서 '잠에 든 것도 잊고 다시 눈을 감는 선잠'이라 표현했던 것처럼 깨어 있는지 자는지 모를 몽롱한 상태인데, 역시 '수'의 원래 의미를 간직하고 있는 낱말이다. 의식이 반쯤 깨어 있는 옅은 잠을 '가수'假睡라고 하는 경우도 마찬가지다(의학에서는 '가수면'이라고 한다). 옛사람들이 '잠버릇'을 '수벽'睡癖이라 하고 사람이 잠들었을 때 마음이 가 있는 곳, 즉 '꿈나라'를 '수향'睡鄕이라 했던 것도 '수'가 의식이 반쯤은 살아 있는 그리 깊지 않은 잠임을 의식한 소이가 아닐는지.

'수' 중에서 가장 깊은 잠이 '혼수'昏睡다. 옛날 중국 양나라의 유준이 밤을 새워 공부하다가 때로 '혼수'에 빠졌다고 한다. 이렇게 '정신이 가물가물해져 깊은 잠에 빠짐'을 뜻하던 '혼수'는 오늘날 '의식을 잃은 상태'를 가리키는 의학 용어로 변신했다.

'면'眠은 긴 잠

'백성 민民'자는 소박한 어감과 달리 꽤나 잔인한 유래를 지니고 있다. 뾰족한 무기로 눈을 파내는 모습을 나타냈던 이 글자는 전쟁포로의 한쪽 눈을 멀게 해서 저항력을 무디게 해 노예로 부렸던 고대의 관습을 반영한다. 원래 '노예'를 뜻하던 이 글자가 긴 세월을 거쳐 '평민'을 가리키게 된 것은, 눈을 파내는 모습이 눈을 감는 이미지로 순화된 것과 궤를 같이한다.

　'눈'[目]과 '눈을 감다'[民]가 만난 '면'眠은 '눈을 감고 자다'가 본뜻이다. '강제적 실명'이라는 '민'民의 애초 뜻을 반영해, '면'眠은 '눈을 감고 오래 자는 일'을 가리킨다. '숙면'熟眠은 깊이 오래 자는 잠이고, '안면'은 편안히 오래 자는 잠이다. 편안하게 누워 근심걱정 없이 지내는 생활을 '베개를 높이 하여 편안히 잔다'는 뜻으로 '고침안면'高枕安眠이라 했다. 따라서 '안면방해'는 편안하고 오랜 잠을 훼방하는 것을 넘어 일상의 행복까지 파괴하는 일이다. 독자 중에 서울 북촌의 한옥마을이나 충남 태안의 '안면도'에 사는 분이 있다면 이 말에 전적으로 공감할 것이다.

　목표를 이루기 위해 잠과 휴식을 희생해가며 '불면불휴'의 나날을 보내는 사람들이야 스스로 선택한 경우이니 그렇다 쳐도, 골치 아픈

사건이나 가슴 저미는 사랑으로 '불면'의
밤을 보내야 했던 사람들이나 '불면증'에
시달려본 사람들은 길고 편안한 잠의
소중함을 누구보다도 잘 안다. 하지만
아무리 잠이 아쉬운 사람이라도 잠 중에
가장 긴 잠인 '영면'永眠은 썩 내켜하지
않을 것이다.

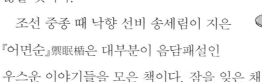

　조선 중종 때 낙향 선비 송세림이 지은
『어면순』禦眠楯은 대부분이 음담패설인
우스운 이야기들을 모은 책이다. 잠을 잊은 채
밤을 새워가며 읽을 정도로 재미있다는 뜻으로 제호를 '잠을 막는 방
패'라 했으니, 잠이 아쉬운 사람들은 섣불리 손에 쥐지 말 일이다.

　앞에 나왔던 '춘수'는 '봄날에 쏟아지는 졸음'이고, '춘면'은 '봄밤에
길게 자는 잠'이다. '춘면불각효'春眠不覺曉는 '봄잠에 날 새는 줄 모른
다'는 뜻으로, 좋은 분위기에 취해 시간 가는 줄 모르는 경우를 비유
하는 말이다.

　'최면'催眠의 문자적 의미는 '잠을 재촉하다'다. '잠'을 뜻하는 그리
스어 'hypnos'에서 유래한 영단어 'hypnosis'를 일본사람들이 옮긴
것이다. 몽롱하기는 하지만 표면의식이 살아 있는 상태에서 잠재의
식이나 무의식을 활성화하는 것이 '최면'이니, 수면의 기본적 속성과
크게 다르지는 않은 셈이다.

　번역 얘기가 나온 김에 잠시 영어 공부를 해보자. '잘 잤니?'에 해
당하는 영어 표현이 'Did you sleep well?'이다. 'sleep'은 '길고 편

　　　　　　　　　　　　　　　　　　　　　　　잠이 없으면 삶도 없다

안한 잠', 즉 '면'眠과 의미가 겹친다. 문예체에서는 'slumber'를 쓰기도 한다.

한편 '침대가 아닌 곳에서 깜빡 잠이 들다'를 뜻하는 'doze'는 '수'睡와 가장 유사한 단어다. 'drowse'도 '졸다'라는 뜻이다.

'nap'은 '낮에 잠깐 자다' '낮잠을 자다'라는 뜻이고 'snooze'도 주로 낮에 침대 아닌 곳에서 잠깐 눈을 붙이는 일을 가리키니 이 둘은 '오수'에 대응한다.

동식물의 '잠'

'사수'四睡는 '넷이 잠을 잔다'는 뜻이다. 동양화 화제의 하나로, 당나라 때의 세 고승인 한산, 습득, 풍간이 범과 함께 잠자고 있는 그림을 가리킨다.

동물들도 당연히 잠을 잔다. 사람의 경우도 그렇지만, 야행성 동물들이라도 낮에는 잠을 잔다. 동물이 겨울에 활동을 멈추고 땅속 같은 곳에서 한철을 보내는 일이 '겨울잠' 즉 '동면'冬眠이다. 넓게는 박쥐, 고슴도치, 다람쥐 같은 포유류뿐 아니라 곤충, 개구리, 뱀 같은 변온동물의 월동도 포함한다. 어떤 활동이 일시적으로 휴지 상태에 이른 것을 비유할 때 '동면'이라고 하는데, 여름철의 고온건조한 날씨를 피해 '하면' 즉 '여름잠'을 자는 도롱뇽, 달팽이 같은 동물이나 무당벌레 같은 곤충이 들으면 서운해할지도 모르겠다.

'묘서동면'猫鼠同眠은 '고양이와 쥐가 함께 잔다'는 뜻으로, 상하가

부정하게 결탁하여 나쁜 짓을 하는 경우를 두고 하는 말이다. '면잠'은 '잠자는 누에'다. 면잠이 낳은 알은 잠에서 깨어나 고온이 되면 발육을 시작한다고 한다.

'동면'과 '하면'을 포함해 동식물이 환경 조건에 따라 일시적으로 활동을 정지하거나 극히 기본적인 활동만을 하는 상태를 '휴면'休眠이라 하는데, 장기간 입출금이 없는 은행계좌를 '휴면계좌'라 부르게 된 배경이다. 분화를 멈춘 채 쉬고 있는 화산인 '휴화산'은 '수면화산'이라고도 한다.

서울 서초구와 과천시 경계에 있는 '우면산'牛眠山은 산의 형상이 소가 졸고 있는 모습과 같다고 한 데서 온 이름인데, 연유가 그러하다면 '우수산'牛睡山이 더 나을 뻔했다. 강원도 양양과 인제에는 이름이 똑같은 '조침령'鳥寢嶺이 있다. '새도 자고 넘을 정도로 높은 고개'라는 의미다.

군대 용어인 '취침'에 해당하는 학문 용어가 '취면'就眠이다. 잠자리에 들 때마다 강박관념에 사로잡혀 일정한 차례로 일정한 동작을 되풀이하는 일을 '취면의식'이라고 한다. 시계를 멈추게 하거나 칼 따위를 감추어야만 잠을 잘 수 있는 경우도 있다고 한다. '취면운동'은 식물의 잎이나 꽃이 밤이 되면 오므라들거나 아래로 처지는 현상을 말한다. 이를 '수면운동'이라고도 하는데, 어쨌거나 식물들도 밤에는 잠을 자야 생명력을 유지할 수 있는 모양이다. 그러니 야간에도 인공불빛 속에 서 있어야 하는 도시의 초목들은 '안면방해'를 받고 있는 셈이다. '마른 잠'인 '건면'乾眠은 사바나 지역에서 건기에 수분이 메말라 초목이 단풍지듯 되는 현상을 말한다.

'수면'의 탄생

각기 '졸음'과 '잠'을 뜻하던 '수'와 '면'이 합체해 '수면'이 탄생한 것은 일본사람들이 서양의학 서적을 번역하는 과정에서 생겨난 일이다. 의식이 반쯤 깨어 있는 옅은 잠을 가리키는 '가수면'假睡眠, 비교적 깊이가 얕은 잠을 가리키는 '뇌수면'腦睡眠, 불면증을 진정시켜 잠이 들게 하는 약인 '수면제'睡眠劑 등은 그 부산물이다.

한편 '수면'과 소리가 같은 '수면'隨眠은 '늘 붙어 다니는 잠'이라는 뜻으로, 불교에서 번뇌를 달리 이르는 말이다. 번뇌가 중생을 늘 따라다니며 마음을 혼미하게 하는 것이 마치 잠과 같다는 뜻이다.

불가에서 잠을 끊임없는 번뇌와 연결지은 것은 '깨어 있음'을 강조하는 의미에서겠지만, 뒤집어보면 사람이 살아 있는 한 매일 잠을 잘 수밖에 없는 현실을 반영하기도 한다. 날마다 자게 되는 잠을 '깨어 있는' 기도로 맞는 구도자의 마음은 그래서 역설적인 아름다움으로 다가올 수밖에 없다.

> 모든 것에 감사했습니다.
> 모든 것을 사랑했습니다.
> 나직이 외우는 저의 기도가
> 하얀 치자꽃 향기로
> 오늘의 저의 잠을 덮게 하소서.
>
> 이해인, 「오늘을 위한 기도」 중에서

'불침번'과 '불면'

'취침'과 '불침번'에 들어 있는 '침'寢도 '잠' 또는 '자다'라는 뜻이다. '비[帚]로 깨끗이 청소한 방[宀]에 놓인 침상[爿]'을 가리키는 '침'寢은 '병들어 침대에 눕다'라는 본뜻에서 '자리에 눕다'를 거쳐 '자리에 누워 잠을 자다'라는 뜻으로 진화했다.

'침실지우'寢室之憂는 중국 노나라의 한 천부賤婦가 캄캄한 방에 자려고 누워 나라를 걱정했다는 데서 나온 말로, 자기 분수에 넘치는 일을 근심함을 이르는 말이다. '침실'은 '잠을 자는 방'이니 '침방'도 된다. 자원字源에 충실하자면 '침대가 있는 방'이라 풀어도 어폐가 없을 것이다(이것은 영어의 'bedroom'에도 해당하는 말이다).

'침금'寢衾은 '이불'을 가리키는 옛말이고, '침구'寢具는 '이불과 베개'를 아우르는 요즘 말이다. '침낭'寢囊은 '안에 들어가 잠을 자는 자루'다.

'조침'은 '아침잠' 또는 '아침에 늦게까지 자는 잠'이다. '낮잠'은 '오침' 또는 '주침'인데, 제대로 자리에 누워 비교적 길게 자는 잠이라는 점에서 '오수'와 다르다. 들에서 자는 '한뎃잠'은 '초침'草寢, '고단하여 깊이 든 잠'이 '곤침'困寢이다. 혼자서 자는 것이 '독침'이고 남녀가 함께 자는 것이 '동침'인데, '동침'同寢은 '한 이부자리에서 자는 일'로 새기는 것이 더 정확하다. '불침번'의 '불침'은 '잠을 자지 않는다'는 뜻이니, '잠을 자지 못한다'는 뜻의 '불면'과는 분명한 차이가 있다.

자는 일과 먹는 일을 합치면 '침식'이다. '잠을 안 자고 밥 먹는 것도 잊는다'는 '폐침망식'廢寢忘食은 흔히 '침식을 잊는다'고 푸는데, 매

잠이 없으면 삶도 없다

우 열심히 공부함을 이르는 말이다. 근심과 걱정이 하도 많아서 잠자리도 편하지 않고 먹는 것도 편하지 못한 상황이 '침불안식불안'寢不安食不安, 줄여서 '침식불안'이다. 아무튼 밤에는 자리에 누워 편안한 잠을 즐기는 것이 상책이다. 자연의 섭리를 거스르면 몸에 좋지 않음을 이르는 옛 표현이 '낮에 자고 밤에 머리를 빗는다'는 '주침야소' 晝寢夜梳다.

'침소'와 '기침'

'들다'가 '먹다'의 점잖은 표현이 되고 '잡수다'가 '먹다'의 높임말이 된 내력과 관련한 필자의 추측은 이렇다. 동물들은 먹잇감에 주둥이를 갖다 대고 먹는다. 직립보행으로 진화한 인류는 손을 써서 음식물을 '들고' 먹게 되었고, 문명이 생겨난 뒤에는 음식물을 그릇이나 잔에 담아서 '들고' 먹거나 마시게 되었다. 오래전부터 세계적으로 희귀한 금속제 식도구를 발달시켜온 이 땅의 선인들은 숟가락과 젓가락을 '잡고' 음식을 먹었다. '드세요' 앞에는 '찻잔'이나 '술잔' 같은 용기가, '잡수세요'(잡으세요) 앞에는 '수저'라는 식도구가 생략되어 있다. '먹는 일'은 모든 동물에 해당하지만, '도구를 써서 먹는 일'은 인간의 전유물이다.

　글자 안에 '침상'이나 '침대'를 가리키는 '장'爿자를 품고 있는 '침'寢이 '잠'이나 '잠을 자다'의 점잖은 표현이자 높임말이 된 까닭도 이와 같다고 여겨진다. '자다'의 주어 자리에는 살아 있는 모든 것이 오지만, '자리에 눕다'나 '침상에/침대에 눕다'의 주어로는 오로지 사람만이 올 수 있다.

옛날에 '잠'을 점잖게 이르거나 높일 때 '침수'寢睡 또는 '수침'睡寢이라 했다. '자리에 누워 눈을 붙이다'라는 뜻이니, '자다'에 비하면 훨씬 품위가 있는 표현이다. '침소'寢所는 '잠을 자는 곳'이나 '잠자리'이고, '기침'起寢은 '잠자리에서 일어남'이다. 사극에서 아들이 방문 밖에 서서 '기침하셨습니까?' 하는 것은 아버지의 감기몸살을 걱정해서가 아니다. 한밤중에 일어나 부처께 배례하는 일도 '기침'이다.

'궁침'宮寢은 '궁궐'의 별칭이고, '별침'別寢은 궁궐 안에 있는 임금과 왕비의 거처다. 임금의 '침방'이 있는 전각이 '침전'寢殿이다. 임금의 잠을 '어침'御寢이라 했고, 비빈이 임금을 모시고 자는 일을 '시침'侍寢이라 했다.

한편 '침'寢과 모양이 비슷한 '매'寐는 용례가 그리 많지 않다. 그리운 사람을 '자나 깨나 잊지 못한다'고 할 때 쓰는 '오매불망'寤寐不忘에서 보듯이, 이 글자가 뜻하는 '잠'은 '깨어 있음'의 반대다. '전전불매'輾轉不寐는 누운 채 이리저리 뒤척이며 잠을 이루지 못하는 것이고, '주면석매'晝眠夕寐는 '낮에 낮잠 자고 저녁때부터 잔다'는 뜻으로 한가한 사람의 일상을 비유한다.

'침식'과 '숙식'

'눈'[目]을 적시한 '수'睡와 '면'眠은 잠의 신체성을 표현한다. 이에 비해

'침'寢과 '매'寐는 '침상'[爿]을 내세워 잠과 밀접한 조건을 보여준다. 이런 글자들과 달리 '숙'宿은 잠 자체보다는 잠을 둘러싼 상황을 표현한다. '숙'宿의 원래 모양인 '宿'의 오른쪽 아래에 들어 있는 '첨'茵은 이부자리로 쓰는 깔개인 '석'席의 변형이다. '나그네[人]가 잠자리[茵]가 있는 집[宀]을 찾아들다'가 '숙'宿의 태생적 의미다.

'침식'은 '자는 일과 먹는 일'이고, '숙식'은 '묵는 일과 먹는 일'이다(''묵다'와 '먹다'가 똑같은 말 아닌가 하는 의문이 드는 독자가 있다면 아마도 고향이 동쪽이나 남쪽 지방일 것이다). 『표준국어대사전』은 '묵다'를 '일정한 곳에서 나그네로 머무르다'로 풀고 있다. 여행자에게 숙식을 제공하는 '여인숙'은 '숙'宿의 자원적 의미를 고스란히 담고 있는 말이다. 여인숙에 드는 일을 뜻하는 '투숙'投宿에서는 고단한 나그네가 몸을 던지듯 방에 쓰러져 눕는 모습이 그려진다. '숙박'宿泊도 비슷한 의미인데, 원래 배를 대놓고[泊] 여인숙에 묵는[宿] 일을 뜻하는 말이었다. '숙주'宿主는 기생생물에게 영양분을 공급하는 생물을 가리키는 말인데, 여기에 붙어사는 생물들이 쓰는 사전에는 '여인숙 주인'이라는 풀이가 붙어 있을 것이다(물론 '숙박비'는 공짜다).

여인숙이 아니라도 어디든 자기 집이 아닌 곳에서 묵으면 다 '숙'宿이다. '숙소'宿所는 '잠을 자는 곳'이라기보다 '머물러 묵는 곳'인데, 분명한 것은 자기 집이 아니라는 점이다. 남의 집에서 묵는 일이 '유숙'留宿이고, 남의 집에 묵되 돈까지 내면 '하숙'下宿이다. '기숙'寄宿은 남의 집을 포함해 학교나 회사에 딸린 숙소에서 묵는 일이다. 군대가 병영을 떠나 다른 곳에서 머물러 지내는 일을 '숙영'宿營이라고 한다. 오늘날 관청, 회사, 학교 등에서 잠을 자며 밤을 지키는 일을 '숙직'宿直

이라고 하는 것도 '숙'이 '잠을 자는 일'보다는 '밤을 보내는 일'에 초점이 있음을 보여준다.

'동침'은 한 이부자리에서 자는 일이니 보통 사이가 아닌 사람들의 일이고, '동숙'同宿은 한 방이나 같은 건물 안에서 묵는 일이니 아무하고나 할 수 있는 일이다. 동숙하는 사람이 여럿이면 '합숙'合宿이고, 그 안에 남녀가 섞여 있으면 '혼숙'混宿이 된다. 아무도 없는 방에서 혼자 자는 '독숙공방'獨宿空房은 홀로 빈 방을 지킨다는 '독수공방'獨守空房으로 와전되기도 했다.

사람은 배고플 때 먹어야 하고 밤에는 편안히 몸을 누일 집이 있어야 한다. '하룻밤 묵으며 한 끼를 대접받는다'는 '일숙일반'一宿一飯은 작은 은덕을 입는 일을 비유하는 말이다. '동쪽 집에서 먹고 서쪽 집에서 잔다'는 '동가식서가숙'東家食西家宿은 먹고 잘 곳이 없어서 이집 저집에서 얻어먹고 지내는 딱한 경우를 이른다. '바람을 맞으며 먹고 이슬을 맞으며 잔다'는 '풍찬노숙'風餐露宿은 떠돌아다니며 고생스럽게 생활하는 사람이나 어려움을 이겨가며 여행하는 사람을 두고 하는 말이니, 현대 도시의 '노숙자'露宿者들보다는 형편이 훨씬 나은 셈이다.

'숙취', '숙제', '숙우'

'객지에서 하룻밤을 묵다' 할 때의 '묵다'는 '묵은 김치'나 '묵은 때'의 '묵다'와 뿌리가 같은 말이다. 무엇이든 하룻밤 이상이 지나면 묵은 것이 된다. 묵은 것에는 오래된 것도 있고 쌓인 것도 있다.

오래된 것, 묵은 것, 쌓인 것은 바람직하지 않은 경우가 많다. 특히 몸이나 마음에 뭔가가 쌓여 있으면 신진대사를 그르쳐 심신의 건강에 해로울 수 있다. 이튿날까지 사라지지 않고 쌓여 있는 취기인 '숙취'가 그렇고, '묵은 대변'인 '숙변'이나 '오래된 병환'인 '숙환'도 마찬가지다. 마음속에 '오래된 원한'인 '숙원'宿怨을 품고 있거나 누군가와 '앙숙'怏宿이 되는 것도 바람직한 일은 아니다. '숙적'도 운동경기라면 투지를 돋우고 기량을 향상하는 데 도움이 될 수 있지만 인생살이에서는 결코 달가운 존재가 아니다. 타고난 명운으로서 결코 피할 수 없는 '숙명'宿命도 '움직이는 명운'인 '운명'運命에 비해 훨씬 마음을 무겁게 한다.

무릇 소원이란 빨리 이루어질수록 좋은 법이니, '오래도록 지녀온 소원'인 '숙원'宿願도 그리 좋은 것은 아니다. '숙제'宿題는 학생들에게는 밤이 지나는 동안 완수해야 하는 귀찮은 과제이고, 정치가들에게는 묵혀두고 생각해보거나 해결해야 할 심각한 문제다. '오래 묵은 폐단'인 '숙폐'는 '오래 쌓인 폐단'인 '적폐'와 같은 말로, 사회의 활력을 떨어뜨리고 발전을 가로막는 요인이 된다.

이렇게 웬만한 것들은 다 오래 묵을수록 좋지 않지만, 사람만은 반대일 수 있다. 옛날에 나이가 많고 학식과 덕행이 뛰어난 선비를 '숙유'宿儒 또는 '노사숙유'老士宿儒라 했다. '명숙'名宿도 비슷한 말로, 학식이 풍부하고 덕이 높은 늙은 선비를 지칭했다. 모두 '묵은 이'로 풀 수 있는 말들인데, 오늘날 기대수명이 성큼 늘면서 욕이나 다름없이 된 '늙은이'를 대체하는 말로 써봄직하다(그러려면 띄어쓰기 없는 '묵은이'가 되어야 할 것이다).

옛사람들은 '여러 날을 이어서 오는 비'나 '지난밤부터 내리는 비'를 '숙우'宿雨라는 멋드러진 말로 표현했다. 이 말을 '묵은 비'라 풀면 어감이 한결 깊어진다. 하늘이 찌푸리기만 해도 신경을 곤두세우는 요즘 사람들은 이런 비를 '지긋지긋한 비'라고 한다.

'잠' 말모음

수睡　졸음, 얕은 잠, 짧은 잠.

가수假睡 | 좌수坐睡 | 춘수春睡 | 오수午睡 | 혼수昏睡 | 반수半睡 |
반수반성半睡半醒 | 사수四睡 | 수벽睡癖 | 수향睡鄕 |
수마睡魔 | 수휘睡彙 | 수보睡步
▶ 첫째 것만 근대어

수련睡蓮
▶ 식물 이름에 '수'가 쓰인 극히 예외적인 경우

면眠　긴 잠, 깊은 잠.

춘면春眠 | 춘면불각효春眠不覺曉 | 묘서동면猫鼠同眠 | 수면隨眠 | 영면永眠 |
숙면熟眠 | 안면安眠 | 고침안면高枕安眠 | 불면不眠 | 불면불휴不眠不休
▶ '면'이 들어간 전통적인 낱말과 표현들

불면증不眠症 | 안면방해安眠妨害 | 최면催眠 | 휴면休眠 | 휴면계좌休眠計座 |
동면冬眠 | 하면夏眠 | 건면乾眠 | 취면就眠 | 취면의식就眠儀式 |
취면운동就眠運動 | 수면睡眠 | 가수면假睡眠 | 뇌수면腦睡眠 | 수면제睡眠劑 |
수면운동睡眠運動 | 수면화산睡眠火山
▶ '면'이 들어간 근대어들

침寢　침상이나 자리에 누워 자는 잠.

궁침宮寢 | 어침御寢 | 별침別寢 | 시침侍寢 | 조침朝寢 | 오침午寢 | 주침晝寢 |

초침草寢 | 곤침困寢 | 독침獨寢 | 동침同寢 | 기침起寢 | 폐침망식廢寢忘食 |

주침야소晝寢夜梳 | 침식寢食 | 침식불안寢食不安 |

침불안식불안寢不安食不安 | 수침睡寢 | 침수寢睡 |

침소寢所 | 침방寢房 | 침실寢室 | 침실지우寢室之憂 |

침금寢衾 | 침상寢牀 | 침대寢臺 | 침낭寢囊 |

침구寢具 | 취침就寢 | 불침不寢 | 불침번不寢番 |

▶ 마지막 여섯 개는 근대어

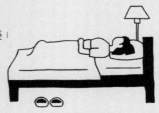

매寐　'깨어 있음'의 상대로서 '잠'.

오매불망寤寐不忘 | 전전불매輾轉不寐 | 주면석매晝眠夕寐

▶ '매'의 쓰임은 많지 않다

숙宿　'잠'보다는 '밤을 보내다' '머무르다' '묵다'를 의미.

여인숙旅人宿 | 투숙投宿 | 유숙留宿 | 하숙下宿 | 기숙寄宿 | 노숙露宿 |

노숙자露宿者 | 풍찬노숙風餐露宿 | 동숙同宿 | 합숙合宿 | 혼숙混宿 |

독숙공방獨宿空房 | 숙소宿所 | 숙박宿泊 | 숙박비宿泊費 | 숙영宿營 | 숙직宿直 |

숙식宿食 | 동가식서가숙東家食西家宿 | 일숙일반一宿一飯 | 숙주宿主

▶ '숙'의 본래 의미를 간직한 말들

앙숙怏宿 | 숙적宿敵 | 숙명宿命 | 숙원宿怨 |

숙원宿願 | 숙제宿題 | 숙폐宿弊 | 숙변宿便 |

숙취宿醉 | 숙환宿患 | 숙우宿雨 | 숙유宿儒 |

노사숙유老士宿儒 | 명숙名宿

▶ '숙'의 의미가 '묵다'에서 '오래되다'로 넓어진 말들

　　　　잠이 없으면 삶도 없다

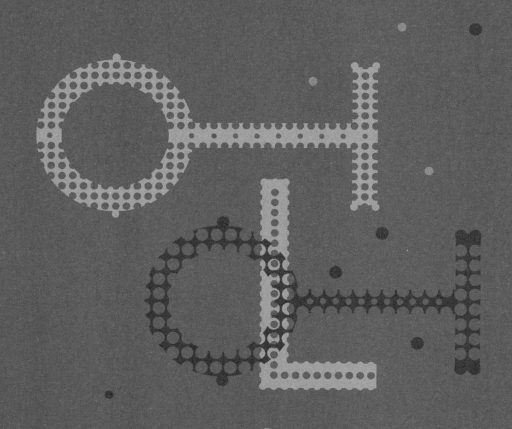

둘 마음과 생각

- **연인과 애인 사이**
  사랑·연애

- **슬픔보다 깊은 설움**
  슬픔·비애

- **'어' 다르고 '언' 다르다**
  말·언어

- **무지보다는 무식이 낫다**
  앎·지식

연인과 애인 사이

사랑·연애

사랑, 사랑, 사랑

망원경을 메고 온 친구가
별자리를 보러 가자고 부릅니다
갈까 말까 망설이다 그만둡니다

나는 북두칠성 말고는
별자리 이름 하나 외우지 못하지만
그렇게는 별을 만나고 싶지 않습니다

별은 어느 조용한 밤 느닷없이
내 가슴에 쑤욱 들어오는 거 아니던가요
당신, 당신을 처음 안은 그날 밤처럼

밤 언덕에 홀로 앉아 눈물짓다가
별은 그만 내 가슴에 쑤욱 들어오는 거지요
나는 그만 은하수 속으로 쑤욱 들어가는 거지요

별도 시도 사랑도 우정도
삶에서 별처럼 빛나는 것들은 다

박노해, 「별은」

중매결혼과 연애결혼이 대립하면서 결혼이 필수이고 연애가 선택이
던 시절이 있었다. 하지만 이제는 '연애는 필수, 결혼은 선택'이라는
말이 있을 정도로 '연애' 전성시대가 되었다. 옛날 같은 정조관념 없

이 많은 상대와 번갈아가며 연애하는 '연애순례'도 비난의 대상을 벗어난 지 오래다. 도시의 불빛들이 밤하늘의 별빛을 앗아가고 있듯이, '삶에서 별처럼 빛나는 것들'의 하나인 '사랑'이 네온사인 조명 같은 '연애'에 밀려 빛을 잃어가고 있다.

사극을 보면 옛날 사람들은 '연애'보다는 '연모'를 했었던 것 같다. 한편 1990년대 초반 가요계를 휩쓸었던 김수희의 노래 제목은 〈애모〉였다. 영어로 모두 'love'라 풀 수 있는 이 세 가지 '사랑'은 서로 같은 것일까?

사랑하는 사람을 요즘은 '애인'이라고 하지만 옛날에는 '연인'이 일반적이었다. '애정'과 '연정'도 어감이 사뭇 다르다. '연애'를 뒤집은 '애련'도 뭔가 다른 것을 표현하는 말처럼 느껴진다. '애'愛와 '련'戀에 담긴 '사랑'에는 어떤 차이가 있는 것일까?

사랑의 '고통'

수많은 대중가요들이 충실히 증언하고 있듯이, 에로틱한 사랑이 천국과 지옥을 수시로 오가는 과정의 연속이라는 건 인간 역사를 관통하는 경험적 진실이다. 연애가 순조롭지 않아 겪는 고통을 일반에서는 '연애고'라 하고, 사랑하는 사람과 헤어져야 하는 괴로움을 불가에서는 '애별리고'愛別離苦라 한다. 조용필의 노래 제목이기도 한 '비련' 悲戀은 '애절한 그리움'이기도 하고 '슬프게 끝나는 사랑'인 '애련'哀戀과 거의 같은 말이기도 하다. '얼음과 숯이 서로 사랑한다'는 '빙탄상애'氷炭相愛는 도저히 있을 수 없는 일을 이루어질 수 없는 사랑에 빗댄 말이다.

'사랑의 불꽃'인 '애염'愛焰은 에로틱한 사랑의 격렬함을 대변한다. 흔히 상사병이라고도 하는 '연병'戀病은 누군가가 몹시 그리워서 생기는 병이다(소리가 비슷한 '염병'은 장티푸스의 속된 말이다). 안 그래도 사랑을 이루기가 쉽지 않은데, '연적'이라는 방해꾼이 있는 상황이라면 행여 '실연'할까 노심초사하기 마련이다. 그래서 사랑을 얻고자 '사랑스런 교태'인 '애교'를 부리는 여자들이 있는가 하면, 끝내 사랑을 얻지 못한 채 자기가 사랑받고 있다고 믿는 '피애망상'被愛妄想에 빠지는 남자들도 있다.

깊이 사랑하는 '절애'切愛나 끔찍이 사랑하는 '혹애'惑愛는 반드시 연인 사이에 한정한 얘기는 아니다. 연애에 미쳐서 사리를 분간하지 못하는 상태를 요즘 말로 '연애색맹'이라 한다. '익애'溺愛는 영어의 'fall in love'와 비슷한 어감인데, 사랑에 빠지다 못해 지나친 경우까지도 이른다. 요즘 말로는 '애착'에 가깝다. 깊은 사랑을 강에 비유한 말이 '애하'愛河이고, 바다에 비유한 말이 '애해'愛海다.

열렬한 사랑인 '열애', 순결한 사랑인 '순애'純愛, 사랑을 위해 목숨을 바치는 '순애'殉愛는 모두 근대 이후 일본에서 들어온 낱말들이다. 성적 본능에 의한 애욕을 뜻하는 '성애'性愛는 '에로티즘'의 번역어이고, '사랑하여 어루만진다'는 '애무'愛撫 역시 서양어의 번역이다.

'련'戀은 '그리움'

김언종 선생은 '사랑'을 '사량'思量에서 온 말로 보았다. '사량'은 '생각'과 비슷한 말이니, 만일 이 설이 옳다면 '사랑'은 가슴보다는 머리의 일이 된다('思'의 윗부분인 '田'은 사람의 정수리 또는 머리를 가리키는 '囟'의 변형이다).

'련'戀은 어떤 사람을 향해 저도 모르게 '끌리는[䜌] 마음[心]'이다. '련'은 머리보다는 가슴의 일이고, '사랑'이라기보다는 '그리움'이다. 그래서 이 의미소에 관한 자전의 풀이에는 '그리워하다'나 '사랑하다' 외에 '잊지 못하다' '아쉬워하다' '차마 헤어지지 못하다' 등이 들어 있다.

이제는 사뭇 아련해진 '련' 계통 낱말들을 자전에서 끄집어내 본다. '초련'은 '첫사랑'이다. '조각사랑'인 '편련'은 '짝사랑'을 말한다. '척애'隻愛도 '외사랑' 또는 '짝사랑'이다. '짝사랑으로 혼자서 즐거워한다'는 '척애독락'隻愛獨樂은 한편에서만 골똘히 짝사랑해서는 아무 소용이 없다는 말이다. '점련'粘戀은 끈덕지게 그리워하는 모습이고, '연읍'戀泣은 연모하여 우는 모습이다.

떳떳하지 않은 연애나 도리에 어긋난 사랑을 '사련'邪戀이라 했는데, 일본제 한자어인 '불륜'을 대체할 만한 말로 되살려 써봄직하다. '사련'과 '불륜'을 합친 요즘 말이 '내로남불'이다.

연인을 그리면서, 혹은 연인을 위해 부르는 '사랑노래'가 '연가'다. '연서'는 연인 사이에 주고받는 편지로, '연문'이라고도 한다. 느낌이 속되고 얕은 '연애편지'에 비해, 속되지 않으면서도 사뭇 느낌이 깊은 말들이다.

'그리움'이 겹친 '연연'은 애틋하게 그리워하는 마음이나 집착하여 미련을 두는 마음을 말한다. 내내 그리워서 잊지 못하는 마음이 '연연불망'戀戀不忘이다.

'애'愛는 품이 넓다

'이성애' '동성애' '양성애'의 삼각 대비는 '애'가 전통적인 '남녀 간의 사랑'에 국한되지 않는다는 사실을 말해준다. 여기에 '무성애자'까지 포함한 성적 취향의 다양함은 동서와 고금을 막론한 보편적 현상이다. (2018년 한국을 달군 《보헤미안 랩소디》의 프레디 머큐리에 대한 수백만 관객들의 열광적 지지는 다양한 성 정체성과 성적 취향에 대한 너그러움이 요즘 사람들에게 기본 미덕의 하나가 되었음을 방증한다. 이러한 변화에 비추어, 예컨대 '연애'를 '남녀가 서로 그리워하고 사랑함'이라 풀이한『표준국어대사전』을 비롯한 여러 사전들은 '사랑' 관련 단어들에 대한 설명을 성적 소수자들에 대한 개념적 폭력을 걷어내는 방향으로 전면 개정해야 한다.)

이 밖에도 '애'의 종류는 많아서, 대등한 관계의 사랑으로 '부부애' '우애' '전우애' '동지애' 등이, 집단에 대한 사랑으로 '골육애' '동포애' '동족애' '민족애' '조국애' 따위가 있다.

한편 '사랑 나눔'인 '할애'割愛는 소중한 시간, 돈, 공간 따위를 아깝게 여기지 않고 선뜻 내어주는 일을 말한다. '몰아애'沒我愛는 자신을 잊고 오로지 대상에 빠져버려 몰아서 주는 듯한 사랑이고, '무아애'

無我愛는 자신의 이해관계를 생각지 않고 거의 무아지경에서 쏟아붓는 참되고 순결한 사랑이다. '법애'法愛는 불보살이 중생을 구제함과 같이 아무 데도 치우치지 않는 자비심을 말한다. 모든 것을 널리 평등하게 사랑하는 '박애'博愛는 중국 춘추전국시대에 탄생한 '겸애'兼愛의 근대적 탈바꿈이라 할 수 있다. 역시 근대적 낱말들인 '인간애'와 '인류애'도 비슷한 의미를 표현한다.

'애'는 내리사랑

'내리사랑은 있어도 치사랑은 없다'는 말이 있다. 윗사람이 아랫사람을 사랑하는 수는 있어도 아랫사람이 윗사람을 사랑하기는 어렵다는 뜻이다. 이 속담의 한역인 '하애유下愛有 상애무上愛無'에 '사랑'을 뜻하는 글자로 '애'愛가 쓰인 데에는 이유가 있다. '런'戀이 대개 신분이나 나이에서 대등한 관계에 있는 사람이나 이따금 윗사람을 대상으로 삼는 데 비해, '애'는 원래 위에서 아래로 흐르는 사랑만을 가리켰기 때문이다. 동아시아 최고最古의 자전인 『설문해자』도 '애'愛의 본뜻을 '은혜를 행한다'[行恩]로 설명한 바 있다.

옛날에 '애민'의 주체는 임금이었다. '임금이 사랑한 소나무'인 '어애송'은 오늘날의 서울 종로구에 속한 마을을 지나다 옛 남이 장군의 집터에 서 있는 소나무 밑에 이른 정조대왕이 나무의 아름다움을 칭송하여 지어준 이름이다. 신하가 임금을 그리워하는 '연군'은 있을 수 있어도, 임금을 사랑하는 '애군'은 있을 수 없다.

매우 사랑하고 소중히 여기는 것이 '애지중지'愛之重之인데, 역시 그 주체는 윗사람이나 높은 사람이다. 윗사람이 아랫사람을 남달리 귀엽게 여겨 사랑하는 일을 뜻하는 '총애'寵愛는 가톨릭에서 천주의 사랑을 의미하기도 한다. '겸애'는 모든 사람을 가리지 않고 두루 사랑하는 마음인데, 이 말의 창시자인 묵자가 '사랑'의 모델로 삼았던 것도 지상의 모든 백성을 두루 사랑하는 하늘의 마음이었다.

일본에서 들어온 근대어인 '모성애'와 '부성애'도 내리사랑에 속한다. 반대로 자식이 부모를 사랑하는 '자성애' 같은 말은 없다. 사랑이 어느 한쪽으로 기우는 '편애'나 '사애'私愛도 그 주체는 부모나 상사 같은 사람이다. '사랑하는 사위'인 '애서'愛壻에서도 사랑의 주체는 처가의 어른들이다. 어버이를 사랑하고 공경하는 '애친'愛親은 극히 예외적인 경우인데, 이렇게 '애'의 주체가 아랫사람일 경우 '사랑'보다는 '공경'의 의미에 가까워진다.

'사랑하는 여자'인 '애희'나 '사랑하는 첩'인 '애첩' 같은 옛말들은 남자의 내리사랑을 받는 여자의 수동적 위치를 전제로 한다(이런 점에서 보면 여자든 남자든 타인의 사랑을 구하는 행위는 스스로 자신을 낮추는 행위가 된다). 경기도 김포 월곶면에 있는 '애기봉'의 '애기'愛妓도 마찬가지다. 인조 14년 청태종이 10만 대군을 이끌고 침입한 병자호란 때 평양감사가 '사랑하는 기생'을 데리고 한양을 향해 피난길에 올랐는데, 한강을 건너기 직전 청군에 붙잡혀 북으로 끌려가고 '애기'만 강을 건너 김포반도 조강리에 머물게 되었다. 이후 '애기'는 날마다 봉우리에 올라 북녘하늘을 바라보며 감사가 돌아오기만을 기다리다 결국 병들어 죽어가면서 '님이 잘 보이는 이 봉우리에 묻어달라'고유언했다 한다.

형이 '사랑하는 아우'를 '애제'라 칭하는 일은 있어도, 아우가 형을 '애형'이라 부르는 경우는 없다. 남의 딸을 높이는 말인 '영애'令愛나 '애옥'愛玉도 그 부모의 내리사랑을 받는 존재라는 개념이 들어 있다.

'애완용'이나 '애완동물'의 '애완'愛玩에서도 주체와 대상의 관계가 수직적이다. '애견' '애묘' '애마'는 동물에 대한 주인의 심정적 태도와 관계없이 종속관계를 전제로 한 말들이다. (1982년에 개봉했던 《애마부인》은 1996년까지 열두 편에 이르는 후속작이 이어질 정도로 인기를 끈 영화였는데, '말을 사랑하는 부인'인 '愛馬夫人'으로 하려 했으나 제목이 저속하다 하여 '대마를 사랑하는 부인'인 '愛麻夫人'으로 변경했다.)

'애향심' '애교심' '애사심' 같은 '치사랑'은 마음속에서 자연히 우러나는 것이라야 가치가 있지, 누군가가 나서서 강요하거나 독려하는 것은 효과도 의문일뿐더러 강요하는 사람의 의식 속에 파시즘적 발상이 자리 잡고 있기 십상이다. 1970년대에 '애국심'을 강조하면서 어린 학생들을 운동장에 세워놓고 〈애국가〉를 4절까지 부르게 했던 사람들의 머릿속은 사실 '애국'이 아닌 '애군'愛君이라는 시대착오적 이념으로 물들어 있었다.

'애주가'와 '애처가'

'애'가 애초부터 하향식 사랑으로 출발했다는 사실은 그 대상이 사람이 아닌 경우로까지 넓어진 배경이 되었다.

구체적 사물이든 추상적 대상이든 무언가를 사랑하고 좋아하는 일을 '애호'愛好라 하고, 특별히 한 가지를 사랑하고 좋아하는 사람을 '애호가'라 한다. 술을 즐겨 마시는 '애주'와 담배를 즐겨 피우는 '애연'의 주체는 '가'이고, 즐겨 읽는 '애독'과 즐겨 보거나 듣는 '애청'의 주체는 '자'다. 소중하게 쓰는 '애용'과 소중히 간직하는 '애장'의 목적어는 '품'이고, 즐겨 부르는 '애창'의 목적어는 '곡'이다. 시나 글을 즐겨 외는 일은 '애송'이고, 술이나 음료를 즐겨 마시는 일은 '애음'이다.

'애완동물'을 포함해 사람이 아닌 대상에 '애'를 붙이는 관습은 근대 이후 일본에서 생겨나 이 땅으로 건너온 것이다. 역시 일본제 한자어인 '애처가'는 조어 방식으로만 보면 여자를 물건 취급하는 말이고, 최대한 관대하게 보더라도 여자를 내리사랑의 대상으로 보는 가부장적 사고방식의 반영이다.

'애인'과 '연인'

자전에 따르면 '애'愛도 '련'戀과 마찬가지로 '그리워하다'와 '사랑하다'가 기본 의미다. 하지만 이 밖에 '가엾게 여기다' '소중히 여기다' '아끼다' '즐기다' '역성들다' 등 하향적이거나 대상적인 사랑을 암시하는 풀이가 많다.

'사랑하고 그리워하는 마음'인 '애모'도 나름대로 점잖은 표현이지만, 같은 의미인 '연모'는 예스러운 느낌까지 품고 있다. '애심'愛心은 기독교에서 '신에 대한 사랑으로 동포를 대하는 마음'을 뜻하는 말이다. '사랑하는 심정'인 '애정'의 옛 표현은 '그리워하는 심정'인 '연심'과 '연정'이다.

'남을 사랑하는 마음'인 '애타심'愛他心의 '애타'는 애타는 사랑이 별로 느껴지지 않는 근대적 단어다. '남 사랑하기를 내 몸처럼 하라'는 '애인여기'愛人如己에서 보듯이, 옛날에는 '애인'이라는 말로 남 사랑하기를 표현했다. 이랬던 '애인'이 '내가 사랑하는 사람'이 된 것은 근대 이후 일본에서 일어난 일이다.

'하늘을 공경하고 사람을 사랑하라'는 '경천애인'敬天愛人은 우리의 전통 사상이기도 하고, '네 마음과 목숨과 뜻을 다하여 하나님을 사랑하고 네 이웃을 네 몸과 같이 사랑하라' 했던 예수의 말씀을 가리키기도 한다. 조선시대 임금의 덕목 중에는 나라의 재물을 아껴 쓰는 것이 곧 백성을 사랑하는 일이라는 '절용애인'節用愛人 정신의 실천도 들어 있었다.

한반도를 포함한 동아시아에 최초로 '연애'가 탄생한 것은 메이지 시대 일본이었고, 그 전신은 영어의 'love'였다.

> 관념으로서 순화된 '연애'는 당연히 일본의 전통이나 현실 안에 실현되기 어려워져간다. 따라서 '연애'는 현실 속에 살아 있는 의미가 아니라, 현실 밖에 서서 일본의 현실을 재단하는 규범이 되어간다.

『번역어 성립 사정』(서혜영 옮김)에서 '연애'가 일본의 전통에 없었던 낯선 관념이었음을 지적한 야나부 아키라의 말은 우리 현실에도 그대로 들어맞는다. 주로 아랫사람이 대상이기는 했지만 '베푸는 사랑'

이었던 '애'는 오늘날 '소유
하는 사랑'으로 변질했다.
명상가 한바다가 갈파한 것
처럼 '사랑하지 않고 사랑
받으려 하는 것이 에고의
병'이 되어버린 탓인지도 모른다.

근대적 단어인 '연애'는 또
다른 근대어인 '애인'을 낳았다.
'애인'에서 사랑[愛]은 주체의 일방적인
감정으로 한정되었고, 사람[人]은 그 대상으로 전락했다. 이런 사랑의
궁극적 결과는 주체와 객체의 동시 소외다.

'련'은 '애'에 의해 뒷전으로 밀려난 덕분에 오히려 예전의 존재적
성격을 고스란히 유지할 수 있었다. '연인'에서 그리움[戀]이라는 감정
의 내밀함과 진실함은 온전히 보전되고, 그 대상이 된 사람[人]의 존
재성은 고스란히 유지된다. 소유할 것이냐, 존재할 것이냐. 선택은
각자의 몫이다.

'사모'와 '흠모'

'그리움'을 표현하는 점에서 '련'戀과 느낌이 비슷한 의미소가 '마음[心]
에 모습[莫]을 회상하는' '모'慕다. '그리다'라는 기본 의미에 더해 '뒤를
따르다' '높이다' '우러러 받들어 본받다' 등을 제시하고 있는 자전의

풀이는 '모'의 대상이 신분이나 나이에서 주체보다 위임을 보여준다 (앞서 보았듯이 '련'의 상대는 주로 대등한 관계에 있는 사람이다).

사람을 그리워하는 마음인 '모정'慕情의 표현에는 여러 가지가 있다. '사모'思慕는 누군가를 애틋하게 생각하고 그리워하는 일인데, 대상이 윗사람일 경우 우러러 받들고 마음속 깊이 따른다는 의미도 된다. '흠모'欽慕도 주로 윗사람을 공경하고 사모하는 마음으로, 「모죽지랑가」는 신라 때 낭도인 득오가 화랑 죽지를 흠모하여 지은 향가다. 거룩한 존재를 우러러 그리는 것은 '앙모'仰慕이고, 죽은 사람을 그리워하는 것은 '추모'追慕다.

이렇게 '모'慕가 나타내는 그리움의 대상은 주로 자신보다 높거나 큰 존재다. 중국을 천자의 나라로 여겼던 조선시대의 '모화사상'이 그러했고, 명나라와 청나라의 사신을 맞이하던 곳인 '모화관'이라는 이름도 마찬가지였다.

'애증'은 '사랑과 미움'이 동전의 양면과도 같은 것임을 대변하는 말이다. 사람을 향한 그리움은 그 마음이 채워지지 않을 때 원망과 뒤섞이기도 하는데, 이렇게 원망하는 것 같기도 하고 사모하는 것 같기도 한 마음을 '여원여모'如怨如慕라 한다.

'자애'와 '자비'

'자애'와 '자비'의 '자'慈도 '사랑'이다. 자전은 '자'慈를 '키우는[玆] 마음[心]'이라 풀고 기본 의미로 '사랑'을 제시하고 있는데, 정확히 말하면 어머니의 사랑이자 아가페적 사랑이다.

'엄한 아버지와 자애로운 어머니'인 '엄부자모'는 전통적인 부모상을 압축한 표현이다. '자애'는 아랫사람에게 베푸는 자비로운 사랑이고, 사랑하고 불쌍히 여기는 마음인 '자비'慈悲는 윗사람이 갖추어야 할 가장 중요한 미덕의 하나다. 힘없는 자들을 가장 크게 괴롭히는 것이 힘 있는 자들의 '무자비'다.

'크고 가없는 자비'인 '대자대비'는 중생을 사랑하고 불쌍히 여기는 관음보살의 마음을 가리키는 말이다. 미래의 부처인 미륵보살도 자비의 화신이어서, '미륵자존' '자존' '자씨' '자씨존' '자씨존자' '자자' '자씨보살' 등이 모두 그 높임말이다. '이유 없는 자비'인 '무연자비' 無緣慈悲는 부처가 베푸는, 모든 중생에 대한 차별 없는 절대 평등의 자비를 뜻한다. '자선단체'와 '자선사업'의 '자선'慈善은 불행이나 재해로 자활하기 어려운 사람을 돕는 일이고, '인자'仁慈는 어질고 남을 사랑하는 마음이다.

자신의 어머니를 높여 '자친'慈親이라 하고, 남의 어머니를 높여 '자당'慈堂이라고 한다. 상대의 시어머니를 높이는 말은 '자고'慈姑다. 세상을 떠난 자신의 어머니는 '선자'先慈 또는 '선비'先妣라고 한다. 아버지는 돌아가시고 어머니만 모시고 지내는 처지는 '자시하'慈侍下다. 임금의 어머니는 '자성'慈聖이라고 했다. 까마귀는 다 큰 새끼가 어미의 먹이를 날라다 먹이는 새여서 '자오' 또는 '자조'라 이르기도 한다. 한편 '자애로운 아버지'인 '자부'는 '엄부'에 비해 용례가 훨씬 적다.

'자'慈가 들어간 말 중에 필자가 최근에 발견한 낱말이 하나 있다. '자루'慈淚. 누군가를 가엾이 여기는 마음에서 흘리는 눈물이다. 어감도, 의미도, 자루에 넣어두고 썩히기에는 아까운 옛말이다.

인생에서 가장 큰 기적은

우리가 사랑을 배울 수 있는 능력을 타고났다는 것이다

또한 인생에서 가장 놀라운 사실은

우리가 그 사실을 까먹었다는 점이다

한바다, 『사랑은 사랑이라 부르기 전에도 사랑이었다』 중에서

'사랑' 말모음

련戀 '사랑'보다는 '그리움'.
대상은 윗사람이나 대등한 관계에 있는 사람.

연심戀心 | 연정戀情 | 연가戀歌 | 연서戀書 | 연문戀文 |
연읍戀泣 | 연병戀病 | 연연戀戀 | 연연불망戀戀不忘 |
연군戀君 | 애련愛戀 | 애련哀戀 | 비련悲戀 | 점련粘戀 |
사련邪戀 | 초련初戀 | 편련片戀 | 실연失戀 | 연적戀敵 |
연인戀人
▶ '련'이 들어간 말 중에 근대어는 드물다

애愛 원래 내리사랑만을 의미. 대상이 윗사람일 경우
'공경'의 의미를 품는다. 사람이 아닌 것까지 대상이 된 것은
근대 이후.

총애寵愛 | 어애송御愛松 | 애민愛民 |
애친愛親 | 애첩愛妾 | 애희愛姬 | 애기愛妓 |
애서愛壻 | 애제愛弟 | 영애令愛 | 애옥愛玉 |
절애切愛 | 혹애惑愛 | 익애溺愛 | 편애偏愛 |
사애私愛 | 척애隻愛 | 척애독락隻愛獨樂 |
겸애兼愛 | 법애法愛 | 몰아애沒我愛 |
무아애無我愛 | 애하愛河 | 애해愛海 | 애염愛焰 |
애심愛心 | 애지중지愛之重之 | 애별리고愛別離苦 |
빙탄상애氷炭相愛 | 경천애인敬天愛人 |
절용애인節用愛人 | 애인여기愛人如己
▶ '애'가 들어간 근대 이전의 낱말과 표현들

애인愛人 | 애정愛情 | 애무愛撫 | 애착愛着 | 애증愛憎 | 애교愛嬌 | 애교愛校 |
애교심愛校心 | 애향愛鄕 | 애향심愛鄕心 | 애사愛社 | 애사심愛社心 | 애국愛國 |
애국심愛國心 | 애국가愛國歌 | 애견愛犬 | 애묘愛猫 | 애마愛馬 | 애완愛玩 |
애완동물愛玩動物 | 애호愛好 | 애음愛飮 | 애주愛酒 | 애주가愛酒家 | 애연愛煙 |
애연가愛煙家 | 애독愛讀 | 애독자愛讀者 | 애청愛聽 | 애청자愛聽者 | 애용愛用 |
애용품愛用品 | 애장愛藏 | 애장품愛藏品 | 애창愛唱 | 애창곡愛唱曲 | 애송愛誦 |
애처가愛妻家 | 애타愛他 | 애타심愛他心 | 열애熱愛 | 순애純愛 | 순애殉愛 |
성애性愛 | 모성애母性愛 | 부성애父性愛 | 이성애異性愛 | 동성애同性愛 |
양성애兩性愛 | 무성애자無性愛者 | 우애友愛 | 골육애骨肉愛 | 부부애夫婦愛 |
전우애戰友愛 | 동지애同志愛 | 동포애同胞愛 | 동족애同族愛 |
민족애民族愛 | 조국애祖國愛 | 인간애人間愛 |
인류애人類愛 | 박애博愛 | 연애戀愛 | 연애고戀愛苦 |
연애순례戀愛巡禮 | 연애색맹戀愛色盲 |
연애결혼戀愛結婚 | 할애割愛 | 피애망상被愛妄想
▶ '애'가 들어간 근대어들

모 慕　'사랑'보다는 '그리움'이라는 점에서 '련'戀과 통하나 상향적이라는 점이 다르다.

모화慕華 | 모화관慕華館 | 모화사상慕華思想 | 여원여모如怨如慕 | 사모思慕 |
흠모欽慕 | 연모戀慕 | 애모愛慕 | 앙모仰慕 | 추모追慕 |
모죽지랑가慕竹旨郎歌
▶ 예나 지금이나 '모'의 쓰임은 그다지 많지 않다

자慈   어머니의 사랑. 베푸는 사랑. 아가페적 사랑.

엄부자모嚴父慈母 | 자부慈父 | 자친慈親 | 자당慈堂 | 자고慈姑 | 선자先慈 |

자시하慈侍下 | 자성慈聖 | 자오慈烏 | 자조慈鳥 | 자루慈淚 |

인자仁慈 | 자비慈悲 | 무연자비無緣慈悲 |

대자대비大慈大悲 | 무자비無慈悲 | 자애慈愛 |

자선慈善 | 자선단체慈善團體 | 자선사업慈善事業

▶ '자'는 종교적 차원의 사랑까지 품는다

슬픔보다 깊은 설움

슬픔·비애

'슬픔'에 대해

눈물은
땀보다 진하고
피보다 맑다

선한 마음은
악과 자리를 같이하지 않고
인정과
사랑이 승화하면
눈물이 된다

내게 소유된 세계 안에서
가장 큰 것은
꿈이고
절대 아름다운 것은
눈물이다

황금찬, 「꿈과 눈물의 미학」 중에서

눈물과 슬픔 없는 인생은 없다. 있다면 그곳이 바로 천국일 것이다.
'슬플 비悲'와 '슬플 애哀'가 만난 '비애'는 인간이 겪는 '온갖 슬픔'을
압축한 말이다. 그런데 '비'悲에 들어 있는 '마음'[心]이 왜 '애'哀에서는
보이지 않는 것일까? '비'와 '애'가 가리키는 슬픔이 서로 달라서일까?
『표준국어대사전』은 '비애'를 '슬픔과 서러움'으로 풀고 있다. 과연

'비'는 '슬픔'이고 '애'는 '서러움'인가? '슬픔'과 '서러움'은 어떻게 다른 것인가?

'비통'한 마음과 '애통'한 마음 사이에는 어떤 차이가 있는 것인가? '비련'으로 끝난 사랑과 '애련'으로 끝난 사랑은 어느 쪽이 더 슬픈 것일까?

'비'悲와 '애'哀의 넘나듦

'비'悲와 '애'哀는 둘 다 '슬픔' 또는 '슬퍼하다'를 뜻하는 글자로, 둘 사이의 뉘앙스 차이를 구별해내기는 쉽지 않다. 가장 큰 이유는, 두 의미소가 서로 넘나들며 쓰이는 일이 많아서이다. '비통'과 '애통'은 둘 다 몹시 슬퍼 마음이 아픈 상태를 표현한다. 슬프고 상한 마음은 '비상'悲傷이라고도 하고 '애상'哀傷이라고도 한다. 서로 사랑하면서 부득이 헤어지게 되는 '슬픈 사랑'은 '비련' 또는 '애련'이다. '비사'와 '애사'는 '슬픈 역사'이고, '비화'와 '애화'는 '슬픈 이야기'다. 노래나 시에 배어 있는 슬픈 분위기를 흔히 '애조'라고 하지만, 이따금 '비조'라는 말도 쓴다.

'슬픔'의 반대는 '기쁨'이다. 둘을 묶어 '애환'哀歡이라고 하는데, 옛날에는 '비환'悲歡이라고도 했다. '희로애락'喜怒哀樂 같은 예에서 '애'는 '즐거움'인 '락'과 짝을 이루기도 하는데, 옛말인 '비락'도 '슬픈 일과 즐거운 일'을 나타낸다.

'비'는 일시적인 슬픔

우리네 삶은 기쁨과 슬픔이 번갈아 찾아오는 '일희일비'의 연속이다. 흔히 쓰는 '희비가 교차한다'는 말에 해당하는 '비희교지'悲喜交至라는 옛말이 생겨난 이유도, '희극'과 '비극'을 합친 '희비극'이라는 용어가 생겨난 까닭도 마찬가지일 것이다. 그래서 선인들은 '즐거운 일이 지나가면 슬픈 일이 닥쳐온다'는 '흥진비래'興盡悲來라는 경구로 세상의 온갖 일에 너무 자만하거나 낙담하지 말라는 경험적 가르침을 전했던 것이리라.

'비'悲자의 윗부분인 '비'非는 새의 날개를 본뜬 글자로, '비'扉(문짝)나 '배'排(밀치다)와 마찬가지로 억눌렸던 것이 배출구를 찾는 마음, 또는 초조한 기분을 나타낸다고 자전은 설명한다. 이렇게 '마음[心]이 어그러진[非] 상태'인 '비'悲가 나타내는 '슬픔'은 일시적인 감정이다. 살다 보면 슬픈 일을 당해 '비감'에 젖는 때도 있지만 지나고 보면 그때뿐인 경우가 많다. 부당하거나 억울한 상황에 '비분강개'하는 감정도, 오만가지 인생사가 끊임없이 우리를 찾아오는 탓에 그 상태가 오래 지속되기는 어려운 법이다. 스스로 '비참'한 지경인 '비경'悲境에 처했다고 '비탄'하거나 자신이 '비운'의 주인공이라고 '비관'하는 것도 마음먹기에 따라 얼마든지 달라질 수 있는 일이다. 살다 보면 갑작스러운 위험에 처하거나 두려움에 사로잡혀 '비명'을 지를 때도 있고, 때로는 뜻밖의 '비보'를 듣고 '짐승의 울부짖음'과 같은 '비후'悲吼를 토할 수도 있다. 하지만 이 또한 긴 인생에 비하면 잠시잠깐일 뿐이다.

‘비'悲를 ‘나의 슬픔을 슬퍼하는 일'이 아니라 ‘남의 슬픔을 슬퍼하는 일' 즉 ‘동정심'이나 ‘가엾이 여기는 마음' 또는 ‘가엾게 여겨 은혜를 베푸는 일'이라는 의미로 쓰는 것은 전적으로 불가의 전통이다. 일반에서 쓰는 ‘애원'哀願은 ‘나의 간절한 바람'이다. 하지만 불교에서 말하는 ‘비원'悲願은 ‘부처와 보살의 자비심에서 일어난 중생 구제의 소원'이다. ‘꼭 이루고자 하는 비장한 염원이나 소원'이라는 일반적 의미로 쓰이는 것은 용법 확장의 결과다.

‘대자대비'라는 말에서 보듯이, 불교에서 말하는 ‘대비'大悲는 ‘대자' 大慈와 같은 말로 ‘큰 슬픔'이라기보다는 ‘큰 자비' 또는 ‘큰 사랑'을 뜻한다. 고려 때 생겨나 조선 초기까지 이어진 ‘동서대비원'은 불보살의 자비 정신을 실천하기 위한 의료기관이었다.

‘애'는 깊고 드러나지 않는 슬픔

‘애'哀가 표현하는 슬픔이 ‘비'悲의 그것과 어떻게 다른지를 단적으로 보여주는 말이 ‘슬프지만 슬퍼하지 않는다'는 ‘애이불비'哀而不悲다. 이 말의 속뜻은 ‘마음속의 슬픔을 겉으로 드러내지 않음'이다. 말로든 울음으로든 슬픔을 겉으로 드러내는 것이 ‘비'이고, 차마 드러내지 못하고 가슴속에 묻어두고 있는 것이 ‘애'임을 말해주는 표현이다.

모든 감정이 그렇듯이, 슬픔도 밖으로 표현되면 어느 정도는 누그러지는 법이다. 그러나 정말로 깊은 슬픔은 차마 표현할 수도 없고, 설사 표현하더라도 쉬 해소되지 않는다. 그래서 차라리 ‘입[口]을 옷

비 悲 　　　 애 哀

[衣]으로 가리듯이' 가슴속에 묻어둘 수밖에 없는 슬픔이 '애'哀다.

하고많은 인간사 중에 가까운 이의 죽음만큼 깊은 슬픔을 안겨주는 일은 없다. 그 슬픔은 너무도 크고 깊어서, 어떠한 말이나 아무리 큰 울음으로도 결코 다 표현하지 못한다. 이렇게 크고 깊은 슬픔은, 격렬하기는 하지만 그리 오래가지 못하는 '비'로는 도저히 감당하지 못한다. 이렇게 표현 자체가 불가능한 슬픔, 또는 어떻게 표현하더라도 그 아픔이 다 드러나지 않는 슬픔을 나타내는 글자가 '애'哀다. '하늘이 울고 땅이 슬퍼한다'는 '천읍지애'天泣地哀는 이러한 슬픔을 대변하는 옛 표현이다.

요컨대 '비'는 '슬퍼함'이고 '애'는 '죽음을 슬퍼함'이다. 그래서 '슬픈 이별'인 '애별'哀別은 사랑하는 이의 죽음이 불러온, 가슴이 몹시 아프지만 도저히 어찌해볼 수 없는 이별일 공산이 크다. '애도'哀悼는 사람의 죽음을 슬퍼하는 일이고, '애조'哀弔도 그러하다. 깊이 슬퍼하며 죽은 이를 그리워하는 일이 '애모'哀慕이고, 너무나 슬퍼서 남 앞에서 예의를 갖추지 못하는 것이 『예기』에 나오는 '애소'哀素다. 부모상을 당한 아들은 '슬픈 아들'인 '애자'哀子이고, 부모를 다 여의고 상제가 된 아들은 '외롭고 슬픈 아들'인 '고애자'孤哀子다.

삼우제를 지낸 뒤에 '곡을 끝낸다'는 뜻으로 지내는 제사를 졸곡이라고 한다. '애자'는 이 졸곡 전까지 부르는 이름이고, 졸곡 후는 효자孝子라 했다. 중국 전한의 13대 황제와 서하의 9대 황제의 시호가 '효애孝哀황제'였는데, 줄여서 '애제'哀帝라 칭하기도 한다. 당나라의 마지막 황제, 수나라의 마지막 황제, 남북조 시대 동진의 6대 황제, 5호16국 시대 성한의 2대 황제의 시호도 '애제'였다. 춘추시대 제나라와 노나라에는 '애공'哀公이라 불린 군주가 있었다. 이 모든 호칭이 쉬운 말로 '효자'라는 뜻이다. 신라의 경우에도 40대 임금이 '애장왕', 44대 임금이 '민애왕', 55대 임금이 '경애왕'이었는데, 중국 군주들의 경우와 같은 의미로 썼을 것이다.

임금과 어버이를 동일시했던 시대에 왕실의 초상인 '국애'國哀는 곧 온 백성의 슬픔이 되어야 했다. 조선시대에 '국애'를 당하면 중국에 '죽음을 알리는 사신'인 '보애사'報哀使를 보냈다. 망국도 나라의 죽음이기에, 사람의 죽음을 슬퍼하며 부르는 '애가'의 대상이 되었다. 신라의 마지막 경순왕 때 신회는 나라의 스러짐을 보고 〈망국애가〉를 지어 불렀고, 만리타향 바빌론에서 포로 생활을 하던 유대인들은 옛날 예루살렘의 멸망을 슬퍼하며 〈예레미야 애가〉를 불렀다. 한시나 한문에서 종종 볼 수 있는 '오호 애재라' 하는 표현도 사람의 죽음이나 나라의 멸망을 두고 탄식하는 말일 때가 많다.

죽은 이의 약력과 병상 등을 적어 친지에게 죽음을 알리는 글을 '애계'哀啓라고 한다. 사람의 죽음을 슬퍼하여 지은 글은 '애사'哀詞라

하는데, 두보가 양귀비의 죽음을 슬퍼하며 쓴 〈애강두〉哀江頭가 유명하다. 두보가 남긴 시구 중에는 '슬픈 실과 빼어난 대'라는 뜻의 '애사호죽'哀絲豪竹이라는 구절도 있다. '사'는 현악기인 금琴, '죽'은 피리인 적笛으로, 두 가지 악기 소리가 사뭇 비장하여 사람을 감동시킨다는 의미다.

죽음이 가져다준 슬픔의 깊이를 느끼게 하는 말이 '슬퍼서 목이 메도록 운다'는 뜻의 '애열'哀咽이다. 이 '애열'은 저도 모르게 감정에 북받쳐 나오는 울음이고, '애곡'哀哭은 슬퍼하는 마음을 남 앞에서 표현하는 의미까지 포함한 울음이다. 이름난 사람의 장례 때 사회 인사들이 모여 통곡하고 장송하는 일을 '거애회장'擧哀會葬이라고 했다.

사람의 죽음은 여러 사람의 마음을 슬프게 하는 일이기에 다 함께 모여 슬픔을 나누는 것이 모든 인간사회의 관습이다. 우리 선인들은 이렇게 함께 슬퍼하는 일을 함께 기뻐하는 일과 묶어 '애경' 또는 '애경사'哀慶事라는 말로 표현했다.

'슬픔'이 옅어지면

효도를 다하지 못한 채 어버이를 여읜 자식의 슬픔을 '바람 맞은 나무의 슬픔'에 비유한 '풍목지비'風木之悲라는 말이 있다. '풍수지비'風樹之悲도 같은 말이다. 자신의 처지를 외부의 대상에 비유했다는 것은 그 슬픔으로부터 어느 정도 심정적인 거리가 생겼다는 말이다. 부모의 죽음이 안겨준 깊은 슬픔도 긴 세월이 지나면 어느 정도는 옅어지는 법이다. 죽음에 따른 슬픔을 '애'哀에서 '비'悲로 변성케 하는 것은 시간이라는 약이다.

　부모의 죽음이 이러할진대, 아예 씨가 다른 존재의 죽음에 따른 슬픔이 '비'가 되는 것은 더 말할 것도 없다. '토끼의 죽음을 여우가 슬퍼한다'는 '토사호비'兔死狐悲나 '여우가 죽으면 토끼가 슬퍼한다'는 '호사토비'狐死兔悲는 같은 무리의 불행을 함께 슬퍼한다는 뜻이다. '두 과부가 슬픔을 서로 나눈다'는 '양과분비'兩寡分悲라는 옛 표현도 같은 처지에 있는 사람끼리 서로 동정하는 경우를 비유하는 말이다.

　'묵자가 물들인 실을 보고 슬퍼했다'는 '묵자비염'墨子悲染은 습관이나 환경에 따라 사람의 성품과 성패 여부가 달라진다는 말이다. 어느 날 묵자가 한가로이 거닐다가 실을 물들이고 있는 사람을 보고 탄식하며 말했다. '물감에 따라 실의 색깔이 그때마다 다르니 물들이는 일이란 참으로 조심해야 할 일이다. 사람이나 나라도 이와 같아 물들이는 방법에 따라 흥하기도 하고 망하기도 하는 것이다.' 이어 순임금·무왕의 선정과 걸왕·주왕의 폭정을 예로 들면서 '평소에 사소한 일이라도 나쁜 습관이 들지 않도록 늘 경계해야 한다'고 덧붙였다 한다.

'설움'은 '슬픔'보다 깊다

'애'哀는 '슬픔'보다는 '서러움' 또는 '설움'에 가까운 감정이다. 『표준국어대사전』 편찬자도 이 점을 알아챘는지, '비애'를 '슬픔과 설움' 또는 '슬퍼하고 서러워함'이라 풀어 놓았다. 그런데 슬프게도 이 사전은 정작 '슬프다'와 '서럽다'의 차이에 대해서는 명확한 설명을 하지 않고 있다. 하기야, 마음의 일을 머리로 따져 말로 풀어내는 일이 쉬울 리는 없다. ('서럽다'의 이형태가 '섧다'이고 '슬프다'의 옛 표기 중에 '슳다' '슬프다'가 있는 것으로 보아 두 말의 어원이 같다는 추측도 가능하다.)

'늙으면 설움이 많다' '뭐니 뭐니 해도 배고픈 설움이 첫째다' 하는 표현이나 '과부 설움은 홀아비가 안다' 하는 옛 속담 등을 보면, '설움'은 일시적인 감정이라기보다는 벗어나기 힘든 자신의 처지를 생각하며 느끼는 깊은 차원의 서글픔 같은 것임을 알 수 있다. 정처 없이 떠돌아다녀야만 하는 유랑민의 처지를 '슬피 우는 기러기'에 빗댄 '애홍'哀鴻이라는 말에서도 이런 점을 느낄 수 있다. 김민기가 〈아침이슬〉에서 노래했던 것처럼, 이런 '서러움'을 떨쳐버리려면 거친 광야로 나서는 일도 마다하지 않을 정도의 비장한 각오가 필요하다.

아무튼 '슬픔'이 비교적 짧게 지나가는 감정인 데 비해 '설움'은 웬만해서는 사라지지 않는 길고도 깊은 감정이기 쉽다. 그러니 자신의 처지나 사정을 알려서 남의 마음을 움직이고 싶을 때에는 '슬픔'[悲]보다는 '설움'[哀]을 드러내는 것이 효과적이다. 그래서 사람들은 절실한 상황이 되면 도움 줄 만한 사람을 찾아가 '애절'哀切한 표정과 태도로 '애원'哀願을 하거나 '애걸'哀乞을 하고, 심지어 몸을 엎드리는 시늉까지 하며 '애걸복걸'哀乞伏乞하는 것이다.

'지나가는 슬픔'과 '붙박인 슬픔'

'비'가 결국에는 지나가고 마는 일시적 슬픔이라면, '애'는 언제까지나 붙박이로 있는 존재적 슬픔이다. 그래서 '애'는 남의 눈에는 아무리 옅어 보일지라도 당사자의 마음속에서는 쉬 사라지지 않는 법이다. 까닭 없이 밀려드는 '슬픈 감상'인 '애상'哀想이 그렇고, 무시로 찾아오는 '슬픈 근심'인 '애수'哀愁도 마찬가지다(영화《Waterloo Bridge》의 국내 수입업자는 크로닌 대령의 어두운 표정에 드리운 감정이 연인 마이라의 죽음이 가져다준《애수》임을 정확히 간파했다). '가엾게 여기는 마음'인 '애정'哀情이나 '가련하게 여기는 마음'인 '애련'哀憐, '슬프고 아깝게 여기는 마음'인 '애석'哀惜 같은 말에서도 옅은 '죽음의 냄새'가 맡아지고, 그래서 쉽사리 가시기 어려운 것이 아닐까?

여기까지가 필자가 생각한 '비'와 '애'의 차이다. 이제, 앞에서 두 의미소가 서로 넘나들며 쓰인 예로 보였던 말들 중에 몇 가지를 가져와 다시 생각해보자.

'비통'과 '애통'은 어느 쪽이 더 아픈 슬픔일까?

'비련'과 '애련'은 어느 쪽이 더 슬픈 사랑일까?

'비사'悲史와 '애사'哀史에서는 각각 어떤 스토리가 연상되는가?

'비가'가 노래하는 슬픔과 '애가'가 노래하는 슬픔은 어떻게 다른가?

'비풍'과 '애염'

옛날에, 애절한 느낌을 불러일으키는 늦가을의 쌀쌀한 바람을 '비풍' 悲風이라 했다. 한무제 때의 무장 이릉이 쓴 「답소무서」答蘇武書에 처음 나온 것으로 알려진 이 표현을 우리 선인들이 어느 만큼이나 애용했는지 필자는 알지 못한다. 그러나 비참한 처지를 비유해 '슬픈 바람과 처참한 비'라는 뜻으로 '비풍참우'悲風慘雨라 하고, 구슬프고 쓸쓸한 느낌을 주는 가을을 '비추'悲秋라 했던 것을 보면, 굳이 이릉의 선례가 없었더라도 바람의 '쌀쌀함'과 마음의 '쓸쓸함'을 잇댄 선인들의 섬세한 감성지능은 부럽기만 하다. '쓸쓸하다'가 '쌀쌀하다'는 말에서 왔으리라는 필자의 추론은 선인들의 이런 감성능력에서 선물처럼 떨어진 영감의 소산이다.

슬픔은 흔히 무기력감을 동반한다. 그래서 '슬픔 속의 씩씩한 기운'인 '비장'이라는 말은 달콤쌉싸름한 서양산 흑색 음료처럼 아이러니한 매력을 풍긴다. 나아가 '비장미'悲壯美라는 표현은 슬픔이 아름다움마저 품을 수 있음을 보여준다. 한 꿋꿋한 남성(아마도 사무라이)의 모습을 상상하여 '비장'과 '비장미'라는 표현을 생각해낸 옛 일본인들의 예리한 감성은 가히 존경할 만하다.

한편 이 땅의 옛사람들은 슬프면서도 아름다운 문장을 '애염'哀艶이라 표현했다. 아마도 그네들의 머릿속에는 깊디깊은 슬픔 탓에 오히려 더욱 짙은 요염함을 발산하는 한 여인의 모습이 자리 잡고 있었을 것이다.

'슬픔' 말모음

비悲   일반적인 인생사에서 겪는 일시적인 슬픔.

비분강개悲憤慷慨 | 풍목지비風木之悲 | 풍수지비風樹之悲 |
토사호비兔死狐悲 | 호사토비狐死兔悲 | 양과분비兩寡分悲 |
애이불비哀而不悲 | 묵자비염墨子悲染 | 비탄悲嘆 |
비명悲鳴 | 비후悲吼 | 비참悲慘 | 비통悲痛 |
비상悲傷 | 비경悲境 | 비운悲運 | 비보悲報 |
비화悲話 | 비사悲史 | 비련悲戀 | 비추悲秋 |
비풍悲風 | 비풍참우悲風慘雨 |
흥진비래興盡悲來 | 비환悲歡 | 비락悲樂 |
희비喜悲 | 일희일비一喜一悲 | 비희교지悲喜交至 |
희비극喜悲劇 | 비극悲劇 | 비조悲調 | 비감悲感 | 비관悲觀 | 비장悲壯 |
비장미悲壯美

▸ '비'가 '슬픔'을 나타내는 대표적인 의미소로 쓰여왔음을 보여주는 옛말과 근대어들

대비大悲 | 대자대비大慈大悲 | 동서대비원東西大悲院 | 비원悲願
▸ 불가 전통은 '비'에 '보편적 사랑'이라는 의미를 부여했다

애哀   주로 죽음과 관계가 있는, 깊고 긴 슬픔.

애자哀子 | 고애자孤哀子 | 애제哀帝 | 애계哀啓 | 국애國哀 | 보애사報哀使 |
거애회장擧哀會葬 | 애열哀咽 | 애곡哀哭 | 애도哀悼 | 애모哀慕 | 애조哀弔
▸ '애'와 죽음 사이의 직접적 관련을 보여주는 말들

애조 哀調 | 애상 哀想 | 애수 哀愁 | 애정 哀情 | 애련 哀憐 | 애련 哀戀 |

애별 哀別 | 애사 哀史 | 애화 哀話 | 애가 哀歌 | 애홍 哀鴻 |

애사호죽 哀絲豪竹 | 천읍지애 天泣地哀 | 애재 哀哉 |

애통 哀痛 | 애석 哀惜 | 애절 哀切 | 애소 哀素 |

애원 哀願 | 애걸 哀乞 | 애걸복걸 哀乞伏乞 |

애염 哀艶 | 애환 哀歡 | 애경 哀慶 | 애경사 哀慶事 |

희로애락 喜怒哀樂 | 비애 悲哀

▶ 죽음 또는 그에 버금가는 상황을 떠올리게 하는 말들

슬픔보다 깊은 설움

'어' 다르고 '언' 다르다

말·언어

'말'과 '말씀'

> 말이 먹히지 않는다고
> 불평하고 탓하지 마라
> 침묵을 더 채워라
> 말은 충만한 침묵으로부터 나온다

박노해, 「더 채워라」 중에서

살아 움직이는 것들은 다 소리를 낸다. 날짐승도 길짐승도 저마다 소리를 낸다. 높고 낮고 길고 짧은 그 소리들이 저희들 사이에서는 의미가 다 다를 것이다. 하지만 인간의 귀에는 그 소리가 그 소리여서, 날짐승의 부리에서 나오는 소리는 '울음'으로, 길짐승의 주둥이에서 나오는 소리는 '짖음'으로 뭉뚱그려진다.

사람 입에서 나오는 소리는 '말'이라고 부른다. 짐승들 귀에는 사람의 말들이 어슷비슷하게 들릴지 몰라도, 사람 귀에는 그렇지 않다. '아 다르고 어 다르다'는 말은 한국어가 지닌 섬세한 표현능력을 대변하기도 하지만, 인간의 언어는 매우 미묘하고 복잡다단한 것이라는 일반적 의미도 품는다.

말에는 여러 가지가 있다. 말을 가리키는 한자 의미소에도 여러 가지가 있다. 그중에 대표 격이 '말씀 언言'과 '말씀 어語'다. ('말씀'의 '씀'에 신경을 곤두세울 필요는 없다. 어른의 말을 높일 때 쓰는 '말씀'이라기보다, '머리를 쓴다'나 '손을 쓴다'와 어깨를 나란히 하는 '말을 쓴다'의 명사형으로 보면 된다. '솜씨'는 '손을 놀리는 맵시'고 '말씨'는 '말을 부리는 맵시'니, '말씀'은 '말 놀림'이나 '말 부림'과도 통한다고 할 수 있다.)

'어' 다르고 '언' 다르다. 그런데 둘의 차이를 나타내자니 '긴 말'이 필요했기에 그냥 '말'로 뭉뚱그린 것이다(이 책의 16개 표제어에서 쌍을 이룬 모든 의미소들이 이런 경우에 해당한다). 그래서 '언'도 '말'이 되고 '어'도 '말'이 되어, 둘을 합친 '언어' 역시 '두 말'이 아니라 여전히 '말'로 남게 되었다.

그렇다면 대체 '언'과 '어'는 어떻게 다른가? 박노해의 시에서 '말이 먹히지' 않을 때의 '말'과 '충만한 침묵으로부터' 나오는 '말'은 어떻게 다른 것인가?

말은 '언'言에서 시작한다

'언'言은 혀와 입의 모양을 본뜬 글자다. 사람이 입을 열고 혀를 움직이는 순간 '언'이 탄생한다. '언'은 인간의 신체가 낳은 '최초의 말'이고, 그래서 모든 말을 대표한다.

'언'에서는 '입을 여는' 것이 중요하다. '입은 있으나 말을 하지 못한다'는 '유구무언'이나 '입을 꾹 닫고 아무 말도 하지 않는다'는 '함구무언'은 '언'의 신체성을 잘 보여준다. 사람이 입을 열어 말할 때 나는 소리에 주목한 말이 '언성'이다. 불교의 '다라니'가 '진어' 아닌 '진언'眞言으로 번역된 까닭은, 범문梵文을 소리 그대로 외는 데 초점을 두었기 때문이다. '묵언'이나 '무언극'의 '말 없음'은 '입을 열지 않음'이나 '입을 열어 소리 내지 않음'에 가깝다. 노자의 무위자연의 가르침을 가리키는 '불언지교'不言之敎도 '말이 없는' 가운데 이루어진다. 덕으로써 가르쳐 자연스럽게 주는 감화인 '불언지화'不言之化도 마찬가지다.

사람의 몸에 입과 혀가 자연스레 딸리듯이, 인간에게 '언'은 자연스러운 본능이다. '언'의 부자유는 신체의 구속과 거의 동의어다. 독재 치하에서 외치는 '언론'의 자유는 '제발 말 좀 하게 해달라'는 부르짖음이다. 듀오 해바라기의 이주호가 '어서 말을 해' 하고 수없이 부르짖었을 때의 '말'도 바로 이런 의미에서 '언'이었다. '언로'가 막혔다는 것은 자유롭게 말을 하지 못하는 상황이 되었다는 말이다.

한편 '언행록' '언행일치'의 '언행'이나 '언동을 삼가라'의 '언동' 같은 낱말들은 사람의 말을 행동과 대비시킴으로써 '언'이 모든 말을 대표한다는 것을 보여준다. '언'은 모든 말의 바탕이다.

'언'은 짧다

모든 시작이 그렇듯이, '태초의 말'인 '언'도 단순함이 특징이다. '오언'율시나 '칠언'절구에서 '언'은 '구'를 이루는 가장 작은 단위, 한 글자다. 그래서 극히 짧은 말이나 글은 '일언반구'一言半句가 된다. '일언지하'一言之下에 거절할 때에도 말 그대로 '한마디'로 잘라야 상대가 쉽게 단념하는 법이다. 남아든 여아든 '일언'은 중천금이다. 말 한마디가 중요하다.

말은 짧게 자를수록 힘이 생겨서, 말 중에 가장 힘 있는 것이 '단언' 斷言이다. '확언'도 길어질수록 힘이 떨어지는 법이다. '양심선언'은 짧고 강렬할 때 '폭탄선언'으로 격상한다. '선언'은 글로 할 때라도 기미년 '독립선언서' 정도의 분량을 넘지 않는 것이 바람직하고, 길어야 마르크스·엥겔스의 '공산당선언' 수준에 그치는 것이 좋다.

회의에서 긴 '발언'은 환영받지 못한다. 글에서도 어떤 주제에 대해 길게 '언급'할 때는 독자에게 양해를 구하는 것이 예의다. 책머리의 '권두언'이나 '서언'도 적절한 양을 넘지 않아야 독자들이 짜증내지 않는다(이 책은 이런 미덕을 지키지 못했다).

민주투사의 '언명'言明이 길면 정치적 선명함[明]이 바래고, 재판관의 '언도'言渡가 길면 형량이 피고인이나 방청인에게 '건너가는'[渡] 데 지장이 생길 수 있다. '격언'이나 '금언'은 짧아야 사람들이 시늉으로라도 들여다보지, 길면 '옛날 꼰대'들의 잔소리 취급받기 십상이다. 이런 점에서는 '명언'이나 '잠언'도 마찬가지다. '전언'도 길어지면 전하는 사람이나 듣는 사람이나 기억하기 어려워진다. 그러니 자식들이 길이 간직하기를 바란다면 '유언'도 되도록 짧게 남길 일이다.

'증언'을 할 때든 '헝언'을 할 때든, 모든 '언'에는 '중언부언'重言復言이 최대의 적이다. 말을 할 때마다 똑같은 것을 들먹이는 '언필칭'言必稱도 긍정적인 맥락에서 쓰이는 일은 거의 없다.

짧고 강하게 말할 때 오히려 승산이 높아지는 것이 '언쟁'이다('논쟁'이라면 길게 이야기하는 것이 나을 수도 있겠지만). '언약'도 짧으니 말로 충분한 것이지, 길다면 계약서 같은 것을 써야 할 것이다.

흔히 '말을 뱉는다'고 하는데, 가끔은 말을 먹기도 한다. 앞서 했던 말을 번복하거나 약속했던 것을 지키지 않았을 때 '식언'食言을 했다고 한다. '한 입으로 두 말 한다'는 '일구이언'과 비슷한 의미다. '식언'의 문자적 의미는 '한번 입 밖으로 냈던 말을 다시 입속에 넣는다'다. 음식이든 말이든 뱉은 것이나 토한 것을 도로 입으로 집어넣는 모습은 상상만 해도 속이 울렁거리지만, 어쨌거나 '언'이 짧게 조각나 있지 않았다면 애초부터 상상 자체가 불가능했을 것이다.

생각의 말, 감정의 말

말은 생각에서 나온다. 자신의 생각이 올바르다고 믿을 때 옛사람들은 임금에게 '충언'이나 '간언'이나 '진언'進言을 했고, 요즘 사람들은 윗사람에게 '직언'을 한다. 조직에 쓸모 있다고 생각하면 '제언'提言을 하고, 개인에게 도움이 된다고 여길 때에는 '조언'을 한다. 생각이 남다른 사람들의 '예언'은 종종 '허언'으로 끝나기도 한다. 삿된 생각을 품은 사람은 교묘하게 꾸민 말에 낯빛까지 좋게 꾸며 '교언영색'巧言令色을 일삼는다. 생각이 엇나간 관료는 '망언'을 내뱉고, 아예 생각이 없는 공인은 '공언'公言 아닌 '공언'空言을 남발한다.

　생각에서 나오는 말들이 이러하니, 감정에 휩쓸려 나온 말은 더 말할 나위도 없다. 자신감이 넘칠 때 말은 '호언'이 되고, 자신감이 지나칠 때에는 '과언'이 된다. 상대에 대한 불편한 감정은 '언중유골'이나 '언중유언'(말 속의 말)으로 나타난다. 미성숙한 인격은 '폭언'을 낳고, 미숙한 감정조절은 '극언'을 낳는다.

　　　　　　　　　　'어' 다르고 '언' 다르다

듣는 사람 또한 감정에서 자유로울 수 없으니, 짧더라도 울림이 있는 말에서는 '언중유향'言中有響을 감지하기도 한다. '식언'에서 가지친 말은 아니지만, 듣는 사람의 감정은 '입맛'으로 변환되어 쓰디쓴 '고언'苦言이 되기도 하고 달콤한 '감언'甘言이 되기도 한다(감언보다 당도가 높은 것이 '밀어'密語인데, 일방적이고 일시적인 '감언'과 달리 쌍방적이고 지속적이라 '언'을 넘어 '어'의 반열에 들었다).

'언'은 말, '어'는 이야기

'어'語는 '말'[言]과 '나'[吾]를 합쳐 '서로 이야기하다'라는 뜻을 나타낸 글자였다고 자전은 설명한다. '언'이 먼저고 '어'가 나중임을 말해주는 대목이기도 하다.

단순한 것은 복잡한 것에 앞선다. 그래서 '언'의 뜻은 단순하고, '어'의 의미는 복잡하다. 자전에는 두 의미소의 차이가 잘 나타나 있다.

언言	어語
말(하다)	말(하다), 이야기(하다)
묻다, 알리다	대답하다, 가르치다, 설명하다, 깨우치다, 의논하다

두 글자에 달린 풀이의 양부터가 단순과 복잡의 대비를 보여준다. '어'의 기본 의미에 '이야기(하다)'가 들어 있는 것도 보인다. '말'과 '이야기', 이것이 '언'과 '어'를 가르는 핵심이다.

요즘 '이야기'가 '말'의 위세에 눌리는 경향이 보인다. 전 같으면 '얘

언 言

어 語

기해봐' 했던 것을 '말해봐'로 흔히들 표현하는 것이다. 하지만 '옛날 이야기'와 '옛날 말'이 같을 수는 없지 않은가.

'이야기'와 '말'은 같으면서도 다르다. 동사로서 '언'은 영어의 'speak'나 'say'에 가깝고, '어'는 'tell'이나 'talk'와 유사하다. '얘기 좀 해봐'는 비교적 중요하면서 어느 정도 길이를 갖춘 '스토리'를 기대하는 말이고, '말 좀 해봐'는 '제발 입 좀 열어봐' 하는 의미일 때가 많다.

흔히 '말실수'라 푸는 '실언'失言은 '언어 분실', 즉 '말을 잃어버리다'로도 분석할 수 있다. 물건도 작을수록 잃어버리기 쉬운 법이다. 앞서 본 것처럼 '언'은 '조각난 말'이어서 언제나 '잠깐 실수'의 가능성이 있다. 말을 잃어버리기로는 '실어증'도 매한가지다. 이 두 낱말에서 잃어버린 것이 어떻게 다른지를 들여다보면 '언'과 '어'의 차이가 좀더 분명하게 드러난다.

'언어'의 탄생

『표준국어대사전』은 '언어'의 의미를 두 가지로 풀고 있다.

① 생각, 느낌 따위를 나타내거나 전달하는 데 쓰는 음성, 문자 따위의
수단

② 그 음성이나 문자 따위의 사회 관습적인 체계

①은 '언어'에 '입말'과 '글말'이 다 들어간다는 말이다. 앞의 '실언'은
이 중에서 '입말'에 국한된 표현이다. ②는 '중국어' '일본어' '몽골어'
같은 것을 말한다(조선시대에는 각각 '화어' '왜어' '몽어'라 했고, '범
어'는 예나 지금이나 똑같이 쓴다). '실어증'에서 잃어버린 것이 바로
이런 말, 또는 이런 말을 구사할 수 있는 능력이다. '실언'에서 '잃어버
린' 것이 적절한 낱말이나 표현 하나라면, '실어'에서 '잃어버린' 것은
한 언어체계 또는 언어능력 자체다.

1940년대 경성(서울)을 무대로 최고의 예인을 꿈꾸는 여인 소율의
이야기를 그린 《해어화》(2016)라는 영화가 있었다. '해어화'解語花는
'말을 알아듣는 꽃'이란 뜻으로, 조선시대에 미인이나 기생을 가리키
는 말이었다. 가히 여성 대상화의 극치라 할 만한 표현인데, 어쨌거
나 여기 등장한 '어'도 ②의 의미다.

그런데 ①의 '언어'도 ②의 '언어'도, 예전에는 존재하지 않았었다.
'언어'가 가리키는 대상들이 없었다는 말이 아니라, '언어'라는 말 자
체가 없었다는 말이다.

원래 '언'과 '어'는 붙어 있지 않았다. 두 의미소는 '유언비어'流言蜚語

에서 근접했다가 '언어도단'言語道斷에서 밀착한 예가 있었지만, 그 정도가 전부였다. '언어도단'의 '언어'조차 오늘날과 같은 명사가 아니라 '말[語]을 하다[言]'라는 서술 구조를 지닌 말이었다. 『대사전』은 '언어도단'을 '말이 안 됨'으로 순화할 것을 종용하고 있지만, 이야말로 언어도단이다. 게으른 사람이 재벌이 되었다거나 부잣집 아들이 영양실조에 걸렸다면 '말이 안 됨'(요즘 말로 '헐~')이 말이 되겠지만, '법신불은 언어도단의 경지다'나 '초논리의 세계란 언어도단의 세계요 초월자와 인간이 소통하는 세계다' 할 때 '언어도단'은 '말할 수 있는 방도[言語道]가 끊어진[斷]' 상태 즉 언어를 초월한 경지를 뜻한다. 「황혼에 대하여」에서 '세상은 다 말해질 수 없는 것'이라 갈파했던 시인 고재종의 깨달음과도 통하는 세계다. 김언의 시 「하지 못한 말」에서 '그가 끝내 말하지 않았거나 못했던 그것'도 이것과 같은 것인지 모른다.

'언어'는 스위스의 구조주의 언어학자 소쉬르가 제창한 개념인 '랑그'와 '파롤' 중 '랑그'를 옮긴 일본산 한자어다. 중국인들은 '언어'를 뒤집은 '어언'(중국어 발음으로 '위옌')이란 표현을 채택했는데, 겉만 다를 뿐 알맹이는 똑같다.

『대사전』의 풀이 중 ①에 해당하는 내용, 즉 입말과 글말을 합친 것을 가리키는 전통적 표현이 '언문'이다. 글자 그대로 '말과 글'인데, '언어'라는 근대적 학문 용어는 말을 뜻하는 두 글자로 글까지 품어 안으니 희한도 하다. '언문일치'가 아니라 '언문일체'라고나 해야 할지….

'언'은 입에서, '어'는 머리에서

'언'이 입에서 나온다면 '어'는 머리에서 나온다. '어'는 어느 정도 길이가 있기 때문에 '언'에는 필요 없는 조리를 요구한다. 조리도 없이 긴 이야기를 하는 것은 쉬운 일도 아니거니와 듣는 사람도 원하지 않는다. '어'가 조리를 갖추지 못하면 '언'으로 추락하는데, 그 3대 요소가 '어눌'한 사람, '어폐' 있는 말, '어색'한 분위기다.

'언'은 갑남을녀의 말이고, '어'는 갑남을녀들이 특별하다고 여기는 사람의 말이다. 특별한 사람들의 '퀄리티' 있는 말은 '어록'으로 편집되기도 한다. 공자님의 말씀은 '어'의 반열에 들 자격이 충분하기에 『논어』와 『공자가어』로 결집되었다. 주자가 제자들과 나눈 문답도 『주자어류』로 집대성되었다.

비슷한 맥락에서, 제자들이 공자에게 묻는 말은 '언'이고, 공자가 대답하는 말은 '어'다(148쪽에 인용한 자전의 풀이를 참고하라). '언'과 '어'의 차이는 '형식'과 '내용'의 관계와도 비슷하다. '언'이 'word'라면 '어'는 'meaning'을 갖춘 'story'다.

그런데 옛날에는 이렇게 특별했던 '어'가 오늘날 부쩍 흔해졌다. 다음 표에서 보다시피, 국어학을 비롯한 언어학의 세계에서는 '어'가 '언'을 압도하고 있다. 그나마 서너 가지에 불과한 '언' 계열 말들도 '어'로 하려 했으나 그럴 수 없었던 사정이 엿보인다. 예컨대 '방언'은 '사투리'의 개념을 포함하면서 한 언어에서 지역이나 계층에 따라 분화된 말의 체계를 가리킨다. 그런데 이미 예전부터 다른 나라나 지역의 말을 가리켜 '방언'이라 해왔고, 기독교의 바벨탑 설화에서 서로

어	국어 ǀ 모어 ǀ 모국어 ǀ 공용어 ǀ 표준어 ǀ 외래어 ǀ 고유어 ǀ 토착어 ǀ 한자어 ǀ 단어 ǀ 어휘 ǀ 어구 ǀ 어절 ǀ 어간 ǀ 어미 ǀ 어학 ǀ 어법 ǀ 어원 ǀ 어근 ǀ 어순 ǀ 주어 ǀ 목적어 ǀ 보어 ǀ 서술어 ǀ 부사어 ǀ 관형어 ǀ 수식어 ǀ 피수식어 ǀ 개념어 ǀ 의성어 ǀ 의태어 ǀ 복합어 ǀ 합성어 ǀ 파생어 ǀ 첩어 ǀ 다의어 ǀ 동의어 ǀ 유의어 ǀ 반의어 ǀ 반어 ǀ 동음이의어 ǀ 구어 ǀ 문어 ǀ 경어 ǀ 비속어 ǀ 은어 ǀ 약어 ǀ 숙어 ǀ 고어 ǀ 원어 ǀ 역어 ǀ 신조어 ǀ 사어 ǀ 용어 ǀ 기계어 ǀ 명령어
언	방언 ǀ 수식언 ǀ 체언 ǀ 용언

통하지 않게 된 말이나 성령에 의해 저도 모르게 흘러나오는 말도 이런 의미를 포함하여 '방언'이다. 요즘 말로 하면 '외국어'나 '지방어'에 해당하는 이 말에 국어학자들이 담으려던 의미가 이미 웬만큼 담겨 있었으니, 혼동을 막기 위해서라도 굳이 새 말을 만들 필요가 없었을 것이다. '수식어' 중에 관형사와 부사만을 가리키는 '수식언'은 '수식어'와 구별할 필요가 있었을 것이고, '체언' '용언'은 '체어' '용어'로 할 경우 '용어'用語라는 언어학 바깥의 낱말과 부딪치게 되는 상황을 피한 결과일 것이다.

이렇게 근대 이후에 '어' 계열 용어들이 대거 등장한 것은, 단순한 '언'보다 복잡한 '어'가 추상성을 요구하는 학문용 개념어로 더 적합하다고 판단했기 때문일 것이다.

이 밖에, 학문 용어라기보다는 일상어에 가까운 '표어' '어감' '어투' '어조' 등도 다 '어' 계열이다.

'설'說은 조리 있는 긴 이야기

'언어'에 대한 이야기를 마치기 전에, '말'을 뜻하는 다른 의미소 몇 가지를 살펴보자.

'말씀 설'說은 '언어' 중에 '어'와 가깝다. '언'이 '어'가 되는 데 '조리'가 필요했다면, '어'가 '설'이 되는 데 필요한 것은 '조리와 길이'다.

'감언'甘言이 나름대로 조리를 갖추면 '이설'利說이 된다. '어'에 '조리'가 빠지면 '어불성설'이 되어 '설' 중에 가장 저열한 '잡설'이나 '객설'로 전락한다. 말이 이랬다저랬다 하면 '횡설수설'이나 '설삼설사'說三說四가 되고, 종잡을 수 없는 말은 '꿈속의 꿈 이야기'인 '몽중몽설'이 된다.

『지봉유설』(1614)은 지봉 이수광이 3,435개에 이르는 조목을 25개 부문으로 분류하여 '설명'한 백과사전이다. 조리가 있어서 뜻이 분명하게[明] 드러나는 말이 '설명'說明이다. 조리 없는 설명은 남을 '설득'할 수도, '설복'케 할 수도 없다. 교리를 '해설'하는 '설교'에 조리가 없으면 신도들의 졸음을 부른다. 부처님의 말씀인 '불설' 또는 '금구설'金口說을 해설하는 '설법'도 마찬가지다.

말에 조리가 있어야 견해나 주장으로서 남에게 '역설'力說할 수 있고 대중 앞에서 '연설'할 수 있다(참고로, '황혼연설'은 '노인의 잔소리'에 대한 비아냥이다). '사설'社說은 언론사 전체의 견해이고 '논설'論說은 한 위원의 주장이다.

'설'은 근거를 요구하지도 않고 증명할 필요도 없는 것이어서 몸도 발도 가볍다. 그래서 '설'은 바람을 타고 '풍설'이 되어 '야설' '항설'로

'설왕설래'하다 '패설'로 대접받아 글로 남기도 하고 '낭설'로 판명되어 가뭇없이 사라지기도 한다. ('패'稗는 논 같은 데 자라는 '피'로, '패설'은 '민간의 자잘한 이야기'라는 뜻이다. 음탕하고 상스러운 말을 뜻하는 '음담패설'의 '패설'悖說과는 다르다.)

'일설'이나 '속설'이 체계와 깊이를 갖추면 '가설'을 지나 '정설'로 자리 잡는다. '이설'을 뒤집는 '역설'逆說로 진리를 '설파'하면 '통설'이 되고, 마침내 '학설'에 등극한다. '천동설' '지동설' '자연선택설' '음양오행설' '이기설' 등은 각각 이런 과정의 어디쯤엔가 위치한다(당나라 시대 이후 '설'은 '어떤 대상에 관해 자기의 의견을 서술하면서 사물의 도리를 설명하는 문장'을 뜻하기도 했다).

짧은 이야기에는 조리고 뭐고 들어설 자리가 없기에, '설'은 어느 정도 길이를 요한다. 욕도 어느 정도 길게 해야 '욕설'이 된다. 이야기가 길어지다 보면 저도 모르게 자신의 비밀을 '토설'하거나 남의 비밀을 '발설'할 수도 있을 것이다. 이것저것 이야기하려면 화제를 바꿀 때마다 '각설'도 해야 한다. 그러니 '웬 사설이 그리 길어?' 하는 푸념은 하나마나다. 원래 긴 것이 '사설'辭說이다. '서설'은 긴 글의 서두에 나오는 그리 짧지 않은 글이다. '소설'도 '소소한 이야기'이지 짧은 이야기는 아니다(장편소설이나 대하소설도 있지 않은가).

이렇게 '설'의 긴 속성은 '썰을 푼다'는 속어를 낳았고, '설전'으로 읽어오던 '설전'舌戰을 '썰전'으로 탈바꿈시키기도 했다.

'사'辭는 짧은 말

'언'言과 '사'辭가 만난 '언사'言辭는 '말씀'(말 부림)이나 '말씨'에 가깝다. '언사안정'言辭安定은 쓸데없는 말을 삼가고 정돈된 생각을 침착하게 말하는 태도이고, '온언순사'溫言順辭는 따뜻하고 부드러운 말씨다. '지나친 언사'나 '모욕적인 언사'에서는 '언사'가 '표현'에 가까운 의미가 되는데, 역시 '말씨'에서 크게 벗어나지는 않는다.

'사'辭가 짧기는 하지만 '언'言보다는 길다는 것을 보여주는 말이 '일언반사'一言半辭다. '언'은 더 잘게 쪼갤 수 없어서 최소 단위가 '일언'이지만, '사'는 '반'으로 가를 수가 있다. '일언반사'와 의미가 거의 같은 '일언반구'一言半句나 '미사여구'美辭麗句 같은 옛 표현들은 '사'가 '구'와 어깨를 나란히 하는 짧은 말임을 보여준다. '탄사'(감탄하는 말이나 탄식하는 말)는 짧으면 '와'나 '휴', 길어봐야 '우와'나 '에휴' 정도가 고작이다. '찬사'는 진정성과 더불어 간결함을 미덕으로 삼는다. 남을 위해 수고한 것을 스스로 자랑하는 '공치사'功致辭도 짧아야 체통 유지에 문제가 생기지 않는다.

20세기 초 중국에서 『사원』辭源과 『사해』辭海가 출판되고 일본에서 '사전'辭典이 등장한 이래, '사'는 '말 중에 가장 짧은 말' 즉 '낱말'이나 '단어'에 해당하는 의미를 얻게 되었다. 단어 집단을 가리키는 '어휘'를 '사휘'라 하는 것도, 한문의 토를 가리키는 '어조사'나 '접두사' '접미사' 같은 용어가 생겨난 것도 같은 맥락이다.

점괘의 뜻을 풀어 써놓은 '점사'나 '괘사'는 글로 적힌 '사'의 가장 짧은 형태일 것이다. 이보다 조금 더 길어지면 '식사'式辭가 되기도 하는데, 의식이나 행사에서 낭독하는, 역시 짧은 글이다. '축사' '답사' '격려사' '환영사' '기념사' '주례사' '취임사' '개회사' '신년사' 등이 길어지는 것을 반기는 사람 없을 것이고, 장황한 '추도사'를 부담스러워하기로는 산 자나 죽은 자나 매한가지일 것이다.

『시경』에 필적하는 중국 전국시대의 운문집 『초사』楚辭에는 「어부사」漁父辭를 비롯한 굴원의 명문들이 실려 있다. 『귀거래사』歸去來辭는 진나라의 도연명이 남긴 걸작 산문시집이다. '가사'歌辭는 조선 초기에 등장한 시가의 형식이고, 『고산가사』孤山歌辭는 고산 윤선도의 시조집이다. 이렇게 문체로서의 '사'는 원래 운문 또는 시의 일종이었다.

한편 '사'辭는 '사양하다'도 된다. 굳이 사양하면 '고사'固辭, 간절히 사양하면 '고사'苦辭, 사양하지 않으면 '불사'다. 한바탕 싸움도 마다하지 않는 것은 '일전불사'고, 술꾼이 말술도 마다하지 않는 것은 '두주불사'다. '사양'의 대상이 기존의 자리나 직책이 되면 물러나거나 그만두는 일이 된다. '사의'가 있을 때 '사표'를 쓰고 '사퇴'하거나 '사직'하거나 '사임'한다.

'사'詞는 노랫말

조선의 근엄한 유학자들은 「쌍화점」「가시리」「서경별곡」「청산별곡」 등 남녀간의 사랑을 그린 고려가요들을 폄하하는 의미로 '남녀상열지사'男女相悅之詞라 했다. '사'詞는 '소리 내어 노래하기 위한 짧은 글'

즉 '노랫말'이다. 「어부사」漁父詞는 조선시대에 이현보가 「어부가」를 개작한 노래이고, 「어부사시사」漁父四時詞는 윤선도가 춘하추동을 주제로 지은 노래 40수다. 이런 의미에서 이현보와 윤선도는 『이 한 줄의 가사』(2020)를 쓴 이주엽과 직업이 같은 '작사가'였다.

오늘날 '노랫말'을 뜻하게 된 '가사'歌詞는 고려 때부터 조선 초엽까지의 가곡을 모아 실은 『악장가사』에도 전례가 있는 말이다. 무대 위에서 각본에 따라 배우가 하는 말을 '대사'臺詞라고 하는데, 연극의 발상지인 고대 그리스의 원형극장 무대에서 배우들이 말을 노래하듯 읊조렸던 데에 착안한 용어일 것이다.

처음부터 말보다는 글을, 그중에서도 특히 시문詩文을 가리켰던 '사'는 오늘날의 '시'詩와 가장 가까운 개념이었다(시는 원래 노래였다). 죽은 사람에게 조의를 표하는 '조사'弔詞도, 자신이 쓴 책을 다른 사람에게 바치는 뜻을 적은 '헌사'獻詞도, 책의 앞머리에 관계되는 글을 적어 놓은 '제사'題詞도, 모두 시 못지않은 상징성과 압축미를 요구한다. 이런 의미에서, 꽃의 특징에 따라 상징적인 뜻으로 쓰는 '꽃말' 즉 '화사'花詞는 그 화사한 어감부터가 '사'의 절정이라 할 만하다.

한편 '동사' '명사' '부사' '형용사' 같은 '품사' 이름이나 '관사' '전치사' 같은 문법 용어들은 하나같이 '사'의 전통과 아무런 관련이 없는 근대의 산물이다.

'담'談은 서로 주고받는 사사로운 이야기

'담'談의 유래를 '타오르는 불[炎]가에 둘러앉아 이야기[言]를 나눈다'로 설명한 한 자전은 이 글자의 속뜻을 '조용하게 함께 이야기하는 일'이라 풀고 있다. 한편 '맑은 물[淡] 같은 말[言]' 즉 '물처럼 맑은 말'이 '담'談이라는 주장도 있다. 자원字源에 대한 설명은 후자가 정확한 듯하지만, 자의字意에 관해서는 '불가에 둘러앉아 이야기를 나눈다'는 전자의 설명이 더 와닿는다.

'노변담'爐邊談은 '화롯가에 둘러앉아 주고받는 이야기'다. 그 이야기가 정다운 것이면 '노변정담'이 된다. '정담'情談과 소리가 같은 '정담'鼎談은 세 사람이 솥발처럼 둘러앉아서 하는 이야기이고, '옥하사담'은 '지붕 밑에서 주고받는 사사로운 이야기'다. '방담'放談은 생각나는 대로 거리낌 없이 하는 이야기다. '간담'懇談은 '마음을 터놓고 하는 이야기'이니, '간담회'에는 이런 뜻을 새기고 참석할 일이다. 즐거운 분위기의 '환담'歡談이나 웃음이 넘쳐나는 '담소'談笑도 있다. 차를 마시며 나누는 이야기는 '다담'茶談 또는 '다화'茶話라고 하는데, 분위기상 앞엣것이 더 어울린다.

서로 만나서 얼굴을 맞대고 나누는 이야기는 '면담'이고, 공인들이 만나서 이야기하는 것은 '회담'이다. '담판'은 어떤 일의 시비를 가리거나 결말을 짓기 위해 나누는 이야기다.

장소가 어디든, 서로 대등하게 주고받는 이야기가 '담'이다. 앉아서 나누는 이야기는 '좌담'이고, 서서 나누는 이야기는 '입담'立談이다('입심'과 비슷한 뜻으로 쓰는 '입담'은 의미가 다른 토박이말이다). 사람이 둘일 때에는 둘러앉지 못하고 마주앉아서 '필담'筆談이나 '수담'手談(바둑)을 나누기도 한다.

흑과 백이 한 수씩 번갈아 놓아가는 '수담'은 '담'의 본질을 잘 보여 준다. 서로 동등한 자격으로 이야기에 참여하는 것이 '담'의 본질이기 때문이다. 한 사람이 이야기를 과점하거나 독점하면 '담'은 '썰'[說]이 되고 만다.

이야깃감이 사적인 것이어야 한다는 것도 '담'의 조건이다(위에 나온 '면담' '회담' '담판'은 몇 안 되는 예외에 속한다). 거창한 주제나 공적인 사안이 등장하는 순간 '담'은 '론'論에 가까운 것이 된다. 이 둘을 합친 '담론'도 있는데, 두 글자로 된 한자어 낱말들이 대개 그렇듯이 뒤에 방점이 찍힌 '론'의 일종이 되어 학자나 전문가들의 소관으로 넘어가게 된다. '고담준론'高談峻論은 '고상하고 준엄한 담론'이다.

사적인 이야기의 소재나 내용에는 한계가 없다. 장르로는 '목격담' '경험담' '고생담' '모험담' '무용담' 같은 것이 있는데, 사이사이에 줄거리와 상관없이 '여담'이 끼어들기도 한다. 내용으로는 아름다운 행실에 관한 '미담', 우스운 '소담', 괴상한 '괴담', 심심풀이 '한담', 시시한 '잡담' 따위가 있다. 조선 광해군 시절 어우당 유몽인이 지은『어우야담』에는 흥미로운 '야담'이, 조선 후기에 나온『해동기담』에는 기이한 이야기인 '기담'이 그득하다.

사적인 분위기에서는 논리보다는 감정이 주가 되기 때문에 진심이 담긴 '진담'이나 자신감 넘치는 '장담'은 물론이고 남을 헐뜯는 '험담'이나 저주에 가까운 '악담'이 튀어나오기도 하고, 윤리적 기준도 느슨해져 음탕한 '음담'이나 상스러운 '육담'도 허용된다. 이야기하는 사람의 말재주는 객쩍은 '객담'이나 실없는 '농담'보다는 재치가 빛나는 '재담'에서 더 돋보이고, 재미있고 익살스럽게 세상이나 인정을 비판·풍자하는 '만담'에서 최고 수준에 이른다.

'담' 중에는 자격 제한이 있는 것도 있어서, '혼담'은 혼주들이, '법담'은 불자들이, 잘되라고 비는 '덕담'은 윗사람이 독점한다. 입찰 참가자들이 상의해서 미리 입찰가격을 협정하는 '담합'談合은 비밀스런 '밀담'일 때가 많다.

가장 짧은 이야기라고 할 수 있는 '속담'俗談은 근대 이후에 생겨난 말로, 예전에는 '귀에 들리는 이야기'라는 뜻의 '이담'耳談이라고 했다.

일본산 근대어 중에 강연이나 강의하는 말투로 하는 '강담'講談은 일방적인 이야기라는 점에서 '담'의 속성에서 조금 벗어나고, 어려운 문제에 관해 전문가나 윗사람에게 이야기하고 조언이나 해결책을 찾는 '상담'相談은 '서로 이야기한다'는 말뜻과는 다소 거리가 있는 용어다(상담을 위해 찾아온 사람은 '내담자'다).

한편, '담'과 관련해 옛사람들에게는 금기가 하나 있었다. '야불담귀'夜不談鬼, '밤에는 귀신 이야기를 하지 말라'는 것이다.

'화'話는 재미있는 이야기

자전은 '화'話의 뜻을 '여러 가지 일을 주워 맞춰 이야기하다'로 풀고 있다. 이것저것을 한데 엮은 이야기는 재미가 있을 수밖에 없다. 실제로 있었던 '실화'實話, 예로 드는 '예화'例話, 숨은 '일화'逸話, 드러나지 않은 '비화'祕話, 항간에 떠도는 '야화'野話, 예부터 전해오는 '설화'說話, 아주 오래전의 '신화'神話, 아이들을 위한 '동화'童話, 사람을 사물이나 동물에 빗댄 '우화'寓話 등등은 모두 재미가 있어서 '화'다. 조선 성종 때의 문인 성현이 쓴 명수필집『용재총화』에는 필시 재미난 이야기들이 수두룩 실려 있을 것이다.

재미없는 이야기는 애초부터 '화제'가 되지 못한다. 무릇 이야기는 '화두'부터 재미가 있어야 한다(선불교에서 학인에게 도를 깨치라고 내는 문제도 '화두'인데, 이때에도 '화'는 또다른 의미에서 '재미'가 있는 것이라고 할 수 있다). 요즘은 보기 힘든 모습이 되었지만, 예전에 아이들이 할머니 할아버지를 붙잡고 '옛날얘기 해주세요' 했던 것은 '재밌는 얘기 해주세요'나 같은 말이었다.

'화' 중에 재미없는 것으로는 근대어인 '담화'談話가 거의 유일할 것이다. 이것은 공인이나 단체가 의견을 공개적으로 표명하는 것이니 애초부터 재미가 목적이 아니다. 게다가 미리 적어놓은 '담화문'을 읽어 내려가는 것이 보통이니 듣는 재미는 더 떨어질 수밖에 없다.

'화'는 근대에 들어와 재미와 영영 이별을 하게 되었다. 언어학에서 쓰는 '발화' '화법' 같은 용어가 그렇고, '수화'手話 '구화'口話 같은 특수 언어의 명칭도 마찬가지다. 중국어의 입말체를 가리키는 '백화'白話에서도, 영어의 'conversation'이나 'dialogue'를 옮긴 '회화'와 '대화'에서도, '전화'와 '통화'에서도 재미의 느낌은 찾아볼 수 없다. 오죽하면 재미를 조금이라도 덧붙여보기 위해 '화술'이라는 것이 나오게 됐을까. 한 사람이 인형을 가지고 연극을 하면서 입술을 놀리지 않고 전혀 다른 목소리를 내는 '복화술'도 그 내용은 재미있을지 모르지만 '복화술'이라는 말 자체는 재미와 거리가 멀다.

'변'辯은 긴 말

'변'辯은 '길게 하는 말'이다. 대답이 길면 '답변'이 된다. 억울한 처사에 길고 요령 있는 말로 대처하면 '항변'이 되고, 길고 요령 없는 말을 주장하면 '강변'이 된다.

말이 짧아서는 '언변이 좋다'는 말을 듣지 못한다. 말을 길게 잘하면 '달변'이나 '능변' 소리를 듣는다. 무성영화 시대에 말을 가장 길게 잘하는 사람은 '변사'였고, 요즘에 말을 가장 길게 잘하는 사람은 '변호사'다. 일쑤 '열변'을 토하는 '웅변가'는 그다음이고, 다른 사람이나 조직의 입을 대신하는 '대변인'은 그다음쯤 된다. '대변'代辯의 최고 경지는 시원스런 '쾌변'快辯이다.

말을 '잘'하는 것과 말을 '많이' 하는 것은 다르다. '다변'은 결코 칭찬이 아니고, '눌변'은 결코 사람을 비하하는 말이 아니다. '대변여눌'大辯如訥이라는 옛말이 있다. 워낙 말을 잘하는 사람은 함부로 지껄이지 않기에 도리어 말더듬이처럼 보일 수도 있다. '변명'도 문자적으로는 '말로 풀어 밝힌다'는 중립적인 의미지만 대개는 '핑계'로 치부된다. 뛰어난 언변이 천박한 재주를 넘어 악덕이 될 수도 있음은 '궤변'이라는 말이 웅변한다.

'변'辯이 한문의 장르를 가리킬 때에는 '옳고 그름이나 참되고 거짓됨을 가리고자 쓴 글'이 된다. 이런 의미에 가장 가까운 요즘 말이 '변론'이다.

'론'論은 조리를 세워 나누는 이야기

'변'과 '론'이 만난 '변론'은 둘 사이의 경계를 드러내준다. '변'의 바탕이 어휘력이라면, '론'의 바탕은 사유능력이다. '변'은 언어의 편집이고, '론'은 생각의 편집이다. '변'이 넓이를 추구한다면, '론'에서는 깊이가 관건이다.

자신의 생각을 다른 사람에게 피력할 때 의견 또는 견해가 된다. 사람들의 생각과 의견은 서로 같을 수도 있고 다를 수도 있다. 여러 생각과 의견의 총합인 '여론' '중론' '공론' '당론' '국론' 등은 서로 같은 것을 이상으로 삼는 것이 보통이다. 생각과 의견이 서로 다른 상황에서 공통된 문제를 해결해야 하는 경우에 사적인 문제라면 '의논'을, 공적인 사안이라면 말을 뒤집어 '논의'를 하게 된다.

현실적으로나 학술적으로 중요한 문제가 '논란'의 대상이 된 경우에는 '토론'을 하게 된다. 생각과 의견의 차이가 클 때 토론은 서로 상대를 '논박'하면서 '격론'을 넘어 '논쟁'이나 '논전'으로 비화하기도 한다. 그래서 이런저런 방안을 '거론'하고 '재론'을 거듭해도 '결론'을 내지 못하는 경우가 있다. 토론 과정에서 사람들의 견해는 '무용론' '결과론' '낙관론' '비관론' 등의 형태로 피력되기도 한다.

자전이 설명하는 '론'論의 원래 뜻은 '조리를 세워서 함께 의논하는 일'이었다. 『논어』論語의 '론'이 바로 이런 의미로, 공자와 제자들이

나눈 대화를 가리킨다('어'는 공자의 말씀). 하지만 요즘 '론'은 주로 혼자서 하는 생각으로 변했다. 혼자서 깊이 생각한 것을 '논리'를 갖춘 글로 적으면 세상에서 가장 재미없는 이야기인 '논문'이 된다. '논제'를 설명하고 자신의 '논점'을 요약한 '개론'을 시작으로 '총론'과 '각론'을 갖춘 '이론'을 '서론' '본론' '결론' 순으로 '논술'하는 과정에서 기존의 '이론'異論에 대해 '논거' 있는 '논증'이나 합리적인 '논조'의 '추론'을 통해 '반론'을 제기한다….

인간과 세계의 본질적인 문제와 관련한 깊은 생각이 체계를 갖추면 '운명론' '자유의지론' '유물론' '유심론' '관념론' '무신론' '범신론' '물활론' '창조론' '진화론' '사단칠정론' '이기이원론' 등의 이름을 단 사상이 되기도 한다. 마르크스의 『자본론』도 이런 범주에 들어간다.

말할 것도 없다는 '물론'勿論, 이것저것 가릴 것 없다는 '막론'莫論, 언급하지 않는다는 '논외'論外 같은 표현은 원래 남들과 '논의'할 때나 어울리는 표현이지만, 오늘날은 혼자서 쓰는 '평론'이나 폼 잡기 좋아하는 사람의 이야기에 자주 등장하는 말이 되었다.

'말' 말모음

언言 짧은 말, 단순한 말. 영어의 명사로는 'word',
동사로는 'speak' 또는 'say'에 대응.

묵언默言 ㅣ 무언無言 ㅣ 유구무언有口無言 ㅣ
함구무언緘口無言 ㅣ 무언극無言劇 ㅣ 불언지교不言之敎 ㅣ
불언지화不言之化 ㅣ 발언發言 ㅣ 중언부언重言復言 ㅣ
형언形言 ㅣ 전언傳言 ㅣ 간언諫言 ㅣ 진언進言 ㅣ
단언斷言 ㅣ 확언確言 ㅣ 호언豪言 ㅣ 공언公言 ㅣ 선언宣言 ㅣ
양심선언良心宣言 ㅣ 폭탄선언爆彈宣言 ㅣ
공산당선언共産黨宣言 ㅣ 독립선언獨立宣言 ㅣ
독립선언서獨立宣言書 ㅣ 식언食言 ㅣ 실언失言 ㅣ
허언虛言 ㅣ 공언空言 ㅣ 과언過言 ㅣ 폭언暴言 ㅣ 극언極言 ㅣ 망언妄言 ㅣ 감언甘言 ㅣ
교언영색巧言令色 ㅣ 유언비어流言蜚語 ㅣ 일언一言 ㅣ 일언반구一言半句 ㅣ
일언지하一言之下 ㅣ 일구이언一口二言 ㅣ 오언율시五言律詩 ㅣ 오언절구五言絶句 ㅣ
칠언절구七言絶句 ㅣ 칠언율시七言律詩 ㅣ 방언方言 ㅣ 진언眞言 ㅣ 격언格言 ㅣ
금언金言 ㅣ 명언名言 ㅣ 잠언箴言 ㅣ 유언遺言 ㅣ 충언忠言 ㅣ 조언助言 ㅣ 제언提言 ㅣ
직언直言 ㅣ 증언證言 ㅣ 예언豫言 ㅣ 서언序言 ㅣ 권두언卷頭言 ㅣ 언중유골言中有骨 ㅣ
언중유언言中有言 ㅣ 언중유향言中有響 ㅣ 언필칭言必稱 ㅣ 언동言動 ㅣ 언행言行 ㅣ
언행록言行錄 ㅣ 언행일치言行一致 ㅣ 언문言文 ㅣ 언문일치言文一致 ㅣ 언론言論 ㅣ
언로言路 ㅣ 언성言聲 ㅣ 언급言及 ㅣ 언약言約 ㅣ 언명言明 ㅣ 언도言渡 ㅣ 언쟁言爭

▶ '언'이 들어간 옛말과 근대어들

체언體言 ㅣ 용언用言 ㅣ 수식언修飾言

▶ 국어학 용어들

어 語   긴 말, 이야기. 영어의 'story' 'tell' 'talk'에 대응.

논어論語 | 어록語錄 | 어폐語弊 | 어색語塞 | 어눌語訥 | 해어화解語花 |

화어華語 | 몽어蒙語 | 왜어倭語 | 범어梵語 | 밀어密語 | 언어도단言語道斷 |

언어言語 | 실어증失語症 | 모어母語 | 모국어母國語 | 국어國語 | 공용어公用語 |

표준어標準語 | 외래어外來語 | 고유어固有語 | 토착어土着語 | 한자어漢字語 |

단어單語 | 주어主語 | 목적어目的語 | 보어補語 | 서술어敍述語 | 부사어副詞語 |

관형어冠形語 | 수식어修飾語 | 피수식어被修飾語 | 개념어槪念語 |

의성어擬聲語 | 의태어擬態語 | 복합어複合語 | 합성어合成語 | 파생어派生語 |

약어略語 | 첩어疊語 | 다의어多義語 | 동의어同義語 |

유의어類義語 | 반의어反義語 | 동음이의어同音異義語 |

구어口語 | 문어文語 | 경어敬語 | 비속어卑俗語 |

은어隱語 | 숙어熟語 | 신조어新造語 | 원어原語 |

역어譯語 | 용어用語 | 명령어命令語 | 기계어機械語 |

어학語學 | 어법語法 | 어순語順 | 어절語節 | 어구語句 |

어휘語彙 | 어원語源 | 어근語根 | 어감語感 | 어투語套 |

어조語調 | 표어標語

▶ '어'가 들어간 말들 중 근대어는 대부분 언어학·국어학 용어이다

설 說   조리 있는 긴 말.

설왕설래說往說來 | 설삼설사說三說四 |

횡설수설橫說竪說 | 어불성설語不成說 |

설득說得 | 설복說服 | 설교說敎 | 설명說明 |

해설解說 | 발설發說 | 토설吐說 | 역설力說 |

연설演說 | 황혼연설黃昏演說 | 각설却說 |

이설利說 | 감언이설甘言利說 | 잡설雜說 |

객설客說 | 욕설辱說 | 풍설風說 | 야설野說

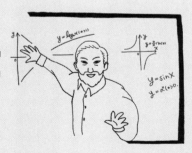

낭설 浪說 | 항설 巷說 | 패설 稗說 | 패설 悖說 | 소설 小說 | 일설 一說 | 통설 通說 |
속설 俗說 | 이설 異說 | 가설 假說 | 정설 定說 | 학설 學說 | 역설 逆說 | 사설 辭說 |
사설 社說 | 논설 論說 | 서설 序說 | 불설 佛說 | 금구설 金口說 | 이기설 理氣說 |
음양오행설 陰陽五行說 | 천동설 天動說 | 지동설 地動說 | 자연선택설 自然選擇說
▸ '설'의 다양한 쓰임을 보여주는 옛말과 근대어들

辭사 '언'言보다는 긴, 짧은 말. 근대 이후 '낱말'을 뜻하게도 됨.
동사로는 '사양하다' '그만두다'.

언사 言辭 | 언사안정 言辭安定 | 온언순사 溫言順辭 | 일언반사 一言半辭 |
미사여구 美辭麗句 | 사휘 辭彙 | 사원 辭源 | 사해 辭海 | 사전 辭典 | 수사 修辭 |
탄사 歎辭 | 찬사 讚辭 | 공치사 功致辭
▸ '사'가 들어간 옛말과 근대어들

가사 歌辭 | 점사 占辭 | 괘사 卦辭 | 식사 式辭 |
축사 祝辭 | 답사 答辭 | 추도사 追悼辭 | 주례사 主禮辭 |
기념사 紀念辭 | 환영사 歡迎辭 | 격려사 激勵辭 |
신년사 新年辭 | 취임사 就任辭 | 개회사 開會辭
▸ '사'가 짧은 글말 장르의 하나임을 보여주는 옛말과 근대어들

어조사 語助辭 | 접두사 接頭辭 | 접미사 接尾辭
▸ 국어학 용어들

사양 辭讓 | 고사 固辭 | 고사 苦辭 | 불사 不辭 | 일전불사 一戰不辭 |
두주불사 斗酒不辭 | 사의 辭意 | 사표 辭表 | 사퇴 辭退 | 사임 辭任 | 사직 辭職
▸ '사'가 '사양하다' '그만두다'의 의미로 쓰인 예들

사詞　소리 내어 읊거나 노래하기 위한 짧은 글. 노랫말, 가사.

가사歌詞 | 작사作詞 | 작사가作詞家 | 대사臺詞 | 조사弔詞 | 헌사獻詞 |
제사題詞 | 화사花詞
▸ '사'는 본래 가창이나 낭독을 위한 텍스트였다

품사品詞 | 동사動詞 | 명사名詞 | 부사副詞 | 형용사形容詞 |
전치사前置詞 | 관사冠詞
▸ '사'의 전통적 쓰임에서 벗어난 근대 언어학 용어들

담談　서로 주고받는 사사로운 이야기.

사담私談 | 옥하사담屋下私談 | 방담放談 | 한담閑談 | 여담餘談 | 잡담雜談 |
객담客談 | 농담弄談 | 진담眞談 | 재담才談 | 만담漫談 | 야담野談 | 속담俗談 |
이담耳談 | 기담奇談 | 괴담怪談 | 험담險談 | 악담惡談 | 음담淫談 | 육담肉談 |
미담美談 | 덕담德談 | 혼담婚談 | 법담法談 | 무용담武勇談 | 모험담冒險談 |
경험담經驗談 | 고생담苦生談 | 목격담目擊談 | 고담준론高談峻論 | 담론談論
▸ 이야기의 내용에 초점을 둔 말들

야불담귀夜不談鬼 | 밀담密談 | 장담壯談 |
소담笑談 | 담소談笑 | 정담鼎談 | 정담情談 |
노변담爐邊談 | 노변정담爐邊情談 |
입담立談 | 좌담座談 | 면담面談 | 회담會談 |
상담相談 | 내담자來談者 | 간담懇談 |
간담회懇談會 | 강담講談 | 필담筆談 |
수담手談 | 다담茶談 | 환담歡談 |
담판談判 | 담합談合
▸ 상황이나 분위기에 초점을 둔 말들

화話　어느 정도 길이를 갖춘 재미있는 이야기. 영어의 'story'.

실화實話 ┃ 예화例話 ┃ 일화逸話 ┃ 비화祕話 ┃ 야화野話 ┃ 설화說話 ┃ 신화神話 ┃
동화童話 ┃ 우화寓話 ┃ 화제話題 ┃ 화두話頭
▶ '화'의 전통적 장르성을 간직한 낱말들

담화談話 ┃ 담화문談話文 ┃ 백화白話 ┃ 수화手話 ┃ 구화口話 ┃ 회화會話 ┃
대화對話 ┃ 통화通話 ┃ 전화電話 ┃ 발화發話 ┃ 화법話法 ┃ 화술話術 ┃ 복화술腹話術
▶ '화'의 전통적 쓰임에서 다소 벗어난 근대어들

변辯　길게 하는 말.

다변多辯 ┃ 달변達辯 ┃ 능변能辯 ┃ 쾌변快辯 ┃
대변代辨 ┃ 대변인代辯人 ┃ 대변여눌大辯如訥 ┃
답변答辯 ┃ 항변抗辯 ┃ 강변強辯 ┃ 궤변詭辯 ┃
웅변雄辯 ┃ 웅변가雄辯家 ┃ 변론辯論 ┃ 변호辯護 ┃
변호사辯護士 ┃ 변사辯士
▶ '변'의 일관된 용법을 보여주는 옛말과 근대어들

론論　조리를 세워 나누는 이야기.

물론勿論 ┃ 막론莫論 ┃ 거론擧論 ┃ 재론再論 ┃ 변론辯論 ┃ 반론反論 ┃ 추론追論 ┃
논외論外 ┃ 논의論意 ┃ 의논議論 ┃ 토론討論 ┃ 논란論難 ┃ 논박論駁 ┃ 논쟁論爭 ┃
논전論戰 ┃ 논증論證 ┃ 논술論述 ┃ 논거論據 ┃ 논점論點 ┃ 논조論調 ┃ 논제論題 ┃
논문論文 ┃ 논리論理 ┃ 이론理論 ┃ 이론異論 ┃ 서론序論 ┃ 본론本論 ┃ 결론結論 ┃
개론槪論 ┃ 총론總論 ┃ 각론各論 ┃ 평론評論 ┃ 여론輿論 ┃ 중론衆論 ┃ 공론公論 ┃
국론國論 ┃ 당론黨論 ┃ 이기이원론理氣二元論 ┃ 사단칠정론四端七情論 ┃

유물론 唯物論 ¦ 유심론 唯心論 ¦ 관념론 觀念論 ¦
무신론 無神論 ¦ 범신론 汎神論 ¦ 물활론 物活論 ¦
창조론 創造論 ¦ 진화론 進化論 ¦ 운명론 運命論 ¦
자유의지론 自由意志論 ¦ 무용론 無用論 ¦
결과론 結果論 ¦ 낙관론 樂觀論 ¦ 비관론 悲觀論 ¦
자본론 資本論

▶ 근대 이후 '론'의 범위는 생각·주의·주장으로 넓어졌다

무지보다는 무식이 낫다

앎·지식

아는 것과 모르는 것

'너 자신을 알라'고 했던 소크라테스는 '나는 아무것도 모른다는 그 사실만을 안다'는 말도 남겼다. 그 제자인 플라톤은 '앎은 믿음에 불과하다'고 했다. 그 제자인 아리스토텔레스는 '인간은 본성적으로 알기를 원한다'고 했다. 이들이 말했던 '앎'이란 과연 무엇일까?

공자의 손자인 자사의 저술로 알려진 『중용』은 나면서부터 아는 '생이지지'生而知之, 배워서 아는 '학이지지'學而知之, 곤경에 처하여 아는 '곤이지지'困而知之를 들면서 "어떻게든 '지'知에 이르면 하나다"라는 말을 덧붙이고 있다. '생지'生知 '학지'學知 '곤지'困知의 '삼지'에서 '지'知는 무엇이고, 그곳에 '이른다'는 말은 무엇이며, 그곳에 이르면 '하나가 된다'는 말은 또 무엇일까?

'알 지知'와 '알 식識'을 합친 '지식'은 한마디로 '앎'이다. '지'는 무엇을 아는 것이고 '식'은 무엇을 아는 것일까? '식자'識者는 '유식한 사람'이라 풀 수 있지만 '지자'知者를 '유지한 사람'이라고 하지는 않는다. '무식'과 '무지'는 둘 다 '앎이 없음'이다. 하지만 '무식한 사람'과 '무지한 사람'은 어감이 사뭇 다르다. 두 '앎' 사이에는 어떤 차이가 있는 것일까?

'식'識은 배워서 아는 것

언덕바지에 축대를 쌓든 창고에 쌀가마니를 쌓든, 무언가를 쌓을 때에는 밑바닥에서부터 차곡차곡 쌓아올리는 것이 정석이다. '지식'을 쌓는 일도 마찬가지다. 유치원에서 대학교에 이르는 오늘날의 학제는 기초적인 것부터 하나하나 배우고 익혀서 점차 상급 단계로 올라가는 '지식 쌓기'의 과정을 보여준다.

가르침의 주요 수단은 말이다. 배우는 사람이 '말[言]로 들어서 알게[戠] 된 것'이 '식'識이다. 말로 들어서 알게 된 뒤에는 눈으로 보고도 알 수 있게 된다. 기역 자를 배우고 나면 낫을 보고 그것이 기역 자처럼 생겼음을 알게 된다. '고무래 정丁'자를 배우고 나면 실제 고무래를 보았을 때 글자를 연상할 수 있게 되어 '목불식정'目不識丁 상태를 벗어날 수 있다.

'목불식정'과 같은 의미로 쓰는 '어로불변'魚魯不辨이나 '숙맥불변' 菽麥不辨은 '식'識이 눈으로 사물을 구별하는[辨] 능력과도 관계가 있음을 말해준다. '어'魚자와 '로'魯자를 구별하지 못하고 '콩'[菽]과 '보리'[麥]를 분별하지 못하는 이유는, 그 전에 아무한테서도 들어 배운 바가 없기 때문이다(사리 분별을 못 하고 세상 물정을 잘 모르는 사람을 빗댄 '숙맥'은 '숙맥불변'에서 온 말이다).

'식'識의 바탕이 배움임은 '배워서 얻은 지식'인 '학식'이 잘 보여준다. 배우지 않으면 아는 것도 없어 '무학무식'이나 '불학무식'이 된다. 많이 배우면 지식도 많아져 '박학다식'한 사람이 된다.

뭔가를 안다는 것은 일단 좋은 일이다. '글을 안다'는 뜻에서 넓어져 '지식과 판단력이 있다'는 의미로도 쓰는 '식자識字가 들었다'는 말은 '식자'識者에 대한 칭찬이다. '박식'까지는 아니어도 '무식'을 면한 '유식'은 된다는 말이니.

하지만 '식'이 반드시 좋은 것만은 아니다. '한 글자도 모른다'는 '일 자무식'은 글을 배우고 학식을 쌓는 일의 당위성을 역설하는 말이기 도 하다. 그러나 반대로 '글자를 아는 것(학식이 있는 것)이 오히려 근 심이 된다'는 '식자우환'識字憂患이라는 말도 있다. 알기는 알아도 똑 바로 잘 알고 있지 못하면 그 지식이 오히려 걱정거리가 되는 경우도 있고, 도리를 알고 있는 까닭에 도리어 불리하게 되는 경우도 있으니, 차라리 모르는 편이 낫다는 의미로도 쓰는 말이다. 이렇게, 있으면 대개는 좋지만 굳이 필요 없을 때가 있는 것이 '식'이다.

한편 '식'識은 '지'로 소리 날 때가 있다. '교통표지판'이나 '경고표지 판'의 '표지'標識가 이런 경우인데, 이때 '지'識는 '기록하다' 또는 '표시 하다'라는 의미다. 적거나 표시를 해서 사람들로 하여금 뭔가를 알게 하는 것이니, 원래 뜻인 '알다'에서 멀리 가지는 못한 셈이다.

'지'知는 깊이 아는 것

'사람을 아는 일'과 관련한 표현들을 한데 모아놓고 보면 '식'識과 '지' 知의 차이가 분명하게 드러난다.

'아는 사람'으로 가기 위한 첫 단계는 '아는 얼굴'이다. 사람들 사이 의 사귐은 서로 얼굴을 알아보는 데에서 출발한다. 세상에는 서로 얼 굴만 아는 관계도 많다. 이전에 단 한 번 만났는데 얼굴을 기억하고 알아볼 수 있을 때 '일면식'이 있다고 한다. 이렇게 서로 얼굴만 알아 보는 정도라면 아직 본격적인 인간관계라 할 수 없을 것이다. 피해자와 서로 얼굴을 알아보는 관계에 있는 범죄자를 '면식범'이라 하는 것도 그렇다.

관계가 깊어지면 얼굴보다 인격, 품성, 나아가 존재 자체가 소중해진다. 참다운 인간관계에서는 얼굴이 아니라 '사람'을 보는 것, 즉 '사람의 됨됨이'를 알아보는 것이 핵심이다. '지인'知人은 오늘날 '아는 사람'에 해당하는 말로 쓰이지만, 옛날에는 '사람을 앎', 즉 '사람의 됨됨이를 알아본다'는 의미가 담긴 말이었다.

'지기'知己는 단순히 '나를 아는 사람'이 아니라 '나를 알아주는 사람' 또는 '나의 속마음까지 알아주는 사람'이다. 이렇게 사람을 깊이 알려면 최소 10년이라는 물리적 시간이 필요하다. '십년지기'十年知己로 시작한 '지기'들의 수명은 이후 10년 단위로 연장된다. '지기'知己는 '나를 알아주는 벗'인 '지기지우'知己之友에서 앞의 두 글자만 따온 말이고, '지우'知友는 앞뒤에서 한 글자씩 따온 말이다.

'소리를 안다'는 '지음'知音도 마음이 서로 통하는 벗을 이르는 말인데, 『열자』에 나오는 고사에서 유래한다. 거문고의 명인 백아가 자기의 소리를 잘 이해해준 벗 종자기가 죽자 '이제는 나의 거문고 소리를 알아주는 이가 없다'며 거문고 줄을 끊었다고 한다.

서로 잘 알고 친근하게 지내는 사람을 '친지'親知라고 하는데, '친척'과 다른 점은 혈연이나 혼인관계로 맺어진 사이가 아니라는 것이다.

사람이든 일이든 '깊이 잘 아는 것'이 '지'知다. 도의 행정을 책임진 '지사'知事는 '일을 잘 아는 사람'이어야만 한다.

앎·지식

'부지'와 '미지'

'부지'不知는 '알지 못함'이다. 태어나서 만나본 적이 없어 얼굴을 전혀 알지 못하는 사람을 '생면부지'生面不知라 한다. 일이 이루어지기까지 얼마나 많은 세월이 걸릴지 알지 못하는 것이 '부지하세월'不知何歲月이고, 너무 많아 그 수가 얼마나 되는지 알지 못하는 것이 '부지기수'不知其數다.

알지 못하는 것은 머릿속에 떠오르지 않는다. 머릿속에 떠오르지 않는 것을 생각할 수는 없는 노릇이다. '생각지 못한 사이'가 '부지중'不知中이고, '생각지도 못하고 알지도 못하는 사이'가 '부지불식간'不知不識間이다. 물건값이 자꾸 오르기만 할 때 '천정부지'天井不知라고 한다. '천정'天井을 지붕의 안쪽인 '천장'天障의 오류로 보기도 하는데, '천장을 모른다'나 '하늘 높은 줄 모른다' 어느 쪽으로 새겨도 의미는 비슷하다.

'아는 것'도 '지'지만 '알게 하는 것'도 '지'다. 세상 사람들이 다 알게 하는 일이 '공지'公知다. 학교에서 나눠주는 '생활통지표'의 '통지'通知는 '기별하여 알린다'는 의미다. 국가기관이 개인에게 어떤 일을 통지하는 문서가 '고지서'告知書인데, 가끔 결혼 청첩장을 빗댄 말로도 쓰인다. 국가보안법이 서슬 퍼렇던 시절에는 범법 사실을 알고도 해당 기관에 알리지 않으면 '불고지죄'不告知罪로 잡아가기도 했다.

'부지'의 반대편에는 헤아려서 아는 '양지'諒知, 몸에 익히듯이 아는 '숙지'熟知, 여러 사람이 두루 아는 '주지'周知, 묻지 않아도 아는 '불문가지'不問可知 등이 있다.

'미지'未知도 '알지 못함'이지만, '아직'이라는 단서가 붙는다. 즉, 지금은 모르지만 언젠가는 알게 될 것이라는 전제가 깔려 있다. 방정식을 풀기 전까지는 그 값을 모르는 수가 '미지수'다. 앞으로 어떻게 될지 확실히 예측하기 어려운 일을 비유할 때에도 쓰는 말이다.

'무지'와 '선지'

'무지'는 '앎이 없음'이라기보다 '지혜가 없음'이다. 어떤 사람이 '무지막지'無知莫知한 행동을 한다면, 그 이유는 지식이 없어서가 아니라 지혜나 깨달음이 없어서다. '무지몽매'無知蒙昧한 사람을 어리석게 만든 것은 지식의 부재가 아니라 인간의 도리에 대한 깨달음의 결여다.

'무식'을 벗어난 사람이 '식자'識者이고, '무지'를 벗어난 사람이 '지자'知者다. '식자'는 '학식이 있는 사람'이고, '지자'는 '지혜가 있는 사람'이다. 공자는 50세에 이르러 천명을 알아서 '지천명'知天命(줄여서 '지명')했고, 우리의 속 깊은 선인들은 자신의 분수를 편안히 여겨 만족할 줄 아는 '안분지족'安分知足(줄여서 '지족')의 삶을 이상으로 여겼다. 지혜로운 사람에게는 하나하나 들어야만 아는 '식'識의 차원을 넘어 하나를 들으면 열 가지를 미루어 아는 '문일지십'聞一知十의 능력이 있다. 그리하여 무엇이든 환히 통하여 모르는 것이 없는 '무불통지'無不通知의 경지에 이르기도 한다.

'선지'先知는 해장국에 들어가는 짐승의 피가 아니라 '남보다 앞서 도를 깨달아 아는 일'이다. '먼저 아는 사람'인 '선지자'는 옛 친구나 이전 애인을 가리키는 말이 아니다. 학원에서 선행학습을 해서 동급생들보다 먼저 교과내용을 알게 된 학생도 아니다. 예수 탄생 이전의 '선지자'들이 다른 이들보다 먼저 알고 있었던 것은, 예수의 강림을 포함한 절대자의 뜻, 즉 '진리'였다. '예지'豫知도 '미리 앎'이지만, 초자연적 능력의 하나인 초감각적 '지각'을 통한 것이라는 점에서 '선지'와 다르다.

'모든 것을 안다'는 '전지'全知는 '모든 것을 할 수 있다'는 '전능'과 더불어 서양 종교에서 유일신의 품성을 이루는 핵심이다. 그런데 동아시아의 전통에서 양을 따지거나 부분과 전체를 논하는 것은 '식'識의 영역이었지, '지'知와는 관계가 없었다. '지'는 '질'의 문제이기 때문이다. 따라서 종교인들이 '전지'와 같은 의미로 애용하는 '무소부지'無所不知는 신보다는 사람에게 어울리는 표현이다. 신에게는(특히 유일신에게는) '알지 못함'이나 '모름'이라는 부정적 개념을 전제로 한 표현보다는 '다 아시는' 같은 적극적 표현이 더 자연스럽기 때문이다.

'지'知는 깨달음

『논어』에서 공자는 말한다.

> 나면서 아는 사람은 위요, 배워서 아는 사람은 그다음이요, 곤경에 처하여 배워 아는 사람은 그다음이니, 곤경에 처하고도 배우지 않으면 사람으로서 하등이 된다.

식자 識者

지자 知者

동사로서 '지'知의 목적어는 옛날 사람들이 '도'道라 칭했고 요즘 사람들이 '진리' 또는 '궁극적 이치'라 부르는 그 무엇이다. 한 가지의 다른 이름들인 이런 것들을 아는 것이 '깨달음'이다. 바로 이것이 '지'知가 품은 속뜻이고, '식'識과 격을 달리하는 지점이다.

공자의 손자 자사는 『중용』에서 '생지'生知든 '학지'學知든 '곤지'困知든 '지'知에 이르면 하나'라고 했다. '지에 이른다'는 '치지'致知는 주자학에서 '사물의 이치를 알아서 깨닫는 경지에 이름'을 이른다. 『대학』에 나오는 '격물치지'는 '사물의 이치를 연구하여 깨닫는 경지에 이름'이다. 왕양명이 주창한 양명학에서 '지행합일'은 '깨달음과 실천의 하나됨'을 의미한다.

'온고지신'은 흔히 앞엣것을 뒤의 전제로 여겨 '옛것을 익히고 그것으로 미루어 새것을 안다'는 뜻으로 새긴다. 그러나 원래 공자가 이 말을 했던 것은 '옛것을 익히고 새것을 알아야 스승의 자격이 있다'는 의미였으니, 둘은 병렬관계로 새기는 것이 옳다. 어쨌거나 여기서도 '안다'는 말은 요즘의 '지식'과는 차원을 달리하는 것이었다. '박고 지금'博古知今은 카드놀이나 고스톱 판에서 튀어나온 말이 아니고『공자가어』에서 공자가 노자에게 들었다고 한 말이다. '널리 옛일을 알면 오늘날의 일도 알게 된다'는 뜻인데, 여기서도 '안다'는 것은 단순한 '앎'을 넘어선 개념이다.

돌발 퀴즈. '하늘이 알고 땅이 알고 네가 알고 내가 안다'를 두 글자로 줄이면? 답은 '사지'四知다. '둘만의 비밀'은 둘만의 생각일 뿐이며 비밀은 언젠가 탄로 나게 마련이라는 뜻을 담은 옛 표현이다. 선인들의 말 줄이기 솜씨는 요즘 사람들 못지않았다.

'지혜'와 '기지'

'밝게[日] 안다[知]'는 뜻의 '지'智는 '지'知에 담긴 '깨달음'의 뜻을 좀더 명확하게 나타낸 글자다. 그래서 그 뜻도 '앎'보다는 '슬기' 또는 '지혜'가 된다.

'지혜'는 불교 전통에서 나온 말이다. '지'智는 시비是非·정사正邪를 분별·단정하여 번뇌를 뿌리째 없애는 정신 작용을 뜻하고, '지혜'는 '미혹을 끊고 부처의 진정한 깨달음을 얻는 힘'을 이른다. 일반에서도 '사물의 도리나 선악 따위를 잘 분별하는 마음의 작용'이라는 뜻으로 쓰이고 있으니, 원래 뜻과 판이해진 '지식'의 운명과는 대조적이다(이에 대해서는 182쪽 하단~183쪽 내용 참고). '지'智와 '지'知는 뜻이 크게 다르지 않아서 '지혜'는 두 글자를 넘나들며 표기한다.

지식과 도덕을 아울러 이르는 '지덕'知德과 소리가 같은 '지덕'智德

은 뜻이 사뭇 다른데, 불교에서는 '부처가 평등한 지혜로 일체 만법을 비추는 덕'이고, 가톨릭에서는 '어떤 행위의 옳고 그름을 올바르게 판단하는 덕'이다.

공자는 사람으로서 갖추어야 할 네 가지 마음가짐으로 '어짊과 의로움과 예의와 지혜'인 '인의예지'仁義禮智를 강조했다. '어진 자는 산을 좋아하고 지혜로운 자는 물을 좋아한다'는 '인자요산仁者樂山 지자요수智者樂水'도 『논어』에 나오는 말이다.

'지원행방'智圓行方은 어느 연예인의 행방을 묻는 말이 아니라 '슬기는 두루 미치고 행실은 반듯하다'는 뜻의 옛말이다. '여러 사람의 슬기로운 생각'이 '중지'衆智다. '슬기로운 계략'은 '지략'智略이고, 지략이 뛰어난 '슬기로운 장수'가 '지장'智將이다.

상황에 따라 그때그때 재빠르게 발휘하는 재치를 뜻하는 '기지'機智는 '위트'wit를 번역한 말로 보인다. 그런데 재치가 자칫 잔재주로 흐르고 슬기가 타락하여 잔꾀가 되기도 하니, '간사한 꾀'인 '간지'奸智가 그 예다.

'지식'의 내력

이 글의 표제어인 '지식'은 원래 불교 출신이다. 불가에서 '지식'은 '지인'知人과 비슷한 의미로, '아는 사람'이나 '벗'을 가리킨다. 그 '벗'이 바른 도리를 가르치는 이라면, 또는 지혜와 덕망이 있고 사람들을 교화할 만한 능력이 있는 승려라면 '선지식'善知識이 된다.

‘지식’을 영어의 ‘knowledge’에 해당하는 서양철학 개념의 번역어로 선택한 것은 근대 일본인들이었다. 이후 우리 사회 전반으로 파고든 이 말은 ‘지식욕’ ‘지식층’ ‘지식계급’ ‘지식산업’ ‘사전지식’ 같은 파생어들을 낳았다. 이런 흐름 속에서, 이 땅의 선인들이 여러 분야에 대해 아는 것이 많은 사람을 책 궤짝에 빗대어 표현했던 ‘서궤’라는 말도 ‘지식인’에게 자리를 내주게 되었다.

　‘지식’을 이루는 ‘지’知와 ‘식’識도 같은 길을 걸었다. ‘지능’ ‘지성’ ‘지각’ ‘인지’ ‘인식’ ‘의식’ ‘무의식’ 같은 단어들은 모두 서양의 철학이나 심리학 용어를 번역한 것이고, 느껴서 아는 ‘감지’나 더듬어 살펴서 아는 ‘탐지’, 그 밖에 ‘감식’이니 ‘식별’이니 ‘식견’이니 하는 말들도 옛날에는 없던 것들이다. ‘일반인이 공통으로 가지고 있거나, 또는 가지고 있어야 할 보통의 지식’ 혹은 ‘누구나 가지고 있는 흔해빠진 생각이나 지식’을 ‘상식’이라 하는 것, 그리고 ‘뛰어난 식견과 훌륭한 판단력’을 ‘양식’이라 하게 된 것도 그리 오랜 일이 아니다.

　이런 단어들에 흔히 ‘지적’ ‘의식적’ ‘무의식적’ ‘상식적’ ‘몰상식적’ 등 ‘−적’이 붙는 것은 일본산 한자어 낱말들의 일반적 특징 가운데 하나다. ‘지각’이 없는 것을 ‘몰지각’이라 하고 ‘상식’이 없는 것을 ‘몰상식’이라 하는 어법 역시 원산지가 같다.

‘앎’과 ‘말’

노자의 『도덕경』은 ‘도를 도라 하면 진정한 도가 아니다’道可道非常道

하는 유명한 구절로 시작한다. 이 책의 다른 대목에는 이런 말도 나
온다.

아는 이는 말하지 않으며　　　知者不言

말하는 이는 알지 못하는 것이다　言者不知

'지눌'知訥은 한국 불교사에 큰 족적을 남긴 고려 때의 승려 보조국사
의 법호다. '눌'訥은 '말'[言]을 입 밖에 내지 않고 '속'[內]에 품고 있는
것이다. 그는 침묵의 가치를 분명히 알고 있었을 것이다. 참된 것은
말을 넘어선 곳에 있다. '지'知를 '화살[矢]이 활에서 나가듯이 입[口]에
서 나오는 말'이라 풀이한 옛 자전은 '많이 알고 있으면 화살처럼 말
이 빨리 나간다'는 해석을 덧붙이고 있다.

이렇게 '지'知는 입에 기대어 탄생했지만, 이제는 입을 멀리해야 할
운명이 되었다. 말을 넘어선 곳에 있는 것을 아는[知] 것이 깨달음이
기 때문이다. '지식'은 문자적으로 '앎과 깨달음' 둘을 품고 있다. 그
러나 이 말을 만든 현해탄 건너 사람들의 머릿속에는 '앎'밖에 없었
고, 그것을 받아서 쓰고 있는 우리들의 사정도 마찬가지다. 언제부터
인지조차 모를 '깨달음[知]의 부재'는, '앎[識]조차 생존경쟁의 도구로
전락한 지 오래임을 깨닫지 못함'도 포함한다.

'앎' 말모음

지知　깊이 아는 것. 깨달음.

지기知己 ｜ 지기지우知己之友 ｜ 지우知友 ｜ 지음知音 ｜ 지명知命 ｜
지천명知天命 ｜ 지족知足 ｜ 안분지족安分知足 ｜ 지덕知德 ｜ 지자知者 ｜ 삼지三知 ｜
생이지지生而知之 ｜ 생지生知 ｜ 학이지지學而知之 ｜ 학지學知 ｜ 곤이지지困而知之 ｜
곤지困知 ｜ 문일지십聞一知十 ｜ 무불통지無不通知 ｜ 무소부지無所不知 ｜
불문가지不問可知 ｜ 사지四知 ｜ 치지致知 ｜ 격물치지格物致知 ｜
지행합일知行合一 ｜ 온고지신溫故知新 ｜ 박고지금博古知今 ｜ 무지無知 ｜
무지막지無知莫知 ｜ 무지몽매無知蒙昧 ｜ 예지豫知 ｜ 예지력豫知力 ｜ 선지先知 ｜
선지자先知者

▸ 마지막 넷을 제외한 모든 낱말과 표현이 근대 이전의 것으로, '지'의 본래 의미가 '깊이 앎'임을
보여준다

양지諒知 ｜ 숙지熟知 ｜ 주지周知 ｜ 미지未知 ｜ 미지수未知數 ｜ 부지不知 ｜
부지중不知中 ｜ 부지불식간不知不識間 ｜ 생면부지生面不知 ｜ 천정부지天井不知 ｜
부지하세월不知何歲月 ｜ 부지기수不知其數 ｜ 공지公知 ｜ 통지通知 ｜
생활통지표生活通知表 ｜ 고지告知 ｜ 고지서告知書 ｜ 불고지죄不告知罪 ｜ 지능知能 ｜
지성知性 ｜ 인지認知 ｜ 감지感知 ｜ 탐지探知 ｜ 지각知覺 ｜ 몰지각沒知覺 ｜
지사知事 ｜ 지인知人 ｜ 친지親知

▸ '지'가 단순히 '앎'의 의미로 쓰인 예들

$$\begin{bmatrix} x' \\ y' \\ z' \end{bmatrix} = R_{xyz \to x'y'z'} \begin{bmatrix} x \\ y \\ z \end{bmatrix}$$

식識 　배우거나 공부해서 아는 것. 영어로는 'knowledge'.

유식有識 | 박식博識 | 박학다식博學多識 | 학식學識 | 식자識者 | 식자識字 |
식자우환識字憂患 | 무식無識 | 무학무식無學無識 | 불학무식不學無識 |
일자무식一字無識 | 목불식정目不識丁 | 선지식善知識 | 지식知識 |
사전지식事前知識 | 지식욕知識欲 |
지식층知識層 | 지식계급知識階級 |
지식산업知識産業

▶ '식'의 전통적인 용법을 보여주는 말들
('선지식'과 '지식'이 근대 전후의 경계)

면식面識 | 일면식一面識 | 면식범面識犯 | 감식鑑識 | 식별識別 | 식견識見 |
양식良識 | 상식常識 | 몰상식沒常識 | 인식認識 | 의식意識 | 무의식無意識

▶ 배움이나 공부와 관계없이 쓰인 '식'

표지標識 | 표지판標識板

▶ '지'로 읽는 경우

지 智　깨달음, 슬기, 지혜, 꾀. '지'知와 통함.
영어로는 'wisdom'.

지혜智慧 | 지덕智德 | 중지衆智 | 지략智略 |

지장智將 | 간지奸智 | 인의예지仁義禮智 |

지원행방智圓行方 | 인자요산지자요수仁者樂山智者樂水 |

기지機智

▶ '기지' 외에 근대 이후 새 낱말이나 표현이 생겨나지 않은 것은
'지'知와 쓰임이 겹치기 때문인 듯하다

　무지보다는 무식이 낫다

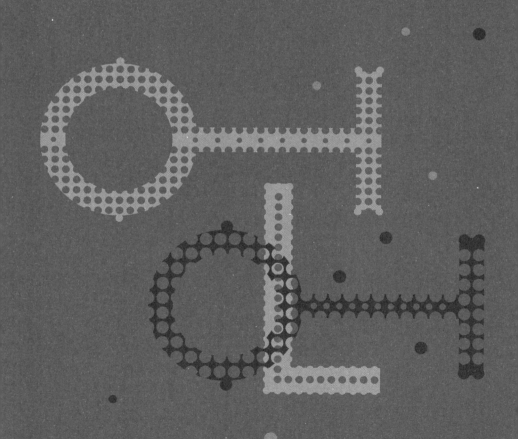

셋 모둠살이

- **소복 입은 백의민족**
  옷·의복

- **'집안'과 '집 안'의 차이**
  집·가옥

- **자연의 길, 문명의 길**
  길·도로

- **'떼'냐, '패'냐**
  무리·군중

소복 입은 백의민족

옷·의복

'옷'

새로 담근 김치를 들고 아버지가 오셨다.
눈에 익은 양복을 걸치셨다.
내 옷이다, 한 번 입은 건데 아범은 잘 안 입는다며
아내가 드린 모양이다.

아들아이가 학원에 간다며 인사를 한다.
눈에 익은 셔츠를 걸쳤다.
내 옷이다, 한 번 입고 어제 벗어놓은 건데
빨랫줄에서 걷어 입은 모양이다.

윤제림, 「가족」

인간 생활의 3대 요소인 입을 것, 먹을 것, 잠잘 곳을 '의식주'라고 한다. 오늘날 중국에서는 먹을 것을 앞세워 '식의주'라고 하지만, 이 땅에서는 예나 지금이나 '의식주'를 자연스럽게 여긴다. 옛날에 옷과 음식의 재료를 '의식지자'衣食之資라 했다. 옷과 밥을 얻는 방도가 '의식지방'이고, 옷과 밥이 넉넉한 지방이 '의식지향'이다. 이렇게 우리 선인들은 사람에게 필요한 것의 첫째로 '입을 것'을 앞세웠다. 옛 인도의 학승 샨티데바도 먹을 것보다 입을 것을 앞세워 '헐벗은 이가 옷을 얻게 하시고 굶주린 이가 음식을 얻게 하소서' 하고 기도했다.

외부의 위협으로부터 몸을 보호하기 위해, 또는 남의 눈으로부터 알몸을 가리기 위해 천이나 가죽 따위로 만들어 입는 물건이 '옷'이다. '옷'을 '의복'이라고도 한다. '옷 의衣'와 '옷 복服'을 합친 말이다.

예전에 '내복'이라고 하던 '속옷'을 요즘은 주로 '내의'라고 한다. 승려가 입는 가사나 장삼 따위를 '법의'라 하고, 법관·검사·변호사가 법정에서 입는 옷은 '법복'이라고 한다. '흰옷'을 사랑하는 '백의'白衣민족인 우리 겨레붙이들은 가까운 사람을 앞세웠을 때 역시 '흰옷'인 '소복'素服을 입어왔다. '의'衣와 '복'服은 어떻게 다른 것일까?

'의복'과 비슷한 말로 '의상'도 있다. '의류'라는 말도 흔히 쓰인다. 이 셋은 어디가 같고 어디가 다른 것일까?

'의'衣는 윗도리

'의'衣자는 '옷깃을 세운 윗옷'을 본뜬 글자로, 원래 '윗옷'을 가리키는 의미소였다. 상체에 입는 '윗옷' 즉 '윗도리'가 '상의'이고, 하체에 입는 '아래옷' 즉 '아랫도리'가 '하의'다. '윗도리'와 '아랫도리'는 각각 상체와 하체를 가리키기도 하니, '상의'는 '윗도리에 입는 윗도리'이고, '하의'는 '아랫도리에 입는 아랫도리'다.

'윗옷'은 '상의'이고, 웃옷은 외투, 즉 겉옷이다. 옛날에 윗옷의 대표는 저고리였고, 웃옷의 대표는 두루마기였다. 몸 전체를, 또는 속에 아래위로 입은 옷을 겉에서 한꺼번에 '둘러막는 옷'이 '두루마기'다.

옛날에 윗도리에 입던, 저고리와 모양이 같은 홑옷을 '적삼'이라고 했다. '긴 적삼'인 장삼은 조선시대에 비빈이나 양반의 부녀들이 품계에 따라 색상과 종류를 달리해 입던 '예복'이었다. 아래위로 길고 품과 소매가 넓은 웃옷인 장삼은 오늘날 승려들의 전유물이 되었다. 이

장삼 위에, 왼쪽 어깨에서 오른쪽 겨드랑이 밑으로 걸쳐 입는 '법의'를 가사라고 한다.

'의발'은 승려의 가사와 바리때(공양 그릇)이다. '의발을 전한다'는 뜻의 '전의발'傳衣鉢은 불가에서 스승이 제자에게 도를 전해줌을 이르는 말로, 중국 선종의 개조인 달마로부터 6조 혜능에 이르기까지 가사와 바리때를 전해준 일에서 온 말이다. 티베트 불교의 '홍의파' 교도들은 붉은 가사를 걸치고 붉은 모자를 쓴다. 가톨릭의 추기경은 붉은색 웃옷을 입는다 해서 '홍의주교'라고도 한다.

'의'는 '옷'을 대표한다

'의'衣는 추위를 막거나 남의 눈으로부터 몸을 가리는 옷이다. 『설문해자』는 이 글자를 '그것에 기대어 몸을 가리는 것'이라 풀고 있다. 옷의 일차적 기능을 규정한 '의'는 '윗옷'이라는 최초 의미를 넘어 옷을 대표하는 의미소가 되었다.

상하의를 가릴 것 없이 춤출 때 입는 옷이 '무의'이고, 비 올 때 입는 '비옷'이 '우의'다(비옷을 흔히 '우비'雨備라고 하는데, 원래는 비옷을 비롯해 우산, 삿갓, 도롱이 등 비를 가리는 데 쓰는 물건을 통틀어 이르는 말이다).

'풀옷'인 '초의'는 속세를 떠나 사는 은자나 그 옷을 가리킨다. 죽은 사람을 염습할 때 송장에게 입히는 옷은 '수의'壽衣인데, '수명을 다한 사람의 옷'이라 풀 수 있겠다. 소리가 같은 '수의'繡衣는 '수를 놓은 옷'

으로, 조선시대에 암행어사를 '수의어사'라고도 했다. '금의'는 금빛이 나는 옷인데, 온몸이 노란 깃털로 덮인 꾀꼬리의 별칭이 '금의공자'다.

'비단옷'은 '금의'錦衣인데, 입신출세하여 고향에 돌아가는 일을 '금의환향'이라고 한다. '비단옷을 입고 밤길을 간다'는 뜻의 '금의야행'은 아무 보람 없는 행동을 비유하는 말이다. 물론 길거리에 가로등 같은 것이 없었던 시절의 이야기다. '비단옷'을 '수놓은 옷'으로 바꾼 '수의야행'도 같은 뜻이다.

'비단옷과 흰쌀밥'인 '금의옥식'錦衣玉食은 사치스러운 생활을 이르는 말이다. '좋은 옷과 좋은 음식'인 '호의호식'好衣好食도 잘 입고 잘 먹는 일을 뜻한다. 반대로 거친 옷을 입고 좋지 않은 음식을 먹는 것이 '조의조식'粗衣粗食이다. 같은 뜻으로 '악의악식'이라는 직설적 표현도 있고, 둘을 합친 '조의악식'이라는 말도 있다(이런 표현들에서도 하나같이 '의'衣가 '식'食에 앞서 있음을 볼 수 있다).

환각 효과가 있는 대마초는 대마의 이삭이나 잎으로 만든다. 대마를 토박이말로 '삼'이라고 한다. 삼 껍질에서 뽑아낸 실이 삼실이고, 삼실로 짠 천이 삼베다. 삼베로 지은 삼베옷이 '마의'麻衣다. 통일신라의 마지막 왕 경순왕의 맏아들로서 고려에 대해 결사항전을 주장했던 인물이 '마의태자'다.

'마의'는 옷의 최초 재료에서 온 이름이고, '포의'布衣는 옷의 최종 재료인 옷감에서 온 말이다. '마의' 즉 '삼베옷'에서 재료 이름인 '삼'을 뺀 '베옷'이 '포의'다. 조선시대에 벼슬이 없는 선비를 가리키던 '포의'는 '백의'白衣 또는 '백포'白布라고도 했다.

'깃옷' 또는 '날개옷'인 '우의'羽衣는 옛 설화에서 나무꾼이 감췄던 선녀의 옷이다. 하늘나라가 고향인 선녀의 옷은 '천의'라고도 한다. '선녀의 옷에는 바느질한 자리가 없다'는 뜻의 '천의무봉'天衣無縫이라는 말도 있는 것을 보면, 옛날 하늘나라에는 다양한 옷감을 자유자재로 다루는 의류 제작 기술이 있었던 듯하다. '천의무봉'은 사람의 성격이나 언동이 매우 자연스러워 조금도 꾸민 데가 없을 때, 또는 시나 문장이 기교를 부린 흔적이 없이 극히 자연스러울 때 쓰는 말이다. 사람의 경우 세상사에 물들지 않은 어린아이와 같은 순진함을 이르기도 하고, 부러 꾸민 데 없이 자연스럽고 아름다우면서 흠이 없는 사물을 가리키기도 한다.

가톨릭 사제가 미사 때 입는 길고 흰 웃옷이 '장백의'이고, 그 위에 입는, 앞뒤가 늘어지고 양옆이 터진 큰 옷이 '제의'祭衣다. '제의'는 일반 종교의식에서 사용하는 복장이나 의상을 가리키기도 한다. 예수가 입었던 옷은 '성의'聖衣라 하는데, 가톨릭교회의 일상 업무를 다루는 교황청의 행정기구인 성의회聖議會의 회원이 입는 옷을 가리키기도 한다.

'도의'는 옛날에 '도사들이 입는 옷'이었고, '도복'은 오늘날 태권도나 유도 같은 무도를 수련하는 사람들이 입는 옷이다.

오늘날 옷을 통틀어 '의류'라 하는 것은 옷을 대표해온 '의'의 전통에 충실한 용법이다. 조선시대에 양반 남자들의 정장을 뜻했던 '의관'衣冠에서도 이런 전통을 확인할 수 있다('의관'은 '옷'과 '갓'이니 토박이말로 '옷갓'이다).

'의'는 보이지 않게 가리는 것

「창세기」에서 아담과 이브는 무화과나무 잎으로 몸을 가렸다. 이렇게 몸을 가리기 위해 생겨난 것이 '의'衣다. 가리면 보이지 않는다. 덮어도 보이지 않는다. 감싸도 보이지 않는다. 그래서 무엇이든 가리거나 덮거나 감싸는 것은 '의'衣가 된다.

담을 덮다시피 자라는 담쟁이는 '원의'垣衣이고, 기와를 덮으며 번져가는 이끼는 '와의'瓦衣다. 밤 따위의 알맹이를 덮고 있는 속껍질인 '보늬'는 '본의'本衣가 변한 말이다.

옛날에 헝겊으로 가장자리를 꾸미고 여러 개를 마주 이어서 크게 만들어 제사 같은 때에 썼던 돗자리는 '땅을 덮는다'는 의미로 '지의'地衣라 했다. 오늘날 식물학에서는 나무껍질이나 바위에 붙어 자라는 이끼를 '지의류'地衣類로 분류한다. 김을 흔히 '바다이끼'라는 뜻으로 '해태'라고 하는데, '바다옷'인 '해의'海衣도 김을 가리키는 말이다.

책의 앞뒤 겉장은 '책의'다. 이 책의가 상하지 않도록 종이·헝겊·비닐 따위로 덧입힌 것을 '책가의'冊加衣라고 하는데, 소리가 변해 '책가위'가 되었다.

가루를 뭉쳐 만든 약이 정제이고, 그중에서 둥글게 뭉친 것이 흔히 알약이라고 하는 환약이다. 환약의 겉에 입힌 가루가 '환의'이고, 알약의 변질을 막고 복용하기에도 좋게 표면에 입힌 당분 막이 '당의'다. 약상자의 표기에서 흔히 볼 수 있는 '당의정'糖衣錠은 당나라 영의정이 아니라 '당의를 입힌 정제'다.

'복종'과 '정복'

'복'服자의 오른쪽 부분은 꿇어앉은 죄인과 그를 내리누르는 손의 상형이다. 힘 있는 존재가 강제로 입게 하는 옷이 '복'服이다. '복'을 강제하는 것은 제도나 전통의 얼굴을 한 정치적·사회적 권위다.

'복'의 다른 뜻은 '힘없음'이다. 힘없는 사람이 남의 명령이나 의사에 따르는 일이 '복종'服從이다. 군대나 공무원 사회처럼 위계가 반듯한 조직에서 '윗사람의 명령에 아랫사람이 복종하는 것'이 '상명하복'上命下服이다. 상관의 명령에 대해서든 사회적 권위에 대해서든 '불복종'에는 커다란 용기가 필요하다.

힘없는 사람이 힘 있는 사람 앞에 몸을 굽혀 복종하는 것이 '굴복'이고, 상대의 힘에 눌려 굴복하는 일이 '항복'이다. 힘 있는 자의 뜻을 인정하고 따르면 '승복'承服, 마음에 깊이 느끼고 따르면 '감복', 감탄하여 마음으로 따르면 '탄복'이다.

정벌을 통해 굴복케 하는 '정복'征服이 굴복하여 따르는 '복속'을 낳는 장면들은 동서양의 역사에서 쉬 볼 수 있다. 정복의 대상은 힘겨운 상대가 아니라 힘든 상황이나 처지가 될 때도 있다. 이런 경우, 공격적인 느낌을 걷어내고 싶다면 '극복'克服이라는 점잖은 표현도 있다.

'복무'服務는 국가가 강제한 직무를 수행하는 일이고, '복역'服役은 나라가 지운 강제노동인 징역을 사는 일이다.

'복'服은 능동사로 쓰일 경우 '잡다, 쥐다, 다스리다, 제 것으로 하다' 등의 의미가 된다. 약봉지에 적혀 있는 '내복약'內服藥의 '내복'이 이런 용법의 대표 격이다. 내복약 먹는 일을 '복용'服用이라고 한다. 남의 것을 부당하게 자기 것으로 삼는 일을 '착복'着服이라 하는 것도 같은 의미의 연장이다.

'복'服은 보여주기 위한 옷

'의'衣는 개인의 취향에 따라 입는 옷이고, '복'服은 사회적 기준에 맞추어 입는 옷이다. '사적인 옷'[衣]과 '공적인 옷'[服]이라 할 수도 있겠다. 그래서 '의'가 표현하는 것은 개성이고, '복'이 나타내는 것은 신분이나 직업이다. '옷의 빛깔'인 '복색'은 조선시대에 신분이나 직업에 따라 다르게 맞추어서 차려입던 옷의 꾸밈새와 빛깔을 가리키는 말이었다.

'복제'服制는 조선시대에 신분이나 직업에 따른 의복 규정이나 '상복'에 관한 제도를 뜻했다. 복제에 따라 벼슬아치들이 입던 '공복'公服을 '장복'章服이라고도 하고 '관디'라고도 했다. ('관디'는 관리들이 쓰던 모자인 사모와 허리띠를 묶어 일컫는 '관대'가 변한 말이다. 오늘날 전통 혼례에서 볼 수 있는 신랑의 '복색'은 그 흔적으로, 역시 '관디'라 부른다.)

'복제'를 뒤집은 '제복'은 옛날의 '공복'이나 '관복'에 해당하는 오늘날의 용어다. 복장 규정에 따른 정식 제복이 '정복'正服이고, 사사로이 입는 옷이 '사복'私服이다. '옷'의 문어적 표현인 '피복'被服도 공공기관의 단체 제복을 이르는 말이다. 학생들의 제복으로는 '교복'과 '체

육복'이 대표적이고, 군인들의 경우에는 '군복'을 비롯해 '훈련복' '전
투복' '활동복' 등이 있다.

예식 때에나 예절을 특별하게 차릴 때 입는 '예복'도 '복'의 본래
의미에 충실한 말이다. 전통적인 혼인식 때 입는 '혼례복'이 그 대표
격인데, 서양에서 들어온 '제비꼬리옷'인 '연미복'은 그 후임에 해당
한다.

승려의 옷을 '승복'僧服이라고 하는 것은 오늘날의 용법으로, 옛날
에는 '법의'라고 했다. '법복'은 원래 '제왕의 예복'을 뜻하는 말이었
는데, 오늘날에는 법관·검사·변호사가 법정에서 입는 옷을 가리키
는 말이 되었다. '법의'의 '법'은 사람을 자유케 하는 근원적인 법이고
'법복'의 '법'은 사람을 구속하는 세속의 법이니, 자유롭게 입는 옷인
'의'와 규제에 따라야 하는 '복'의 차이를 암시하는 듯도 하다.

죄수가 입는 옷을 '수의'囚衣라고 하는데, 원해서 입는 것도 아니고
'제복'에 가까운 것이니 '죄수복'이 더 자연스럽다(물론 이것은 입히

는 쪽의 관점이고, 입는 쪽에서는 '수의'를 선호할 것이다).

'인민복'은 신해혁명 이후 쑨원이 입던 것과 같은 모양의 중국 '국민복'을 말하는데, 법적 강제에 의한 것이든 심리적 강제에 따른 것이든 천편일률적인 복장이 '복'임을 보여주는 또 하나의 예다.

'소복'과 '백의'

오늘날까지도 격식에 따라 '복'을 차려입어야 하는 대표적인 경우가 '상복'이다. 흉사에 입는다 하여 '흉복'이라고도 하는 상복은 성긴 베로 짓되 호거나 재단만 하고 바느질을 곱게 하지 않는 것이 특징이다. '상복'을 뒤집어 '복상'服喪이라 하면 '상복을 입는다'는 뜻이 된다.

흔히 '흰옷'으로 새기는 '소복'素服의 문자적 의미는 '소박한 복색'이다. 가까운 사람이 죽었을 때 산 사람이 화려한 옷을 입는 것은 망자에 대한 예의가 아니기에 염색을 하지 않은 베옷으로 '소복'을 했고, 그래서 '상을 당한 사람의 복색'인 '상복'의 대표가 되었다.

'백의민족'은 예부터 흰옷을 숭상하여 즐겨 입은 한민족을 이르는 말이다. '백의'白衣도 '흰옷'이라기보다는 염색하지 않은 '베옷'을 가리키는 말이다. 조선시대의 '관복'에는 직급에 따라 다른 빛깔이 들어가 있었기 때문에, 아무런 색도 들이지 않은 '백의'는 벼슬이 없는 선비나 속인을 뜻했다. 이순신 장군도 벼슬 없이 싸움터에 나가는 '백의종군'을 한 적이 있다. 요즘 '백의용사'라고 하면 전쟁 중에 다치거나 병이 든 군인을 뜻한다.

'복'은 옷차림

옛날의 관복이나 오늘날의 제복은 윗도리와 아랫도리를 아우르는 경우가 대부분이기 때문에, '복'은 전체적인 옷차림새를 뜻하는 '복장'服裝이라는 뜻으로 쓰일 때가 많다. '복장'은 원래 나이·직업·신분 등에 따라 달리 만든 옷을 가리키는 '복색'과 비슷한 말이었다. 남의 눈을 속이기 위해 옷차림을 달리하는 것이 '변복'이다. 조선시대에 외교문서를 맡아보던 관아인 승문원에 새로 들어온 벼슬아치가 선임자를 찾아보고 출근 허락을 받을 때 해진 관디를 입고 부서진 사모를 쓰던 것을 '귀복'鬼服이라 했는데, '귀신 옷'이라기보다는 '귀신 복장'이라 새기는 것이 자연스럽다.

아래위를 하얗게 차려입고 곱고 맵시 있게 꾸민 모습을 '소복단장'素服丹粧이라고 하는데, 이 경우 '소복'도 '흰옷'이라기보다는 '흰색으로 차려입음'이다. 옛날에 '만주인의 옷차림'을 '호복'胡服이라 했었다. '서양 옷'인 '양복'洋服이나 '우리 옷'인 '한복'韓服에서도 '복'은 단순히 '옷'을 넘어 '옷차림'의 의미를 품고 있다. '옷의 꾸밈새'인 '복식'服飾은 옷차림과 장신구를 묶어 가리키는 말로도 쓰인다.

'갱의'와 '개복'

옷을 입는 것이 '착의'다. 사람의 생김새와 옷차림을 '인상착의'人相着衣라고 한다. 반대로 옷을 벗는 것은 '탈의'脫衣다. 입었던 옷을 벗고 다른 옷을 입는 것, 즉 옷을 갈아입는 것이 '갱의'更衣다. 옷 갈아입는 방을 흔히 '탈의실'이라고 하는데, 문자적으로 '옷 벗는 방'이니 목욕탕이나 수영장 같은 경우라면 맞겠지만 근무를 위해 옷을 갈아입는 방이라면 '갱의실'이 적확한 표현이다.

'착복'着服은 군복이나 작업복 같은 제복을 입는 것인데, 남의 금품을 부당하게 자기 것으로 하는 일을 뜻하기도 한다. '개복실'은 제복이나 관복을 갈아입는 방이다. 조선시대에 조정에서 의식을 거행할 때 관리들이 '공복'으로 갈아입는 일을 '개복'改服이라 했고, 정승이나 감사 등을 만나려는 일반인이 옷을 갈아입도록 관아에 마련한 공간이 '개복청'이었다.

예전에는 겨울에 입는 속옷을 흔히 '내복'이라고 했었는데, 제복도 아니고 남에게 보이기 위한 옷인 '복'의 원래 의미에도 맞지 않으니 '내의'라고 하는 것이 자연스럽다. '약을 먹는다'는 뜻의 '내복'과 혼동을 피할 수 있다는 점도 '내의'의 장점이다(두 '내복'은 한자까지 똑같다).

'치마'는 아래옷

서양식 옷을 파는 양장점이나 집 안의 옷방을 '의상실'이라고 한다. 이때 '의상'衣裳은 '의복'과 마찬가지로 '모든 옷'을 뜻하는 말이다.

『설문해자』에 "윗옷이 '의'衣요 아래옷이 '상'裳이다" 했다. 옛 자전은 "상반신에 입는 것을 '의'衣, 하반신에 입는 것을 '상'裳, 옷 전체를 '의상'衣裳이라 하였다"고 풀이한다. 『천자문』 스물둘째 구절에 나오는 '내복의상'乃服衣裳은 '내복도 의상이다'라는 뜻이 아니라 고대 중국의 전설적인 제왕인 황제가 백성들로 하여금 옷[衣裳]을 갖춰 입게 했다는 의미다.

조선시대에 '의상'은 '저고리와 치마'를 뜻했다. 곱게 차려입은 젊은 아가씨의 옷차림을 '연두저고리에 다홍치마'라는 뜻으로 '녹의홍상'緣衣紅裳이라 했다. 겉에 입는 얇은 옷은 '얇은 저고리와 홑치마'인 '박의단상'薄衣單裳이라 표현했다. 이렇게 원래 '저고리와 치마'를 뜻하던 '의상'은 각각 '윗도리와 아랫도리'를 대표하기에 '모든 옷'을 의미하는 말이 되었다.

오늘날 '의상실'이 여성용 옷을 파는 곳이라고 해서 '상'을 여자들만 입는 치마라고 생각하면 오산이다. '상'裳은 '옷 의衣'와 '가로막다'라는 뜻을 지닌 '상'尙으로 이루어진 글자다. 무엇이든 아랫도리를 가로막는 옷이 '상'裳이다. 자전도 이 글자의 뜻으로 '치마' 외에 '아랫도리 옷' '바지 따위'를 들고 있다.

허리부터 다리 부분까지 하나로 이어져 가랑이가 없는 아래옷이 '치마'다. 조선시대에 '조복'朝服 따위의 아래에 덧두르는 옷도 여성의 치마와 형태나 기능이 같았기에 치마라고 했다. 조복은 관원이 조정에 나아가 하례할 때에 입던 예복인데, 조복에 딸린 아래옷을 '붉은 치마'라는 뜻의 '홍상'이라 했다. '문무상'은 '문무관이 입는 치마'를 궁중에서 일컫던 말이다.

여성용 다홍빛 치마도 '홍상'인데, '같은 값이면 다홍치마'라는 뜻의 '동가홍상'은 같은 조건이라면 좀더 낫고 편리한 것을 택한다는 의미로 쓰는 말이다. 한편 '푸른 치마'인 '청상'은 푸른 치마를 입은 여인, 특히 기생을 가리키는 말이었다('청상과부'의 '청상'靑孀은 다른 말이다).

옛날에 다리를 보호하기 위해 쇠미늘로 치마처럼 만들어 허리에 둘러 입었던 '갑옷 치마'를 '갑상'甲裳이라 했는데, 오늘날 검도에서 허리 부분과 국부를 보호하기 위해 치마처럼 두르는 장구도 같은 이름으로 부른다.

'세 가지 기쁜 소리'

'여름옷'인 '하복'이나 '겨울옷'인 '동복'을 비롯해 추위를 막는 '방한복', 총알을 막는 '방탄복', 방사선 따위의 오염을 막는 '방호복' 등은 군대나 경찰 같은 특수집단에서 지급하는 것이라면 그대로 '복'이 자연스럽다. 건설회사 같은 데서 일꾼들에게 일괄 지급하는 '작업복'도 타당한 이름이다. 그러나 단체로 하는 경기나 운동이 아닌 경우에 '운동복'이니 '수영복' '등산복'이니 하는 것은 자원字源이나 전통적 용법에 비추어 다소 어폐가 있고, '아동복'은 더더욱 이상한 말이다.

'복'이 '의'보다 발음이 쉽고 전달력이 낮다는 언어 내적 이유에서 발생한 현상이라면 이해할 수도 있다. 하지만 이런 말들이 하나같이 옷을 입는 주체가 아니라 옷을 만들어 파는 사람들이 퍼뜨렸다는 점, 그리고 공장에서 찍어내듯이 쏟아져 나오는 요즘의 옷들이 제복과 크게 다를 바가 없다는 점을 생각하면 입맛이 텁텁해진다. '만들어놓은 옷'인 '기성복'이나 '옷감'을 뜻하는 '복지'服地 같은 말도 예외는 아니다.

옛날에 '삼희성'三喜聲이라 하여 '세 가지 기쁜 소리'가 있었다. 글 읽는 소리, 갓난아이 울음소리, 다듬이질 소리가 그것이다. 앞의 두 가지는 이제 쉬 듣기 어려운 소리가 되었고 마지막의 '도의성'擣衣聲은 아예 들을 수 없는 소리가 되고 말았으니, 근대사회에 태어난 우리들은 출발점부터 세 가지 기쁨을 박탈당한 삶을 살아가야 할 운명이다.

'옷' 말모음

의衣 원래 '윗도리' '윗옷'만을 뜻하다가 옷 일반을 가리키게 되었다. 무엇이든 덮거나 가리는 것을 가리키기도 한다.

식의주食衣住 | 의식주衣食住 | 의식지자衣食之資 | 의식지방衣食之方 |
의식지향衣食之鄕 | 금의옥식錦衣玉食 | 호의호식好衣好食 |
조의조식粗衣粗食 | 악의악식惡衣惡食 | 조의악식粗衣惡食 | 의관衣冠 |
의발衣鉢 | 전의발傳衣鉢 | 착의着衣 | 인상착의人相着衣 | 탈의脫衣 |
탈의실脫衣室 | 갱의更衣 | 갱의실更衣室 | 도의성擣衣聲 | 제의祭衣 |
법의法衣 | 도의道衣 | 성의聖衣 | 무의舞衣 | 우의雨衣 | 우의羽衣 | 천의天衣 |
천의무봉天衣無縫 | 수의壽衣 | 수의繡衣 | 수의어사繡衣御史 |
수의야행繡衣夜行 | 금의錦衣 | 금의환향錦衣還鄕 | 금의야행錦衣夜行 |
금의金衣 | 금의공자金衣公子 | 어의御衣 | 초의草衣 | 마의麻衣 |
마의태자麻衣太子 | 포의布衣 | 백의白衣 | 백의종군白衣從軍 |
백의용사白衣勇士 | 백의민족白衣民族 | 장백의長白衣 | 홍의파紅衣派 |
홍의주교紅衣主敎 | 상의上衣 | 하의下衣 | 내의內衣 | 의류衣類 |
▶ '의'가 옷을 대표해온 의미소임을 보여주는 옛말과 근대어들

원의垣衣 | 와의瓦衣 | 지의地衣 | 지의류地衣類 |
해의海衣 | 본의本衣 | 책의冊衣 | 책가의冊加衣 |
환의丸衣 | 당의糖衣 | 당의정糖衣錠 |
▶ '덮는 것' '가리는 것'을 가리키는 '의'

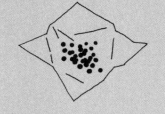

복服 규정이나 관습에 따라 일률적으로 입는 옷. 신분·지위·직업 등을 나타냄.

복색服色 | 복식服飾 | 복제服制 | 복상服喪 | 상복喪服 | 흉복凶服 | 관복官服 |

공복公服 | 장복章服 | 조복朝服 | 법복法服 | 귀복鬼服 | 호복胡服 | 소복素服 |
소복단장素服丹粧 | 착복着服 | 개복改服 | 개복청改服廳 | 개복실改服室 |
변복變服
▶ '복'이 들어간 옛말들

한복韓服 | 양복洋服 | 피복被服 | 제복制服 | 정복正服 | 사복私服 | 군복軍服 |
교복校服 | 승복僧服 | 도복道服 | 죄수복罪囚服 | 국민복國民服 | 인민복人民服 |
훈련복訓鍊服 | 전투복戰鬪服 | 방탄복防彈服 | 방호복防護服 | 방한복防寒服 |
활동복活動服 | 운동복運動服 | 체육복體育服 | 수영복水泳服 | 등산복登山服 |
예복禮服 | 혼례복婚禮服 | 연미복燕尾服 | 내복內服 | 하복夏服 | 동복冬服 |
아동복兒童服 | 기성복旣成服 | 복장服裝 | 복지服地
▶ '복'이 들어간 근대어들

정복征服 | 굴복屈服 | 승복承服 | 감복感服 | 탄복歎服 |
극복克服 | 상명하복上命下服 | 복무服務 | 복역服役 |
복속服屬 | 복종服從 | 불복종不服從
▶ '따르다' '복종하다'의 의미로 쓰인 '복'

복용服用 | 내복內服 | 내복약內服藥 | 착복着服
▶ '잡다' '다스리다' '제 것으로 하다'라는 의미로 쓰인 경우

상裳　아래옷. 치마, 바지.

청상靑裳 | 홍상紅裳 | 녹의홍상綠衣紅裳 | 동가홍상同價紅裳 |
박의단상薄衣單裳 | 갑상甲裳 | 내복의상乃服衣裳 | 의상衣裳 |
의상실衣裳室
▶ 마지막 하나만 근대어

'집안'과 '집 안'의 차이

집·가옥

'새집'과 '개집'

시인 김현승은 「아버지의 마음」에서 '폭탄을 만드는 사람도 감옥을 지키던 사람도 술가게의 문을 닫는 사람도 집에 돌아오면 아버지가 된다'고 했다. 「행복」이라는 짤막한 시에서 시인 나태주는 행복의 세 가지 조건 중에 첫째가 '저녁 때 돌아갈 집이 있다는 것'이라고 노래했다(나머지 둘은 '힘들 때 마음속으로 생각할 사람 있다는 것'과 '외로울 때 혼자서 부를 노래 있다는 것'이다).

『표준국어대사전』은 '집'을 '사람이나 동물이 추위, 더위, 비바람 따위를 막고 그 속에 들어 살기 위해 지은 건물'이라고 설명한다. 하지만 이 긴 풀이는 '사람이나 동물이 들어 사는 곳'으로 줄여야 마땅하다. 첫째, 새들이 '새집'을 짓는 이유 중에는 천적의 공격을 피하고 종족을 번식하려는 목적도 있다. 둘째, 새집은 그나마 새가 제힘으로 짓지만, 개가 스스로 개집을 짓는 경우는 없다. 마지막으로, 개나 새는 어떻게 생각할지 몰라도, 적어도 사람이 보기에 새집이나 개집은 '건물'이 아니다.

사람이 사는 집을 '가옥'이라고 한다. 일제강점기에 우리나라에 있던 일본인의 집을 '적산가옥'敵産家屋이라 했다. 그런데 사람을 집에 가둬두는 '가택연금'의 '가택'도 집이고, '주택청약저축'의 '주택'도 집이다. 이 '집'들은 무엇이 어떻게 다른 것일까. 또 '가내 두루 평안하신지요'의 '가내'는 '옥내 집회'의 '옥내'나 '댁내'와 어떻게 다른가? 시인 함민복이 「꽃」에서 '집 안과 밖의 경계인 담장에 화분이 있고 꽃의 전생과 내생 사이에 국화가 피었다'고 했을 때 '집'은 '가'인가, '옥'인가, '택'인가?

'가'家에는 사람이 있다

지붕에 기와를 얹은 집은 '와가'이고, 볏짚·밀짚·갈대 등으로 지붕을 인 집은 '초가'다. 아주 보잘것없는 살림살이를 '초가삼간'이라 하는데, 두 평 넓이 단칸방에 한 평 넓이 부엌이 딸린, 지극히 단출한 공간이다. 지은 지 오래된 낡은 집은 '고가'이고, 드는 사람마다 흉한 일을 당한다는 불길한 집은 '흉가'다. '귀가'鬼家는 귀신집이 아니라 조선시대에 과거에 급제한 사람의 집을 선배들이 이르는 말이었다. 임시로 허름하게 지은 집은 '가가'假家인데, 소리가 변해 '가게'가 되었다. 돌담의 지붕은 '궁가'弓家이고, 바둑에서 '집' 수를 계산하는 것은 '계가'다.

'가'가 순전히 집만을 가리키는 경우는 이상이 거의 전부다. '가'는 건물보다는 그 안에 사는 사람에 초점이 있다. 즉, '집'보다는 '집 안의 사람들'을 뜻하는 것이다. '농가'도 '농사짓는 사람의 집'과 '농사를 본업으로 하는 집안'을 동시에 뜻한다('농가'는 중국 춘추전국시대의 한 학파이기도 하다). '관가'官家는 사람이 거주하지 않고 일만 하는 거의 유일한 '가'로, '민가'와 '사가'는 이에 대응하는 말이다. 한 사람이 태어난 집을 '생가'라 하는 것도 출생을 가능케 한 가족의 존재를 전제한 개념이다. '가사'는 집 짓는 일이 아니라 집안 살림에 관한 일이고, '분가'도 집 건물을 가르는 것이 아니라 한 가족이 갈라져 '일가'를 형성하는 것이다.

'인가'人家에는 그냥 '사람'이 아니라 '한 가족'이 산다. '주가'도 단순한 술집이 아니라 일가족이 술을 팔면서 살고 있는 집이다. 먹고 잘 곳이 없어 이집 저집 떠돌아다니며 숙식을 해결하는 '동가식서가숙'도 주인집에 사는 일가족이 없으면 불가능한 일이다.

　조선시대에 '전가사변'全家徙邊이라는 형벌이 있었다. 죄지은 사람을 그 가족과 함께 평안도나 함경도의 변방으로 강제 이주시키는 벌이다. 여기서 '전가'全家는 '모든 집'이 아니라 '모든 가족구성원'이다. 이사란 집안의 모든 사람들이 동시에 옮겨 가는 일이다. '사가망처'徙家忘妻는 '이사하면서 아내를 잊어버린다'는 뜻으로, 건망증이 심한 사람이나 의리를 분별하지 못하는 어리석은 사람을 비유하는 표현이다. 『대학』의 '수신제가치국평천하'에 나오고 『북학의』를 쓴 실학자 박제가의 이름에도 들어 있는 '제가'齊家는 집 건물을 보살핀다는 뜻이 아니라 집안 식구들을 잘 건사한다는 의미다.

　'가내 두루 평안하신지요'는 집 안이 잡동사니 같은 것으로 어질러져 있지 않은지 궁금해서 하는 말이 아니라 집안사람들이 탈 없이 잘 지내고 있느냐는 인사다. '가출'은 단지 식구 하나가 집을 나갔다는 사실보다는 그 사람이 다른 식구들과 멀어졌다는 점에서 중대 사태가 된다. '귀가'는 집으로 돌아오는 일이자 집안 식구들과 다시 하나가 되는 일이다. 구도자가 되기 위한 '출가'에 남다른 결단이 필요한 것은 산사에 이르는 길이 멀고 험해서가 아니라 집안사람들과 정을 끊는다는 것이 결코 쉬운 일이 아니기 때문이다. 오죽하면 '재가출가'在家出家라는 아이러니한 말이 생겨났을까.

'가족'과 '가정'

'대가족' '이산가족' 할 때의 '가족'은 영단어 'family'를 번역한 말로, 전통적인 '식구'에 해당하는 학문·법률 용어다. 가족의 사회경제학적 표현이 '가구'家口다. '가부장' 역시 서양에서 건너온 개념으로, 고대 로마에서 가족에 대해 절대적 권력을 지녔던 가장을 뜻한다. '국가'는 'nation'의 번역어로, 말만 놓고 보면 한 나라를 가족의 연장으로 본 혐의가 짙다.

'가정교육' '가정폭력'의 '가정'은 'home'을 옮긴 말이다. 가족이 거주할 수 있는 방 몇 개와 정원을 갖춘 집으로, 일본적 전통이 반영된 번역어다. 'home electronics'는 '가전'이고, 'home ware'는 '가정용품'이다. 'furniture'를 '가구'家具로 옮긴 것은 사무용이 확산될 것을 예측할 수 없었던 시대적 한계의 소치다.

한편 '가정'家政은 '집안 살림'이다. 국가경제나 기업경제에 대응하는 것이 가정家政경제다. '가정'의 화폐적 표현이 '가계'이고, '가계'의 숫자적 표현이 '가계부'다. 이렇게 '가계'는 오늘날 '가정회계'를 뜻하게 되었지만, 옛날에는 집안 살림 계획을 꾸려나가는 방도, 즉 '살림살이 계획'을 뜻하는 말이었다. 보수를 받고 남의 집안 살림을 해주는 여자는 '가정부'家庭婦가 아니라 '가정부'家政婦다. '가정부'家庭婦는 '가정부인'의 준말이다. 아직도 '가정부인'을 '가정부'家政婦로 여기는 남편들은 즉시퇴출 감이다. 집안 살림이 넉넉지 못한 '가난'을 '가난'家難으로 오인하는 경우가 있는데, '몹시 힘들고 고생스럽다'는 뜻의 '간난'艱難이 변한 말이다. '가난'家難의 본뜻은 '집안에 닥친 재난'이다.

'집안의 재산'인 '가재'家財와 '가산'家産은 우리네 가족이 전통적으로 내 주머니 네 주머니가 따로 없는 경제공동체였음을 말해준다. 그래서 한 가족구성원의 실패가 집안 전체의 '패가'敗家로 이어졌던 것이다.

'가'는 '우리'

> (…) 그러다 겨울의 답서처럼 다시 봄이 오고 '밥'이나 '우리'나 '엄마' 같은 몇 개의 다정한 말들이 숲에 도착할 것입니다 (…)
>
> 박준, 「숲」 중에서

'가계야치'家鷄野雉라는 속담이 있다. '집의 닭을 미워하고 들의 꿩을 사랑한다'는 뜻으로, 아내를 소박하고 첩을 좋아하거나 좋은 필체를 버리고 나쁜 필체를 좋아하는 일, 또는 흔한 것을 멀리하고 새롭고 진귀한 것을 중히 여기는 경우를 빗댄 말이다. '집 안[宀]에서 돼지[豕]를 기른다'는 '가'家의 자원字源이 남긴 흔적인지는 모르겠지만, 옛날에 남 앞에서 자기 아들을 낮춰 '돼지처럼 미련한 놈'이라는 뜻으로 '가돈'이라 했었다. 점잖게 표현하면 '가아'家兒 즉 '우리 아이'가 되겠는데, 역시 '우리에서 키우는 아들'이라는 뜻을 벗어나지는 못한다.

'가금'이나 '가축' 말고도 집안에는 '우리'에 갇혀 있는 것이 많다. 한 집안의 '가장'을 아들이 지칭할 때 '가부' '가친' '가군' '가엄' '가대인' 등이라 하는데, 모두 '우리 아버지'다. '가모'와 '가자'家慈는 '우리 어머니'다. '가부'家夫는 '우리 남편'이고, '가옹'은 '우리 영감'이다. '가인'과 '가실'은 '우리 아내'도 되고 '우리 집안사람'도 된다. '우리 형'은 '가형', '우리 아우'는 '가제', '우리 손자'는 '가손'이다.

시인 박준이 「숲」에서 적절하게 집어냈듯이, '밥'이나 '엄마'와 함께 우리말 표현에서 쓰임새가 가장 빈번한 낱말의 하나가 '우리'다. 짐작건대 '우리'는 '울타리'의 '울', 즉 '우리'에서 왔을 것이다. 최동호의 「탱자나무 흰 꽃」에서 '가시 많은 탱자나무 울타리 저 너머에서 아이들을 찾는 어머니의 목소리가 들려'올 때, 어머니는 그냥 어머니가 아니라 '우리 어머니'이고, 아이들은 그냥 아이들이 아니라 '우리 아이들'이다. 집채와 마당을 에워싼 울타리 안에 존재하는 것은 다 '우리 ○○'이다. 그래서 '가양주'家釀酒도 '집에서 빚은 술'이라기보다는 '우리 집에서 빚은 술'이 된다.

자기의 전후 언행이 모순되는 경우를 '자가당착'自家撞着이라고 한다. '자기'와 '자가'의 넘나듦은 '나'와 '우리'를 동일시했던 선인들의 사고방식을 반영한다. 요즘에도 일부 점잖은 사람들이 '나'라는 대명사 대신 '우리'를 고수하는 경우를 볼 수 있다. 이에 반해 오늘날의 '자가용'에 들어 있는 '자가'는 소유관계 서류에 이름을 올린 단 한 사람에게만 '내 집'일 뿐이다.

'가'와 '가문'

'집 문'인 '가문'과 '문 안'인 '문중'은 한 집에 모여 살지 않는 '일가붙이'까지 묶어 일컫는 말이다. 오늘날의 '가족'이나 '가정'은 '가문'의 근대적 축소판이다.

혼인관계로 묶인 '양가' 중에 '시가'는 시부모나 남편의 집안을 가리킨다. 어머니의 친정인 '외가'나 아내의 '친가'인 '처가'는 결국 같은 데를 말하는데, 역시 집보다는 집안이나 집안 식구들을 뜻한다. 한편 '장가간다' '장가든다' 할 때의 '장가'에 대해 『표준국어대사전』은 "한자를 빌려 '丈家'로 적기도 한다"고 부연하고 있는데, 장인과 장모가 있는 집이니 '장가'丈家라 하는 것이 딱 들어맞는다.

'종갓집 며느리'나 '종가집 김치'(상품명)의 '종가'宗家는 한 문중에서 족보상으로 맏이로만 내려온 큰집을 뜻한다. '가신'家臣은 경이나 대부의 집안에 딸려 그들을 섬기고 받들던 사람이다. 한 가문의 '가계'家系를 따라 이어온 '가풍'은 '가화만사성' 같은 '가훈'으로 집약되기도 한다. '대대로 집안에 전해지는 보검'인 '전가보도'傳家寶刀는 일본 전통에서 나온 표현으로 보이는데, 집안의 '가보'라는 점에서 가계를 따라 전해진 여느 유산과 다를 바가 없다. '구가'舊家는 '옛집'을 가리키기도 하고 '여러 대를 이어온 집안'을 의미하기도 한다. '폐가'廢家는 '버려둬 낡아빠진 집'이면서 '후손이 끊긴 집안'이기도 하다.

'왕가'는 '왕의 가문' 또는 '임금의 가계'다. 대대로 번창하고 문벌이 좋은 집안을 '거가대족'巨家大族, 줄여서 '거가'라고 한다. '갑가'甲家

역시 문벌이 좋은 집안을 뜻하는데, 왠지 '갑질 집안'이라 새기고 싶기도 하다.

'상가'도 초상난 집의 건물을 뜻하는 것이 아니라 그 집을 중심으로 이루어진 가족공동체를 가리키는 말이다. '초상집 개'인 '상가지구' 喪家之狗는 상가가 들어선 지역이 아니라 별 대접을 받지 못하는 사람이나 여위고 지칠 대로 지친 수척한 사람, 또는 궁상맞은 초라한 모습으로 이곳저곳 기웃거리며 얻어먹을 것만 찾아다니는 사람에 대한 비아냥이다. 한 나라의 국상은 거국적 행사이고, 한 집안의 초상은 '거가적' 대사다.

'소설가'와 '전문가'

춘추전국시대의 공자·관자·노자·맹자·장자·묵자·열자·한비자·손자·오자 등을 '여러 자'라는 뜻으로 '제자'라 하고, 유가·도가·묵가·법가·명가·병가·농가·잡가·종횡가·음양가 등을 '많은 가'라는 의미로 '백가'라 한다. 이때의 '가'家는 'school' 즉 '학파'를 의미한다. 위나라 왕숙이 『논어』에 빠진 공자의 언행과 일화를 기록했다는 『공자가어』의 '가'가 바로 이런 의미이고, 많은 학자들이 활발한 논쟁을 벌이거나 여러 사람이 서로 자기주장을 내세우는 일을 '백가쟁명'百家爭鳴이라 하는 것도 같은 맥락이다. 흔히 실패에 낙담하지 말라는 의미로 입에 올리는 '승패병가상사'의 '병가'는 '백가'의 하나였던 것이 의미 변화를 품고 전승된 예다. 불교 사회를 '불가' 또는 '승가'라 하는 것도 이러한 전통에 기댄 용법이다(산스크리트 '샹카'의 음역인 '승가'僧伽는 의미가 다소 다른 말이다).

'백가' 중에 '소설가'가 있었다. 이 말의 창시자인 반고는『한서』「예문지」에서 '소설가는 패관(민간의 풍속이나 정사政事를 살피기 위해 가설항담을 모아 기록하던 벼슬아치)으로부터 발생했다'고 이야기한다. 패관은 항간을 떠도는 설화나 고사 등을 모아 기록으로 남긴 사람들이다. 16세기 일본 란가쿠 시대의 번역자들이 이 '소설가'를 오늘날의 '소설가' 즉 'novelist'를 가리키는 이름으로 가져와 쓰게 된 이래, 오늘날 학파도 아니고 가문이나 집안도 아닌 수많은 '가'들이 넘쳐나게 되었다.

한 분야에서 '일가'를 이루거나 '일가견'을 지닌 사람들을 '전문가'라고 한다. '전문가'에서 첫 글자를 뺀 '문가'를 뒤집으면 '가문'이 된다. '일가' '일가견' '전문가'는 개인 또는 개인의 직업이라는 개념이 희박했던 옛 사회와, '가문'이나 '가업'이라는 개념이 희박해진 오늘날의 사회를 이어주는 다리다. '거가대족'과 같은 의미였던 '대가'가 한 분야의 거장을 뜻하게 된 것도, 훌륭하다고 이름난 집안인 '명가'가 한 장인이나 일개 제조회사의 대명사로 쓰이게 된 것도 같은 흐름을 반영한다. '세도를 부리는 것'이 '행세'이고, '권력을 가지고 행세하는 집안'이 '권문세가'인데, 이 말과 같은 의미였던 '세도가'도 이제는 개인을 가리키는 말로 변했다. 정치상의 '권력가'나 경제적인 '유력가'도 같은 연장선에 있는 말들이다.

말과 실제가 동시에 예스러운 전문가로는 검술을 닦은 '검가', 글씨를 잘 쓰는 '서가', 시를 잘 짓는 '시가'가 대표적이다. 오늘날 문학이나 학술 분야에는 '작가' '저술가' '역사가' '사가' '문필가' '문장가' '문학가' '수필가' '번역가'가 있고, 시각예술 쪽에는 '화가' '미술가' '만화가' '삽화가' '사진가' '공예가'가, 무대예술과 음악 쪽에는 '연출가' '안무가' '음악가' '연주가' '성악가' '작곡가' '작사가' 등이 있다. 머리 쓰는 전문가로는 '사상가' '이론가' '평론가' '비평가' 등이 있고, 정치경제 계에는 '정치가' '혁명가' '운동가' '기업가' '실업가' '은행가' 등이, 교육·체육·사회 분야에는 '교육가' '체육가' '등산가' '여행가' '탐험가' '활동가' '연설가' '웅변가' '선동가' 등이 있다.

'전문가 아닌 전문가'들

일 벌이기 좋아하는 '호사가'好事家와 뭔가를 사랑하고 좋아하는 '애호가'愛好家는 '전문가 아닌 전문가' 집단의 공동대표 격이다. 뭔가를 사랑하고 보호하는 '애호가'愛護家는 부대표쯤 된다.

'애주가' '애연가' '애견가' '애서가' 같은 말들은 특별한 기호를 표현하는데, 같은 계열인 '애처가'愛妻家는 기호를 반영한 말인지 헷갈리고 그 반의어가 과연 '공처가'恐妻家인지도 분명치 않다. '채식가' '미식가' '대식가'도 기호를 반영한다. '독서가' '장서가' '수집가'는 취미를 드러내고, '사색가' '공상가'는 습관을 보여준다. 일쑤 모진 말을 내뱉는 '독설가'나 남 헐뜯기 좋아하는 '험구가'는 습관보다는 버릇을 드러낸 경우다. '능변가'는 말재주가 좋은 사람이고, '다변가'는 스스로 말재주가 좋다고 믿는 사람이다.

한편 '재산가' '명망가' '실력가' '정력가' 같은 말들은 뭐든지 한 가지를 많이 갖고 있으면 '가'의 반열에 들 수 있음을 보여준다. 이들과 달리 자신이 지닌 것을 웬만해서는 남에게 드러내지 않는 경우도 있는데, 많은 음덕을 쌓은 '음덕가'가 바로 그렇다.

'가내'와 '옥내'

'옥'屋은 '사람이[尸] 이르러[至] 머물 수 있는 곳'이다. 사람이 머물려면 무엇보다도 눈비를 가릴 수 있는 지붕이 필수적이다. 그래서 '옥'은 '집'보다는 '지붕'을 가리킬 때가 많다. '지붕'의 옛 표기는 '집웅'인데, '집 위'라는 뜻이다. 사람은 머리 위에 있는 것을 이고, 집은 지붕을 인다. 기와지붕을 인 집은 '와옥'이고, 띠나 이엉으로 지붕을 인 집은 '모옥' 또는 '초옥'이다. '애급옥오'愛及屋烏는 '사랑이 지붕 위의 까마귀에까지 미친다'는 뜻으로, 사람을 사랑하면 그 집 지붕에 앉은 까마귀까지도 사랑스럽다는 말이다.

'옥상'은 '집 위'가 아니라 '지붕 위'다. 불필요하게 이중으로 하는 일을 '옥상옥'이라고 하는데, '집 위에 집을 짓는다'가 아니라 '지붕 위에 또 지붕을 얹는다'는 의미다('지붕 위'라는 말도 어원으로 보면 '집 위의 위'다). 독창성 없이 앞 시대의 것을 모방만 하는 경우를 경멸해 이를 때 '지붕 밑에 또 지붕을 만든다'는 뜻으로 '옥하가옥'屋下架屋이라고 한다.

'옥외등'이나 '옥외집회'의 '옥외'는 집이나 건물 밖도 되지만 '지붕

과 벽이 없는 곳' 즉 '노천'露天이라는 뜻도 된다. '가내'가 '집안의 사람들'을 말하는 데 비해, '옥내 집회'의 '옥내'는 노천이 아닌 '지붕 밑'이라는 의미가 강하다. '패가'敗家가 한 집안의 파산인 데 비해, '패옥'敗屋은 지붕이 내려앉고 벽이 허물어진 집이다. '대가'가 대대로 번창하는 집안(또는 한 분야에서 뛰어난 사람)인 것과 달리, '대옥'은 규모가 큰 집을 이른다. 조그만 집은 '소옥', 이층집은 '중옥'重屋, 높다랗게 잘 지은 집은 '고옥'이다.

비유하자면, '옥'屋은 눈을 지붕에 둔 채 손가락으로 집채를 가리키고 있는 글자다. '한옥'이나 '양옥'은 집 건물을 건축양식에 따라 구분한 것이고, '구옥'이나 '고옥' '중고옥'은 집 건물의 나이를 따지는 말들이다. 토담집은 '토옥'이고 판잣집은 '판옥'이다. 임진왜란 때 거북선과 더불어 활약했던 '판옥선'은 2층 판잣집 구조였다.

아무리 초라하고 볼품없어도 어떻게든 벽을 두르고 지붕을 덮은 것은 다 '옥'이다. '부는 집을 윤택하게 하고 덕은 몸을 윤택하게 한다'는『대학』의 '부윤옥富潤屋 덕윤신德潤身'도 건물로서의 '옥'을 말하고 있다. 일가족의 거처인 '가'는 아무리 작아도 '초가삼간'은 되어야 하는데, '옥'에는 '한 말들이 작은 집'인 '일간두옥'一間斗屋도 있다.

'가'는 주거 전용, '옥'은 다용도

'가'가 'family' 또는 'home'이라면 '옥'은 'house' 또는 'building'이다. '가'가 건물을 가리킬 때에는 일가족을 위한 주거 전용 집이고, '옥'은 주거 목적을 포함한 다용도 건물이다. 회사가 사용하는 건물을 '사옥'社屋이라고 한다. 옛날에는 사사로이 글을 가르치는 글방을 '서옥'이라 했고, 술집은 '주옥'이라 했다. 오늘날 음식점 이름에 '○○옥'이 많은 것은 이러한 전통의 흔적이다. 고려 때 개경 동남쪽 가로에, 조선시대에는 한양 큰길 양쪽에 길게 벌어져 있던 어용 상가를 '장옥'長屋이라 했다. 하숙을 치는 집은 '하숙옥'이고, 목욕탕 집은 '탕옥'이다. 일반 살림집은 '옥려'이고, 건물에 초점을 두면 '사옥'舍屋이다.

한편 '가방'假房이라고도 하는 '방옥'房屋은 겨울에 외풍을 막기 위해 방 안에 장지를 들여 조그맣게 막은 아랫방을 말한다. 집 주위를 두르거나 일정한 공간을 둘러막기 위해 흙, 돌, 벽돌 따위로 쌓아 올린 담장은 '장옥'墻屋이라고 한다. 불교에서는 육체를 '집 안'이라는 뜻으로 '옥리'屋裏라고도 하는데, '마음과 영혼이 들어 있는 집'이라는 의미다.

'주택'과 '가택'

'집'을 뜻하는 다른 의미소들을 살펴본다. 먼저 '집 택宅'이다.

앞서 보았듯이, '가家'는 사람이 중심이고 '옥屋'은 건물에 초점이 있다. 이에 비해 '택宅'은 '거주'에 방점을 찍는다. '단독주택' '공동주택' '연립주택' '주택가' 등의 '주택'은 'house'에 대응하는 근대적 용어로, 학계나 관련 업계에서 '사람이 들어가 살 수 있게 지은 건물'을 가리키는 가치중립적 단어다. '집터'인 '택지'나 '집 앞 배달'인 '택배'에서도 '택'이 주는 별다른 느낌은 없다.

이에 반해 '거주하는 집'이란 뜻의 '거택'이나 '집'을 점잖게 이르는 '가택'은 같은 뜻이면서도 사적인 느낌이 밴 말들이다. '주거침입죄'의 옛 이름인 '가택침입죄'나, 외부 접촉을 제한·감시하고 외출을 허락하지 않는 '가택연금'은 '가택'의 사적인 성격을 잘 드러낸다. 자기 소유 집인 '자택'이나 개인 소유 집인 '사택'은 '거주'와 더불어 '사적 소유'라는 개념까지 품고 있다. '별장'도 '별택'이라 하면 이와 비슷한 느낌이 살아난다. 지은 지 오래된 집을 가리키는 '고택'에는 '예전에 아무개가 살았던 집'이라는 뉘앙스도 있다.

이사, 즉 집을 옮기는 일은 '전택'轉宅 또는 '사택'徙宅이다. 앞에 나왔던 '사가망처'徙家忘妻는 '사택망처'徙宅忘妻라고도 한다. '논밭과 집'을 묶은 것이 '전택'田宅인데, 얼마 안 되는 자기 재산을 겸손하게 이를 때 '좁은 밭과 작은 집'이라는 뜻으로 '촌전척택'寸田尺宅이라고 한다. 한편 서로 이웃하고 사는 앞뒷집을 뜻하는 '전가후택'前家後宅이 '가'와 '택'의 유사성을 보여주는 데 반해, 집의 대문을 가리키는 '택문'宅門은 '가문'家門과 대비되어 둘 사이의 상당한 거리를 드러낸다.

'작은집' 즉 '소택'은 따로 살림하는 아들이나 아우의 집을 이르는 말이다. 반면에 '큰집'인 '대택'은 따로 나가 살림하는 동생이나 그 자손들이 맏형의 집이나 종가를 이르는 말이면서, '만물을 품은 집' 즉 '천지'를 가리키기도 한다.

사람이 '택'에 거주하는 일은 죽음 이후까지 이어지기도 한다. '현택'玄宅은 죽은 사람의 혼령이 가서 사는 '그윽하고 오묘한 집' 즉 저승이다. 문자적 의미가 비슷한 '유택'幽宅은 무덤을 가리키는데, '거주'가 영속적이다 보니 '만년유택'이라고도 한다. '음택'도 집터인 '양택'에 상대하여 죽은 사람의 무덤을 뜻하는 말이다.

'시집'과 '시댁'

전통적으로 '택'宅은 그 안에 사는 사람을 높이는 의미로 쓰여왔다. 그런데 남의 집을 높일 때에는 욕 비슷한 '댁 댁宅'이 된다. 옛날에 상전의 집은 '상전댁'이었고, 홀어미나 과부 또는 그 집은 '과수댁'이나 '과부댁'이라 했다. 요즘에는 주인집이나 주인의 아내를 '주인댁'이라 부르면 조물주의 상전이라는 건물주에 대한 예우가 될 것이다.

상대의 집이나 집안을 높일 때에는 '귀댁/귀택' 또는 '존택'이라고 한다. '댁내'도 비슷한 의미다. 남의 외가를 높이는 말은 '외택'이다. '사댁' '사가댁' '사돈댁'은 모두 사돈의 집이나 집안을 높이는 말이다. '친정'을 높이면 '친정댁'이고, '시가'를 높이면 '시댁'이다. 다만 '시집'

은 '시댁'과 사뭇 다른 점이 있다. '시집'은 결혼할 때 한 번밖에 못 가지만, '시댁'은 원한다면 뻔질나게 드나들 수도 있기 때문이다.

'서당'과 '천당'

'집 당堂'을 살펴보자. '콘서트 홀'은 '음악당'이다. 영어의 'hall'과 유사한 건물인 '당'堂은 여러 사람을 위한 공간이고, 그래서 넓어야 한다는 것이 최우선 조건이다.

　조선의 국립대학이었던 성균관 안에는 강의를 위한 '강당'인 '명륜당'과 식사를 위한 '식당'이 있었다. 관리들이 공무를 보던 건물은 '공당'이었고, 지방의 행정을 맡은 관아는 '정당'政堂이었다. 당사자들의 성실성과는 별개로, 오늘날 공적 업무를 대표하는 '당'은 '의사당'이다.

　'예술의 전당'의 '전당'殿堂은 원래 신불神佛을 모시는 집이나 크고 화려한 집을 가리켰는데, 오늘날에는 한 분야에서 가장 권위 있는 기관을 이르는 말로 쓰이고 있다. '옥당'은 화려한 전당이나 궁전을 비유하는 말로, 조선시대에 궁중의 경서와 문서를 관리하고 임금의 자문에 응하던 홍문관과 그에 딸린 관리들을 가리키기도 했다. 줄여서 '당'이라고도 했던 '서당'은 '서당 개 3년에 풍월을 읊는다'는 '당구풍월'堂狗風月의 배경인데, 개화기의 '학당'으로 명맥을 이었다. 전국 곳곳의 '경로당'도 공공성과 규모를 고려한 작명이다.

　예나 지금이나 공동체 생활의 중심에는 종교와 제례가 있다. 옛날

에 조상의 신주를 모시던 '사당'은 오늘날 '납골당'이 대체해가고 있
다. 산을 지키는 산신은 '산신당'에, 마을을 지키는 '당신'은 주로 '무
당'의 관할 아래 '신당'이나 '성황당'에 모셨다. 부락의 수호신은 스스
로 '당산'에 거주하기도 했다.

불상을 모신 집은 '불당'이고, 불상을 모시고 설법을 하는 집은 '법
당'이다. 공자를 모신 묘당을 뜻하던 '성당'은 가톨릭의 종교의식을
행하는 집을 가리키게도 되었다. 개신교 신자들은 '교회당'이나 '예배
당'에, 그 밖의 여러 종교단체나 사회단체 사람들은 '회당'에 모인다.
불교와 기독교의 공용 공간인 '천당'도 여러 사람을 수용하는 곳이라
는 점에서 '당'의 의미에 충실한 이름이다.

'당상관'과 '당숙'

'승당입실'升堂入室이라는 옛말이 있다. '마루에 올라 방으로 들어간
다'는 뜻으로, 어떤 일에나 차례가 있음을 뜻하기도 하고 학문이 점점
깊어짐을 비유하기도 한다. 여기서 마루는 집채의 방과 방 사이에 있
는 대청을 말한다. 산꼭대기를 '산마루'라고 하듯이, '마루'는 원래 높
은 곳이다. 조선시대에 정3품 이상 고위관리를 '당상관'이라 하고 그
아래를 '당하관'이라 했던 것도 품계에 따라 시립하는 장소가 대청 위
와 아래로 달랐던 데에 연유한다.

마루로서 '당'도 높지만 집채로서 '당'도 높다. '당'堂자의 윗부분은
원래 '상'尙이었는데, '상'上과 마찬가지로 '높은 곳'이나 '위'를 뜻했다.

즉 '높은 흙[土] 위에 세운 건물'이 '당'堂이니, 그 모습은 위엄이 있고 당당할 수밖에 없다. 태도나 처지가 바르고 떳떳한 '정정당당'正正堂堂이나 걸음걸이가 씩씩하고 버젓한 '보무당당'步武堂堂, 풍채가 위엄이 있고 떳떳한 '위풍당당'威風堂堂은 '당'의 높은 느낌을 활용한 표현들이다.

'명당'明堂에는 여러 가지 뜻이 있는데, 하나같이 의미가 긍정적이다. '임금이 조회를 받던 정전', '무덤 바로 앞에 있는 평지', 관상에서 '사람의 이마', 풍수지리에서 '장차 좋은 일이 자주 생긴다는 묏자리나 집터', 여기서 나온 의미인 '어떤 일에 썩 좋은 자리' 등이다.

'당'은 건물로서 '집채'를 뜻하기도 한다. '초당'은 집의 원채 밖에 억새·짚 등으로 지붕을 인 조그마한 집채다. '내당'은 아낙네가 거처하는 안방이나 안채이고, '외당'은 남자가 거처하는 바깥채인 사랑을 가리키는 말로 손님을 접대하는 곳이기도 해서 '객당'이라고도 한다(부인을 '안사람' '안주인' '아내' 등으로, 남편을 '바깥사람' '바깥양반' '바깥 분' 등으로 부르고 부부를 '내외'라 칭하게 된 것은 여기서 유래한다). '별당'은 몸채의 곁이나 뒤에 따로 지은 채로, 절의 주지나 강사 같은 이가 거처하는 곳을 가리키기도 한다. '당우'堂宇는 규모가 큰 집과 작은 집을 아울러 가리키는 말이고, '당호'는 당우에 붙인 이름이다.

'당'의 '높음'은 '높임'으로 이어진다. '자당' '영당' '선당' '모당' '북당'은 모두 남의 어머니를 높이는 말이고, '춘당'은 편지글 같은 데서 남의 아버지를 높여 이르는 말이다. 종숙이나 종고모를 친근하게 일컬을 때에는 '당숙' '당고모'라고 한다.

'대학원'과 '미장원'

'원'院은 '담을 두른'[完] '언덕 위'[阝]의 저택이다. 국회의원이 국회에 나갈 때 '오를 등登'자를 써서 '등원한다'고 하는 것은 높은 곳에 있었던 '원'의 태생적 환경을 반영한다('등교'와 '하교' 역시 높은 곳에 있었던 학교를 오르내렸던 역사의 흔적이다).

조선시대 임금의 비서실이었던 '승정원'이나 임금에게 간하는 일을 맡았던 '사간원' 같은 관아는 오늘날의 '대법원' '감사원' '국가정보원' '금융감독원' '소비자보호원' '국토개발원' 등으로 이어졌고, '내의원'은 '의원' '한의원' '병원' '요양원'을 넘어 '양로원' '보육원' '고아원' '소년원' 같은 방계 후손까지 남겼다. 고려와 조선 시대에 역과 역 사이에 두었던, 출장 관원을 위한 국영 여관도 '원'院이었다.

오늘날의 '대학원'은 왕세자에게 경서 등을 강의하던 '시강원'의 후손쯤 된다. 중국 국민당 정부의 공식기구였던 '고시원'은 우리나라로 들어와 수많은 자손을 퍼뜨렸는데, 조상을 추측하기 어려울 정도로 외모가 달라졌다.

안동의 '도산서원'으로 대표되는 '서원'은 조선 중엽 이후의 사학 기관으로 '학원'의 전신 격이다. 임금의 대를 이을 적손이 없어 방계 친족이 대통을 이어받을 때 그 아버지에게 주던 벼슬인 '대원군'은 '큰 저택에 사는 어르신' 정도의 의미다.

선종의 사찰이 '선원'禪院이다. '승원'僧院은 불교 사찰뿐 아니라 가톨릭의 '수도원'도 의미하는데, 기독교 『성서』의 번역에 기존 불교 용어들의 역할이 컸던 사정을 반영한다. '사원'寺院은 'temple'의 번역어로, 절이나 암자, 성당, 교회당, 수도원 같은 종교적 건물을 두루 아우른다.

고대 로마의 '원로원'과 민회는 영국이나 미국 같은 데서 '상원'과 '하원'으로, 일본에서는 '참의원'과 '민의원'(또는 '중의원')으로 이어졌다.

한편 어디에서도 유사한 선례를 찾기 힘든 '미장원'은 스스로 머쓱했는지 '미용실'에게 자리를 양보하고 슬며시 사라졌다.

'종각'과 '대통령 각하'

'각'閣은 문짝을 끼워 달기 위해 문 양쪽에 세운 기둥인 '문설주'를 가리키던 글자로, '문이 달린 큰 건물'을 뜻한다. '각' 중에 규모가 가장 큰 '전각'은 임금이 거처하는 궁전인데, 긴급한 사안으로 임금에게 뵙기를 청한 뒤에 하답이 있을 때까지 전각 앞을 떠나지 않는 것을 '수각'守閣이라 했다.

'각하'는 '전하'와 더불어 '전각 아래'를 뜻한다. '총독 각하'가 다스리던 일제강점기에 고위 공직자에 대한 경칭으로 수입된 '각하'는 '대통령 각하'가 통치하던 유신시대에 최고 통치자에 대한 극존칭으로 격상했다가 뒤늦게 '전하'의 뒤를 따라 역사 속으로 사라져갔다.

'보신각'普信閣은 서울 종로에 있는 조선시대의 '종각'이다. 정조가 세운 '규장각'奎章閣은 '규장', 즉 역대 임금의 시문이나 글을 수집하고 보관하는 왕실 도서관이었다. '정각'은 정자亭子를 달리 부르는 말이고,

'수각'水閣은 물가에 또는 물 위에 지은 정각이다. 중국음식점 이름에 흔히 붙어 있는 '루'樓는 원래 나무를 짜서 높이 세운 망루를 뜻했는데, '누각'은 사방이 탁 트인 상태로 높다랗게 지은 집으로 정자와 형태는 비슷하지만 규모가 크다. 중요한 문서 따위를 비밀스럽게 간직해 두던 궁전의 창고는 '비각'이고, 책을 보관하는 서재나 서가는 '서각'이라고도 했다.

'황각'黃閣은 조선시대에 가장 높은 행정관청인 의정부를 달리 일컫던 말이다. 명나라와 청나라 때 재상의 관서를 뜻하던 '내각'을 오늘날의 의미로 쓰기 시작한 것은 메이지 시대의 일본이다. 일본의 영향력 아래 있던 대한제국 시절 의정부를 고쳐 국무대신들이 국정을 집행하던 최고 관아를 '내각'이라 한 이래, 대한민국의 모든 국무위원들은 '각료'로서 '입각'의 주체가 되거나 '개각'의 대상이 되었다.

'저택'과 '저하'

'저'邸는 '마을'[阝]에 있는 '언덕 위의 집'[氐]으로 원래 종친이나 왕후의 사제私第(개인 소유 집)를 가리켰고, 유력자의 집은 당연히 규모가 크니 '큰 집'도 뜻하게 되었다.

왕후의 집을 뜻하던 '저택'은 오늘날 규모가 아주 큰 집을 가리키는 말로 변했다. 왕세자의 저택은 '춘저'春邸이고 궁전 내 거처는 동궁 또는 '저궁'인데, 존칭인 '저하'는 여기에서 온 말이다. '여저'는 임금이 왕위에 오르기 전에 살던 여염집이고, '행저'는 임금이 왕궁을 멀리 떠나 임시로 거처하는 집이다.

나라를 처음으로 이룩한 임금이 살던 집, 또는 종실 출신 임금이 왕위에 오르기 전에 살던 집은 '잠룡의 저택'이라는 뜻으로 '잠저'라 했고, '잠룡'을 뒤집어 '용잠'이라고도 했다.

임금의 친척인 종친의 저택은 '종저'이고, 외국 사신이 머물던 집은 '사저'使邸다. 오늘날 고위 공직자의 거처에는 정부가 관리하는 '관저' 官邸와 개인 소유인 '사저'私邸가 있다.

'문호'와 '가호'

'호'戶도 '집'으로 새기는 의미소다. 외부와 교류하는 통로나 수단을 뜻하는 '문호'는 '두 쪽짜리 문門'과 '한 쪽짜리 문[戶]'을 합친 말이다. 창과 문을 통칭하는 '창호'와, 창과 문을 바르는 종이인 '창호지'도 '호'의 자원字源에 충실한 낱말들이다. 벽에 창문 모양만 내고 다시 벽으로 막은 것을 '벽창호'壁窓戶라고 하는데, 우둔하고 고집 센 사람을 가리키는 '벽창호'의 유래다. 옛날에 평안북도의 벽동과 창성에서 나는 소인 '벽창우'碧昌牛가 몸집이 크고 성질도 억센 것으로 유명했는데, 소리가 거의 같고 꽉 막힌 느낌마저 비슷한 '벽창호'에게 밀려 사라지고 말았다.

오늘날 기획재정부와 국세청이 나눠서 하는 일을 조선시대에는 중앙의 '호조'와 지방의 '호방'이 한꺼번에 담당했는데, 그 업무의 하나가 모든 '가호'를 '가가호호' 찾아가 식구 수를 헤아리는 '호구' 조사였다. '호주'를 비롯한 모든 식구의 인적사항을 기록한 '호적'을 작성해야만 '호별세' 명목으로 '호포'도 물리고 '호역'도 부과할 수가 있기 때문이다. 조사 결과 식구가 여덟 이상이면 '완호'完戶, 한양에서 호주가 현임 5, 6품이거나 지방에서 식구가 다섯 이상이면 '하호'下戶로 분류하는 식이었다.

조선시대의 '가호'는 오늘날의 '가구'家口에 해당하는 말로, 살림살이의 단위를 가리킨다. 살림 단위가 나뉘는 '분가'는 '분호'라 했다. 다른 곳에서 옮겨와 사는 사람의 가호는 '객호'였고, 과부를 포함해 여자 혼자서 가구를 이룬 '민호'民戶는 '독녀호'였다. 온전한 한 집 몫의 세금을 내는 '독호'는 호주가 늙도록 아들이 없는 집을 이르기도 했다. 식구가 많은 집안은 '대호'이고, 재산이 많은 집은 '부호'富戶였다('부호'富豪는 재산이 넉넉하고 세력이 있는 개인을 가리키는 요즘 말이다). '빈호'와 '한호'寒戶는 빈한한 집이고, '잔호'는 쇠잔해진 집이다. '파락호'破落戶는 재산이나 세력이 있는 가문의 자손으로서 집안의 재산을 털어먹는 난봉꾼을 가리키고, '파호'破戶는 바둑에서 상대의 집 중간에 돌을 놓아 두 집이 나지 못하도록 하는 일을 가리킨다.

고려와 조선 초기에 병졸 100인을 거느린 무관을 '백호'라 했다. 명나라 때에는 100명으로 구성된 단위 부대를 '백호소'百戶所라고 했다. 모두 원나라의 제도를 본뜬 것으로 알려져 있는데, 그 기원은 아마 로마 군대의 '켄투리아'(백인대)일 것이다.

서울에 '천호동'이 있다면 전남 목포에는 '만호동'이 있다. '썩 많은 집'을 뜻하기도 하는 '만호'는 고려 때 생겨나 조선까지 이어진 치안 담당 무관 벼슬의 이름이었는데, 옛날 중국에서 일만 호의 백성을 거느린 제후를 '만호후'라 했던 데서 유래한 것으로 보인다.

'주호'酒戶는 '술이 들어가는 집'으로, '호'戶의 의미 가운데 하나인 '주량'柱梁(기둥과 대들보)과 소리가 같은 주량酒量을 뜻한다. 주호가 큰 사람은 '호대'戶大다.

한편, 전염성이 강해 한 집안 식구가 한꺼번에 앓는 일이 많았던 천연두는 '호역'이라 했다.

'사랑'과 '정사'

'사'舍의 본뜻은 '나그네가 여유롭게[余] 머무는 건물[口]'이다. 조선시대에 타지에서 온 관원을 묵게 하던 '객사'나 외국 사신을 묵게 하던 '관사'館舍, 오늘날의 여관과 같았던 '여사'는 이런 뜻에 충실한 건물들이었고, 오늘날의 '기숙사'도 마찬가지다.

오늘날의 '가옥'에 해당하는 옛말은 '가사'家舍였다. '대가사'는 크게 지은 집이고, '호가사'는 훌륭하게 잘 지은 집이다. 세종은 신분에 따라 집의 규모를 제한하는 '가사제'를 실시했는데, 일반 백성은 10간이 상한이었다.

'사'의 의미에 가장 가까운 토박이말은 '집채'다. '안채'라는 뜻의 '내사'內舍는 바깥채인 '사랑'舍廊에 대응하는 말이다. 사랑은 안채와 따로 떨어진, 바깥주인이 거처하며 손님을 접대하는 곳이다. 신상옥 감독의 《사랑방 손님과 어머니》(1961)는 주요섭의 「사랑손님과 어머니」(1935)를 각색한 영화로, 과부 엄마와 '사랑'에 든 하숙생 간의 사랑을 여섯 살짜리 소녀의 눈으로 바라본 작품이다.

관청 건물은 '청사', 관청이 관리에게 제공하는 집은 '관사'官舍다. '불사'는 부처를 모신 불당, '당사'는 정당이 들어 있는 건물, '역사'는 역 건물, '교사'는 학교 건물이다. '정사'精舍는 유가에서 학문을 가르치거나 불가에서 정신을 수양하는 곳이다. '남간정사'는 조선 후기의 유학자 송시열이 제자들을 가르치던 건물이고, '기원정사'는 석가모니와 제자들이 설법을 하던 곳이다. 여기까지가, 비교적 번듯한 모습을 한 '사'의 많지 않은 예다.

옛날에 남 앞에서 자기 집을 낮추어 '누추한 집'이라는 뜻으로 '누사'陋舍라 하거나 '띠집'이라는 뜻으로 '모사'茅舍라 했다. 허름하기로는 얼기설기 꾸민 '막사'幕舍와 오두막집인 '여사'廬舍가 으뜸과 버금이다. 공공단체의 기숙사나 승려의 거처를 가리키는 '요사'의 '요'寮도 '작은 집'을 뜻한다(이를 흔히 '요사채'라고 하는데, '사'에 이미 '집채'라는 뜻이 들어 있으니 의미상 중복이 숨어 있는 말이다). '병사'兵舍는 병사들의 거처이기도 하고 무덤 가까이에 지은 묘지기의 작은 집이기도 했다. 앓는 사람을 수용하던 '병사'病舍는 오늘날 '병원'으로 격상했다.

감옥 건물인 '옥사'는 '사'가 사람을 위한 건물 중에 가장 비천한 것도 될 수 있음을 보여준다. 가축을 키우는 농경민의 '축사'나 유목민의 '목사'는 차라리 옥사보다 낫다. 돼지는 '돈사'에, 소는 '우사'에, 말은 '마사'에, 양은 '양사'에 들여 키운다(이럴 때 '사'는 '집'이 아니라 '우리'가 된다). 닭장인 '계사'는 '가금사'의 일종이다.

'사'에는 살아 있지 않은 것들이 들기도 한다. '곳집' 또는 '곳간'이라고도 하는 '고사'庫舍는 요즘 말로 '창고'다. '농사'農舍는 농부의 집이기도 하지만 수확한 농작물을 처리하는 막사를 가리키기도 한다.

'작은 집'의 대명사가 '사'舍라면, '큰 집'의 대표는 앞에 나왔던 '당'堂이다. 둘을 합친 '당사'堂舍는 '큰 집'과 '작은 집'이면서 '큰집'과 '작은집'이기도 하고, 나아가 '넓은 집안'과 '좁은 집안'이기도 하다. '당숙'堂叔은 오촌이니 '넓은 집안' 소속이고, '사숙'舍叔은 삼촌이니 '좁은 집안'에 속한다. '사형'舍兄과 '사제'舍弟는 자기 형이나 아우를 남 앞에서 겸손하게 이르거나 형제 사이에서 자기를 겸양하는 표현인데, '가장 좁은 집안에 속한 이촌 관계'라는 속뜻을 품고 있다.

'성균관'과 '옥류관'

'관리[官]가 먹고[食] 잘 수 있는 곳'이 '관'館이다. 조선시대에 역참에서 인마를 중계하던 집을 '역관'이라 했고, 관원이 공무로 다닐 때 숙식을 제공하거나 빈객을 접대하기 위해 각 지방에 두었던 객사에도 모두 '관'자가 붙어 있었다. '모화관'은 명나라와 청나라의 사신을 맞이하던 곳으로 오늘날의 '영빈관'에 해당하고, '태평관'은 사신들이 머물던 숙소였다. 왜인들이 머물면서 외교 업무나 무역을 행하던 관사는 '왜관'이었다.

이렇게 '기관'이거나 '기관이 들어 있는 큰 건물'이어야 한다는 것이 '관'의 원래 조건이었다. 조선시대의 '성균관' '홍문관' '예문관'이나 오늘날의 '대사관' '영사관' '공사관'은 모두 이런 조건을 충족한다. '아관'은 대한제국 시대에 러시아 공사관을 가리키던 말인데, 명성황후가 일본 낭인들에게 시해당한 을미사변(1895) 후 고종황제가 약 1년간 러시아 공관으로 옮겨 거처한 일을 '아관파천'俄館播遷이라 한다. '공관'公館과 소리가 같은 '공관'空館은 성균관 유생들이 불평이나 항의할 일이 있을 때 공자의 위패가 있는 대성전 문 밖에서 사배한 뒤 모두 성균관에서 물러나가던 '등교 거부 투쟁'이었다.

냉면과 온반으로 유명한 평양의 '옥류관'은 '공식기관'과 '대규모'라는 두 가지 조건을 충족하는 데다 '관'館의 본래적 기능 가운데 하나인 '먹는'[食] 일과도 관련이 있으니 적절한 작명이라고 할 수 있다. 이에 비해 'White House'를 옮긴 '백악관'은 '관'이 주로 외교 공관에 쓰였다는 점을 생각하면 다소 이례적인 번역어라고 할 수 있다. 고유명사는 아니지만 '여관'旅館도 원래 숙박시설이었던 '관'의 운영주체가 관에서 민간으로 바뀌었다고 생각하면 수긍이 가는 낱말이다.

오늘날 '기관'은 '공적 기구'나 '많은 사람을 수용하는 곳'으로 범위가 넓어져, '기념관' '박물관' '도서관' '미술관' '수족관' '전시관' '홍보관' '체육관' '영화관' 등 수많은 '관'이 탄생하게 되었다. '회관'은 여러 사람이 모이는 곳이니 당연히 넓어야 하고, '본관·별관' '신관·구관' 등의 구분 역시 '관'이 원래 규모가 컸다는 점에서 자연스럽다.

한편 '사진관'과 '이발관'은 공적 기구도 아니고 규모도 작은 것이 보통이니 '사진실'이나 '이발소'가 더 어울린다.

'이발소'와 '헌법재판소'

'이발소'가 나온 김에 '소' 이야기로 마무리한다. '소'所는 '도끼[斤]로 찍은 곳'이라는 원래 뜻이 이어져 건물보다는 '장소'나 '~하는 곳'이라는 의미가 강하다. 고려 때 '소'는 천민이 집단거주하는 특수행정 구역으로 광석을 캐거나 실·종이·도기·먹 따위 수공품을 만드는 곳이었다. 이런 점에서 '조선소' '제철소' '제련소' '철공소' '제재소' '발전소' '변전소' '정유소' '주유소' '충전소' '정비소' '인쇄소' '제본소' 등은 제작·제조 기능을 담당했던 '소'의 전통에 충실한 이름들이라 할 수 있다.

오늘날 다양한 분야에서 특정한 기능을 하는 '소'가 기하급수적으로 늘게 된 것은 복잡다단해진 사회구조를 그대로 반영한다. '수용소' '교도소' '형무소' '구치소' '등기소' '보건소' '진료소' '급식소' '대피소' '구호소' '보호소' '탁아소' '파출소' '검문소' '위병소' '초소' '면회소' '훈련소' '기표소' '개표소' '거래소' '환전소' '매표소' '요금소' '사무소' '출장소' '연구소' '대서소' '안내소' '상담소' '홍신소' '직업소개소' '교습소' '강습소' '숙소' '합숙소' '휴게소' '빈소' '산소' '묘소' '성소' '지성소' '해우소' '변소'….

대부분이 소소한 이런 '소'들에 견주어볼 때, 대한민국의 법치를 떠받치는 최고 기관으로서 '헌법을 수호하고 국민의 권리를 지켜주는 곳'인 '헌법재판소'는 대한민국 공공기관 작명사에 길이 남을 만한 파격으로서 '소'의 역사에 새 지평을 연 이름이라 할 만하다.

'집' 말모음

가家　'집'보다는 '집안'이나 '가문'을 뜻하는 경우가 많다. 영어로는 'family' 또는 'home'.

인가人家 | 와가瓦家 | 초가草家 | 초가삼간草家三間 | 고가古家 | 구가舊家 |
폐가廢家 | 흉가凶家 | 귀가鬼家 | 가가假家 [가게] | 궁가弓家 | 농가農家 |
주가酒家 | 민가民家 | 사가私家 | 생가生家 | 관가官家 | 승가僧家 | 가사家舍 |
사가徙家 | 사가망처徙家忘妻 | 동가식서가숙東家食西家宿 | 귀가歸家 |
가출家出 | 출가出家 | 재가출가在家出家 | 자가당착自家撞着

▶ '집'에 초점이 있는 낱말과 표현들(마지막 것은 불가의 예외적 용법)

계가計家

▶ 바둑의 '집 계산'

제가齊家 | 가내家內 | 가문家門 | 가계家系 | 가풍家風 | 가훈家訓 | 가보家寶 |
전가보도傳家寶刀 | 일가一家 | 일가붙이 [一家−] | 분가分家 | 양가兩家 |
시가媤家 | 친가親家 | 처가妻家 | 장가丈家 | 왕가王家 | 거가巨家 |
거가대족巨家大族 | 갑가甲家 | 명가名家 | 세도가勢道家 | 권문세가權門勢家 |
종가宗家 | 상가喪家 | 상가지구喪家之狗 | 전가全家 | 전가사변全家徙邊 |
가화만사성家和萬事成 | 가난家難 | 패가敗家 | 가업家業 | 가재家財 | 가산家産 |
가아家兒 | 가돈家豚 | 가친家親 | 가군家君 | 가엄家嚴 | 가대인家大人 |
가모家母 | 가자家慈 | 가부家夫 | 가옹家翁 | 가인家人 | 가실家室 | 가형家兄 |
가제家弟 | 가손家孫 | 가신家臣 | 가금家禽 | 가축家畜 | 가계야치家鷄野雉 |
가양주家釀酒

▶ '집안'을 가리키는 '가'

가족家族 | 대가족大家族 | 이산가족離散家族 | 가구家口 | 가정家庭 |
가정교육家庭教育 | 가정폭력家庭暴力 | 가정용품家庭用品 | 가정부인家庭婦人 |

가구家具 ┃ 가전家電 ┃ 가정家政 ┃ 가정회계家政會計 ┃ 가정부家政婦 ┃ 가계家計 ┃
가계부家計簿 ┃ 가장家長 ┃ 가부장家父長 ┃ 자가自家 ┃ 자가용自家用 ┃ 국가國家
▶ '가'가 들어간 근대어들

유가儒家 ┃ 도가道家 ┃ 묵가墨家 ┃ 법가法家 ┃ 명가名家 ┃ 병가兵家 ┃ 농가農家 ┃
잡가雜家 ┃ 종횡가縱橫家 ┃ 음양가陰陽家 ┃ 소설가小說家 ┃ 백가百家 ┃
백가쟁명百家爭鳴 ┃ 승패병가상사勝敗兵家常事 ┃ 불가佛家
▶ '학파' 또는 '종파'를 가리키는 '가'

대가大家 ┃ 전문가專門家 ┃ 일가一家 ┃ 일가견一家見 ┃ 검가劍家 ┃ 서가書家 ┃
시가詩家 ┃ 사가史家 ┃ 역사가歷史家 ┃ 작가作家 ┃ 문필가文筆家 ┃ 문장가文章家 ┃
문학가文學家 ┃ 소설가小說家 ┃ 수필가隨筆家 ┃ 번역가飜譯家 ┃ 화가畵家 ┃
만화가漫畵家 ┃ 삽화가揷畵家 ┃ 미술가美術家 ┃ 사진가寫眞家 ┃ 공예가工藝家 ┃
연출가演出家 ┃ 안무가按舞家 ┃ 음악가音樂家 ┃ 연주가演奏家 ┃ 성악가聲樂家 ┃
작곡가作曲家 ┃ 작사가作詞家 ┃ 사상가思想家 ┃ 이론가理論家 ┃ 평론가評論家 ┃
비평가批評家 ┃ 정치가政治家 ┃ 혁명가革命家 ┃ 기업가企業家 ┃ 실업가實業家 ┃
은행가銀行家 ┃ 교육가敎育家 ┃ 체육가體育家 ┃ 등산가登山家 ┃ 여행가旅行家 ┃
탐험가探險家 ┃ 활동가活動家 ┃ 연설가演說家 ┃ 웅변가雄辯家 ┃ 선동가煽動家 ┃
능변가能辯家 ┃ 다변가多辯家 ┃ 독설가毒舌家 ┃ 험구가險口家 ┃ 호사가好事家 ┃
애호가愛好家 ┃ 애호가愛護家 ┃ 애주가愛酒家 ┃ 애연가愛煙家 ┃ 애견가愛犬家 ┃
애서가愛書家 ┃ 애처가愛妻家 ┃ 공처가恐妻家 ┃ 채식가菜食家 ┃ 미식가美食家 ┃
대식가大食家 ┃ 독서가讀書家 ┃ 장서가藏書家 ┃ 수집가蒐集家 ┃ 사색가思索家 ┃
공상가空想家 ┃ 명망가名望家 ┃ 재산가財産家 ┃ 실력가實力家 ┃ 권력가權力家 ┃
유력가有力家 ┃ 정력가精力家 ┃ 음덕가陰德家
▶ '가'가 '~을 (잘)하는 사람'을 뜻하는 경우들로, 근대 이후에 생겨난 용법

옥屋　집 건물, 특히 지붕을 가리킨다.
영어로는 'house' 'building' 'roof'.

와옥瓦屋 ┃ 모옥茅屋 ┃ 초옥草屋 ┃ 일간두옥一間斗屋 ┃ 대옥大屋 ┃ 소옥小屋 ┃

중옥重屋 ┃ 고옥高屋 ┃ 구옥舊屋 ┃ 고옥古屋 ┃ 중고옥中古屋 ┃ 패옥敗屋 ┃

토옥土屋 ┃ 판옥板屋 ┃ 판옥선板屋船 ┃ 서옥書屋 ┃ 주옥酒屋 ┃ 장옥長屋 ┃

하숙옥下宿屋 ┃ 탕옥湯屋 ┃ 방옥房屋 ┃ 장옥墻屋 ┃ 사옥舍屋 ┃ 옥려屋廬 ┃

옥상屋上 ┃ 옥상옥屋上屋 ┃ 옥하가옥屋下架屋 ┃ 옥외屋外 ┃ 옥외등屋外燈 ┃

옥외집회屋外集會 ┃ 옥내屋內 ┃ 옥리屋裏 ┃ 애급옥오愛及屋烏 ┃

부윤옥덕윤신富潤屋德潤身 ┃ 한옥韓屋 ┃ 양옥洋屋

▶ 마지막 둘만 근대어

택宅　거주를 위한 집. 영어로는 'house'.

고택古宅 ┃ 소택小宅 ┃ 대택大宅 ┃ 외택外宅 ┃ 사택私宅 ┃ 별택別宅 ┃ 거택居宅 ┃

전택轉宅 ┃ 사택徙宅 ┃ 사택망처徙宅忘妻 ┃ 전택田宅 ┃ 촌전척택寸田尺宅 ┃

전가후택前家後宅 ┃ 택문宅門 ┃ 현택玄宅 ┃ 유택幽宅 ┃

만년유택萬年幽宅 ┃ 음택陰宅 ┃ 양택陽宅 ┃ 가택家宅 ┃

가택연금家宅軟禁 ┃ 가택침입죄家宅侵入罪 ┃ 자택自宅 ┃

주택住宅 ┃ 단독주택單獨住宅 ┃ 공동주택共同住宅 ┃

연립주택聯立住宅 ┃ 주택가住宅街 ┃ 택지宅地 ┃ 택배宅配 ┃

▶ '가택' 이하는 근대어

당堂　다중이 사용하는 넓고 큰 집. 영어의 'hall'에 대응.

당우堂宇 ┃ 당호堂號 ┃ 초당草堂 ┃ 내당內堂 ┃ 외당外堂 ┃ 객당客堂 ┃ 별당別堂 ┃

명륜당明倫堂 ┃ 강당講堂 ┃ 식당食堂 ┃ 학당學堂 ┃ 서당書堂 ┃ 당구풍월堂狗風月 ┃

공당公堂 | 정당政堂 | 전당殿堂 | 옥당玉堂 | 불당佛堂 | 법당法堂 | 사당社堂 |
산신당山神堂 | 신당神堂 | 당신堂神 | 당산堂山 | 무당巫堂 | 성황당城隍堂 |
명당明堂 | 성당聖堂 | 회당會堂 | 교회당敎會堂 | 예배당禮拜堂 | 음악당音樂堂 |
의사당議事堂 | 경로당敬老堂 | 납골당納骨堂 | 천당天堂

▶ '당'의 전통적인 용법을 보여주는 옛말과 근대어들

승당입실升堂入室 | 당상관堂上官 | 당하관堂下官

▶ '당'이 '마루'를 뜻하기도 했음을 보여주는 옛말들

당당堂堂 | 정정당당正正堂堂 | 위풍당당威風堂堂 |
보무당당步武堂堂

▶ 높고 큰 건물인 '당'의 이미지에 기대어 생겨난 말들

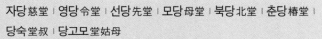

자당慈堂 | 영당令堂 | 선당先堂 | 모당母堂 | 북당北堂 | 춘당椿堂 |
당숙堂叔 | 당고모堂姑母

▶ '당'의 '높음'이 사람에 대한 '높임'으로 이어진 경우

원院　본뜻은 '담을 두른 언덕 위의 저택'.

사간원司諫院 | 승정원承政院 | 시강원侍講院 | 내의원內醫院 | 서원書院 |
등원登院 | 대원군大院君

▶ '원'이 주로 공적 기구에 쓰였음을 보여주는 옛말들

상원上院 | 하원下院 | 원로원元老院 | 참의원參議院 | 민의원民議院 |
중의원衆議院

▶ '원'의 전통적 용법에 충실한 일본산 근대어들

법원法院 | 대법원大法院 | 감사원監査院 |
국가정보원國家情報院 | 금융감독원金融監督院 |
소비자보호원消費者保護院 | 국토개발원國土開發院

▶ '원'의 전통을 잇는 우리나라의 공적 기구들

사원寺院 ㅣ 선원禪院 ㅣ 승원僧院 ㅣ 수도원修道院 ㅣ 병원病院 ㅣ 의원醫院 ㅣ
한의원韓醫院 ㅣ 요양원療養院 ㅣ 양로원養老院 ㅣ 보육원保育院 ㅣ 고아원孤兒院 ㅣ
소년원少年院 ㅣ 학원學院 ㅣ 대학원大學院 ㅣ 고시원考試院 ㅣ 미장원美粧院
▸ 마지막 둘은 '원'의 전통적 용법에서 벗어나 있다

각閣 '문이 달린 큰 건물'이 본뜻.

전각殿閣 ㅣ 정각亭閣 ㅣ 수각守閣 ㅣ 수각水閣 ㅣ 누각樓閣 ㅣ 비각祕閣 ㅣ 서각書閣 ㅣ
종각鐘閣 ㅣ 보신각普信閣 ㅣ 규장각奎章閣 ㅣ 황각黃閣
▸ '각'이 들어간 옛말들

내각內閣 ㅣ 각료閣僚 ㅣ 입각入閣 ㅣ 개각改閣 ㅣ 각하閣下
▸ '각'의 전통적 의미·용법과 다소 거리가 있는 근대어들

저邸 '언덕 위에 있는 유력자의 큰 집'이 본뜻.

춘저春邸 ㅣ 여저閭邸 ㅣ 행저行邸 ㅣ 잠저潛邸 ㅣ 종저宗邸 ㅣ 관저官邸 ㅣ 사저私邸 ㅣ
사저使邸 ㅣ 저택邸宅 ㅣ 저하邸下
▸ 예나 지금이나 '저'의 용법은 거의 달라지지 않았다

호戶 가구家口, 호구戶口.

문호門戶 ㅣ 창호窓戶 ㅣ 창호지窓戶紙 ㅣ 벽창호壁窓戶 ㅣ 호조戶曹 ㅣ 호방戶房 ㅣ
가호家戶 ㅣ 가가호호家家戶戶 ㅣ 호구戶口 ㅣ 호주戶主 ㅣ 호적戶籍 ㅣ 호별세戶別稅 ㅣ
호포戶布 ㅣ 호역戶役 ㅣ 완호完戶 ㅣ 하호下戶 ㅣ 분호分戶 ㅣ 객호客戶 ㅣ 민호民戶 ㅣ
독녀호獨女戶 ㅣ 독호獨戶 ㅣ 대호大戶 ㅣ 부호富戶 ㅣ 빈호貧戶 ㅣ 한호寒戶 ㅣ 잔호殘戶 ㅣ

파락호破落戶 | 백호百戶 | 백호소百戶所 | 만호萬戶 | 만호후萬戶侯 | 호역戶疫

▶ '호'가 들어간 말 중에 근대 이후에 생겨난 것은 없다

주호酒戶 | 호대戶大

▶ '호'의 원래 의미에서 가지 친 옛말

파호破戶

▶ 바둑에서 상대의 '집'을 갈라놓는 수

사舍　집채

당사堂舍 | 관사館舍 | 여사旅舍 | 청사廳舍 | 관사官舍 | 불사佛舍 | 정사精舍 |
남간정사南澗精舍 | 기원정사祇園精舍 | 가사家舍 | 대가사大家舍 |
호가사好家舍 | 가사제家舍制 | 내사內舍 | 사랑舍廊 | 누사陋舍 | 모사茅舍 |
막사幕舍 | 여사廬舍 | 요사寮舍 | 요사채[寮舍-] |
병사病舍 | 옥사獄舍 | 축사畜舍 | 목사牧舍 |
돈사豚舍 | 우사牛舍 | 마사馬舍 | 양사羊舍 |
계사鷄舍 | 가금사家禽舍 | 고사庫舍 |
당사黨舍 | 역사驛舍 | 교사校舍 | 기숙사寄宿舍 |

▶ '사'의 폭넓은 쓰임을 보여주는 낱말들

사숙舍叔 | 사형舍兄 | 사제舍弟

▶ '당'堂에 비해 좁고 작은 '사'의 이미지에 기댄 친족 용어

관館　본뜻은 '기관이 들어 있는 큰 건물'. 오늘날 '공적 기구' 또는 '많은 사람을 수용하는 곳'으로 범위가 넓어짐.

홍문관弘文館 | 예문관藝文館 | 성균관成均館 | 공관空館 | 왜관倭館 | 아관俄館 |

아관파천俄館播遷 ┃ 모화관慕華館 ┃ 영빈관迎賓館 ┃ 태평관太平館 ┃ 역관驛館
▸ '관'은 원래 국가기관에만 쓰였다

공관公館 ┃ 공사관公使館 ┃ 영사관領事館 ┃ 대사관大使館 ┃ 회관會館 ┃ 본관本館 ┃
별관別館 ┃ 신관新館 ┃ 구관舊館 ┃ 기념관紀念館 ┃ 박물관博物館 ┃ 도서관圖書館 ┃
미술관美術館 ┃ 수족관水族館 ┃ 전시관展示館 ┃ 홍보관弘報館 ┃ 체육관體育館 ┃
영화관映畵館 ┃ 사진관寫眞館 ┃ 이발관理髮館
▸ 근대 이후 생겨난 '관'들 (마지막 둘이 다른 것들과 어울리지 않는다)

所 소　특정한 일을 하는 곳, 장소.

장소場所 ┃ 빈소殯所 ┃ 산소山所 ┃ 묘소墓所 ┃ 성소聖所 ┃ 지성소至聖所 ┃
변소便所 ┃ 해우소解憂所 ┃ 조선소造船所 ┃ 제철소製鐵所 ┃ 제련소製鍊所 ┃
철공소鐵工所 ┃ 제재소製材所 ┃ 발전소發電所 ┃ 변전소變電所 ┃ 정유소精油所 ┃
주유소注油所 ┃ 충전소充電所 ┃ 정비소整備所 ┃ 인쇄소印刷所 ┃ 제본소製本所 ┃
수용소收容所 ┃ 교도소矯導所 ┃ 형무소刑務所 ┃ 구치소拘置所 ┃ 등기소登記所 ┃
보건소保健所 ┃ 진료소診療所 ┃ 급식소給食所 ┃ 대피소待避所 ┃ 구호소救護所 ┃
보호소保護所 ┃ 탁아소託兒所 ┃ 파출소派出所 ┃
검문소檢問所 ┃ 위병소衛兵所 ┃ 초소哨所 ┃
면회소面會所 ┃ 훈련소訓鍊所 ┃ 기표소記票所 ┃
개표소改票所 ┃ 거래소去來所 ┃ 환전소換錢所 ┃
매표소賣票所 ┃ 요금소料金所 ┃ 사무소事務所 ┃
출장소出張所 ┃ 연구소硏究所 ┃ 대서소代書所 ┃
안내소案內所 ┃ 상담소相談所 ┃ 흥신소興信所 ┃
직업소개소職業紹介所 ┃ 교습소敎習所 ┃

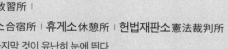

강습소講習所 ┃ 숙소宿所 ┃ 합숙소合宿所 ┃ 휴게소休憩所 ┃ 헌법재판소憲法裁判所
▸ 근대 이후 생겨난 수많은 '소' 중에 마지막 것이 유난히 눈에 띈다

자연의 길, 문명의 길

길·도로

여러 가지 '길'

어머니, 꽃구경 가요.
제 등에 업히어 꽃구경 가요.

세상이 온통 꽃 핀 봄날
어머니 좋아라고
아들 등에 업혔네.

마을을 지나고
들을 지나고
산자락에 휘감겨
숲길이 짙어지자
아이구머니나
어머니는 그만 말을 잃었네.
봄구경 꽃구경 눈감아버리더니
한 움큼 한 움큼 솔잎을 따서
가는 길바닥에 뿌리며 가네.

어머니, 지금 뭐하시나요.
꽃구경은 안 하시고 뭐하시나요.
솔잎은 뿌려서 뭐하시나요.

아들아, 아들아, 내 아들아
너 혼자 돌아갈 길 걱정이구나.
산길 잃고 헤맬까 걱정이구나.

김형영, 「따뜻한 봄날」

'길'은 길어서 '길'일까? 땅 위에 길게 난 것은 다 길이다. 좁은 길도 길이고 넓은 길도 길이다. 구불거리는 길도, 곧게 뻗은 길도 다 길이다.

길에 여러 종류가 있음은 임동확의 시 「안개길」이 잘 보여준다. 제목인 '안개길'로 시작해 '추억할 수 있는 만큼 가시적인 지방도로' '페달을 밟아가는 커브길' '이미 어긋나버린 서로의 길들' '영원한 샛길' '서로 다른 진입로' ….

방금 본 것처럼 길 중에는 보이지 않는 것도 많다. 이해인의 「오늘을 위한 기도」에 나오는 '오늘 하루의 길'이나 '흔들림 없는 발걸음으로 길을 가는 인내로운 여행자'가 걷는 길이 이런 것이다. '감동을 표현할 길'이 없을 때, '종적을 찾을 길'이 없을 때, '먹고살 길'이 막막할 때, 다행히 '길'을 찾아낸다 해도 눈으로 볼 수는 없다. '아이를 인도하는 바른 길' '아내를 위하는 남편의 길' '평생을 걸어온 교사의 길'은 걷기는 하지만 두 발을 쓰지는 않는다.

백무산의 시 「바람과 다투다」에서 '밭을 일구느라 가뜩이나 좁은 길을 파먹고 자갈 풀뿌리 던져 놓아 질척한 길'을 만들던 할머니는 어느 날 갑자기 세상을 떠나 평소 사이가 좋지 않았던 화자로 하여금 '가시는 길바닥에 가시가 되진 않았을까' 염려하게 만든다. 이렇게 죽은 뒤에 가는 '저승길'은 걸어서 가는 길인지 날아서 가는 길인지조차 모호하다.

토박이말은 이 모든 길을 '길'이라는 한 글자로 나타내지만, 한자어에서는 '도'道와 '로'路 두 가지로 표현한다. 이 두 '길'은 어떻게 다른 것일까? 둘을 합친 '도로'의 정체는 무엇일까?

'로'路는 두 발로 걷는 길

'로'路자에서 왼쪽은 '발'[足]의 형상이다. 오른쪽의 '各'에서도 윗부분은 원래 발을 거꾸로 그린 '止'였고 그 밑의 네모는 '입 구口'가 아니라 움집의 상형이니, '(집으로) 돌아오다'가 이 글자의 애초 의미였다. 한 글자 안에 발이 두 개나 들어 있다는 것은 이 글자가 그냥 돌아오는 일이 아니라 '걸어서 돌아옴'을 뜻했음을 말해준다. 수레나 가마 같은 탈것의 도움 없이, 말이나 당나귀 같은 가축의 등을 빌리지 않고, 오로지 두 발로 걸어서 집으로 돌아오는 사람의 모습을 상상해보라.

이 글자에 대한 자전의 뜻풀이 중에 '고달프다, 피로하다'가 들어 있는 것은 지극히 자연스럽다. 두 발로 걷는 '로'는 고단한 길이다. 그래서 '여로'旅路는 대개 고단한 '여행길'이 되고, '귀로'歸路 역시 상당한 '노독'路毒을 안고 돌아오는 길일 때가 많다. '먼 길'인 '원로'遠路에는 '고생 많으셨습니다' 하는 인사가 거의 필수로 따라붙는다. '로'가 지닌 어려움에는 경제적인 것도 있어서, 만만찮은 '노자'路資가 들기도 한다.

두 발로 먼 길을 걷다 보면 갖가지 장애를 만나 '애로'隘路를 겪기도 하고 때로는 험한 지형을 만나 '험로'險路를 통과하기도 한다. 갈림길에서는 어느 쪽으로 가야 할지 '기로'岐路에 서기도 한다. 존 번연의 우의소설 『The Pilgrim's Progress』의 우리말 제목 '천로역정'天路歷程은 하늘나라를 향해 가는 크리스천의 고난에 찬 여행길을 '천로'라는 말로 집약한 표현이다.

'로'는 잘 닦여 있는 길이 아니다 보니 목마른 자가 우물을 파듯 손

수 뚫어야 할 때도 있다. 군용에서 민간용으로 쓰임이 넓어진 '활로'
活路 '퇴로'退路 '보급로'補給路나 젊은이들의 '진로'進路, 신상품의 '판
로'販路 등은 모두 개척의 대상이다.

'로'는 좁고 구불구불한 길

직선으로 달려가지 마라
아름다운 길에 직선은 없다
바람도 강물도 직선은 재앙이다
굽이굽이 돌아가기에
깊고 멀리 가는 강물이다

깊이 있는 생각
깊이 있는 마음
아름다운 것들은 다
유장하게 돌아가는 길

박노해, 「직선이 없다」 중에서

바람의 길, 강물의 길은 자연의 일부이기에 직선이 아닌 '굽이굽이'
돌아가는 모양새를 띤다. 김형영의 시에서 아들이 봄날 꽃구경을 시
켜드리려 어머니를 업고 걸어갔던 길도 이런 길이다. 자연은 표지판
까지 만들어 세우지는 않기 때문에, 아들 등에 업힌 어머니가 걱정했
듯이 이런 길에서는 길을 잃을 염려가 있다. '자연이' 만든 길이 그렇

듯, 많은 사람들이 무심코 지나다녀 '자연히' 생겨난 길도 구불구불하기 마련이다. 이렇게 구불구불한 길을 가리키는 의미소가 '로'다.

구불구불한 길은 폭이 좁을 수밖에 없다. 구불구불해서 좁아졌을 수도 있고, 좁다 보니 구불구불해졌을 수도 있다. 산자락 따라 이어진 '등산로'가 그렇고, 마음 따라 걷는 '산책로'도 마찬가지다. 버스가 다니는 길은 '차도'지만, 그 길을 종이에 그리면 가늘고 구불구불한 '노선'路線이 된다. 버스의 '노선'을 뒤집은 열차의 노선 즉 '선로'도 정도의 차이만 있을 뿐 본질은 다르지 않다. 비행기가 다니는 '항로'도, 배가 다니는 '해로'도, 지도 위에서는 가늘고 구불거리는 선이 된다.

'노정'路程은 여행자가 몸으로 그려나가는 '노선'이다. '농로'農路도 경지 정리가 썩 잘 돼 있는 경우가 아니라면 좁은 논둑이나 밭둑을 따라 이리저리 구부러져 있다. 전기 '회로'回路도 복잡하게 구부러진 선들의 모둠이다. 인생길도 복잡하기로는 회로 못지않을 것이다. 파란만장한 악당 인생의 마지막 길을 '말로'라는 말로 표현하는 이유가 이 때문이 아닐지.

복잡한 길의 극치는 '미로'迷路다. 오래전 에게해의 크레타 섬에는 다이달로스가 만든 미로를 헤매던 괴물 미노타우로스가 있었고, 요즘의 대도시에는 현대문명이 만든 미로에서 길을 잃은 미아들이 있다.

'길의 거죽'인 '노면'路面은 '로'의 물질감을 생생하게 드러낸다. '노상'路上은 '길바닥'을 차지한 장사치 등을, '노변'路邊은 '길가'에 늘어선 가게 따위를 연상케 하고, '노제'路祭는 거리를 가득 메운 슬픈 사람들의 행렬을 떠올리게 한다. '여성 대상화 대회'에서 대상을 놓고 '해어화'解語花와 다툴 만한 표현인 '노류장화'路柳墻花는 '길가의 버들과 담 밑의 꽃'은 누구든지 쉽게 만지고 꺾을 수 있다는 뜻으로 기생을 가리키던 옛말인데, 역시 길의 감각적 속성을 보여준다.

'격화일로'나 '일로매진'에서 '일로'一路는 '한 줄기로 곧장 뻗친 길' 또는 '외곬으로 나가는 길'을 뜻한다. '로'가 이렇게 쭉 뻗게 되면 구불구불했을 때의 구체성을 잃으면서 '도'에 가까워진다.

쭉 뻗은 길은 대개 폭이 넓다. 이런 점에서 '대로'는 '도'道에 가장 가까운 '로'다. '탄탄대로'坦坦大路는 올림픽대로같이 평탄하고 넓은 길이면서 사람의 앞길이 환히 트여 순탄하게 앞으로 나아갈 수 있는 상태를 가리킨다. '군자대로행'君子大路行은 '군자는 큰길로 간다', 즉 숨어서 일을 도모하거나 부끄러운 일을 하지 않고 옳고 바르게 행동한다는 뜻이다. 여기서도 '대로'는 '소로'의 반대인 '큰길'로서 '도'道와 통한다. '로'에서 구불구불함이나 좁음 같은 속성이 사라지면 '도'가 되는 것이다.

'도'道는 문명의 산물

'도'道의 출발은 잔인했다. 잘린 머리(효수된 머리)를 손에 들고 거리에 서 있는 모양의 상형인 이 글자는 죄인의 '잘린 머리'[首]를 '거리'[辶]에 내보임으로써 국법 위반에 대한 강한 경고를 담은 글자였다. 이것이 '거리'로 굳어졌다가 다시 '길'로 변했고, 이어서 형이상학적 의미까지 파생하게 되었다(어린 세대를 위한 학습에서는 "'수'首가 사람의 신체를 대신하는 것이고, 그래서 '도'道는 '사람이 다니는 길'

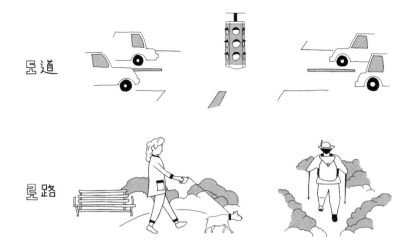

이다"라는 속설로 대체하는 편이 나을지도 모르겠다).

'도'는 문명의 산물이다. 문명은 많은 사람들이 한곳에 모여 삶으로써 생겨난다. '시도지교'市道之交는 시장과 도지사의 사교가 아니라 '시장과 길거리에서 이루어지는 교제'다. 이익이 있으면 서로 합하고 이익이 없으면 헤어지는 시정의 장사꾼과 같은 사귐을 말한다. '길에 떨어진 것을 줍지 않는다'는 '도불습유'道不拾遺는 선정으로 풍속이 안정되거나 준엄한 법치로 질서가 잡힌 상태를 비유하는데, 여기서도 '도'는 '사람이 다니는 길'이라기보다 '사람이 많이 다니는 길거리'다. 언론사들의 임무인 '보도'報道는 '사람이 많은 길거리로 나가 알리는 일'이다.

처음부터 길 자체보다는 길에서 많은 사람들이 지켜보는 가운데 벌어진 사건을 가리켰던 '도'道는 다분히 도회적이다. 예나 지금이나 도시에는 사람뿐 아니라 각종 탈것들을 위한 길이 필수다. 현대 도시의 원형인 고대 그리스와 로마의 폴리스에는 마차를 위한 '차도'와 사람을 위한 '인도'가 오늘날과 거의 같은 모양새로 구분되어 있었다.

경찰청 냄새를 풍기는 '인도'人道와 '보도'步道에 비해 구청 공무원 냄새가 나는 '가로'街路는 '길거리'에 가장 가까운 말이다. 길거리를 따라 이어진 차도가 '가도'街道이고, 차도를 따라 이어진 길거리가 '연도'沿道다. 가도를 메우는 것은 차량이고, 연도를 메우는 것은 시민들이다.

열을 지어 달리는 차, 즉 열차가 다니는 길은 '차도'가 아니라 '궤도'軌道라고 한다. 오늘날 자동차를 일컫는 '차'車는 원래 '수레 거車'였다. '차'는 곧 '수레'다. '수레바퀴'가 '궤'다. '차도'의 문자적 의미는 '수레가 다니는 길'이고 '궤도'는 '수레바퀴가 굴러다니는 길'이니, 글자만 놓고 봤을 때 '차도'와 '궤도' 사이에는 차이가 없다. 무엇이든 바퀴 달린 것이 지나는 길이 '궤도'이기 때문이다.

그런데 '궤'軌에는 '수레바퀴 자국'이라는 뜻도 있다. 이렇게 보면 '궤도'는 '수레바퀴 자국이 난 길'이라는 뜻이 된다. 돌길이나 흙길을 수많은 수레들이 지나며 두 줄로 길게 파놓은 바퀴자국을 '궤도'라고 한다면, 오늘날의 의미와도 맞아떨어지게 된다. 이렇게 궤도는 '정해진 길'이기에, '사업이 본궤도에 올랐다'에서처럼 일정한 계획에 따라 일이 되어나가는 단계를 비유하는 말로도 쓰인다.

'차로'와 '차도'

'도'와 '로'의 차이는 '도로'와 관련된 여러 말에서도 드러난다. 서울의 '종로'나 '을지로', 부산의 '범일로'나 광주의 '금남로' 등에서 '로'는 특정한 길 하나를 가리킨다. 반면에 '국도'나 '지방도'에서 '도'는 '길 묶음'이다. 이런 점에서 '로'는 부분, '도'는 집합이다.

뜻이 비슷한 한자 의미소 둘이 뭉치면 추상성이 높아진다(이 책의 모든 표제어가 이런 경우에 해당한다). '도'와 '로'가 만난 '도로' 역시 추상도가 높은 '도'의 일종이 된다. '고속도로'와 '간선도로'는 다 '길 묶음'이다(참고로, '도로아미타불'은 '도로'와 아무 관계가 없는 말이다).

'차로'와 '차도'도 두 의미소의 차이에 바탕을 두고 생겨난 말이다. '차로'는 차선으로 구분한 찻길 한 가닥이고, '차도'는 차로를 묶어서 부르는 말이기 때문이다. '철로'와 '철도'의 경우, 복선인 차로와 달리 철로가 단선이라는 점에서 다른 것 같지만 부분 대 집합 또는 구체 대 추상이라는 본질은 똑같다. 철로는 타르 냄새 나는 침목 위에 긴 레일이 깔린 진짜 기찻길이고, 철도는 지도에 그려놓은 가짜 기찻길이다.

'도'道가 '도'途가 되어

한편 '도'道는 경우에 따라 '도'途가 되기도 한다. 물건의 쓰임새는 '용도'用途이고, 쓰임새가 많으면 '다용도'다. '길을 가고 있는 동안'이나 '일의 중간'을 '도중'途中이라 하고, 목적지에 닿기 전에 차에서 내린다는 뜻에서 '시작한 일을 끝내지 않고 중간에 그만둠'을 비유할 때 '도중하차'라고 한다. '개발도상국'의 '도상'途上도 '도중'과 비슷한 뜻 이다.

'도중'을 뒤집은 '중도'中途는 비유적으로 쓰일 때가 많다. '중도금'은 부동산 거래에서 계약금과 잔금 사이에 치르는 돈이고, '중도이폐'中途而廢는 일을 하다가 끝을 맺지 않고 중간에서 그만두는 것을 말한다.

중대한 사명을 띠고 떠나는 길인 '장도'壯途는 흔히 '장도에 오른다'는 식으로 쓴다. '앞길' 즉 장래를 뜻하는 '전도'前途는 큰 희망이 있을 때 '전도양양'前途洋洋, 어느 정도 희망이 있을 때 '전도유망'前途有望, 어려움이 많을 것 같으면 '전도다난'前途多難, 갈 길이 아득히 멀 때에는 '전도요원'前途遙遠이 된다. '일모도원'日暮途遠은 '날은 저물었는데 갈 길은 멀다'는 뜻으로, 이미 늙어서 목적을 쉽게 달성하기 어렵다는 말이다. '늙은 말이 길을 안다'는 '노마지도'老馬知途는 연륜이 깊으면 나름의 장점이나 특기가 있다는 의미이기도 하고, 경험 많은 사람이 갖춘 지혜를 가리키기도 한다.

'수로'와 '수도'

'수로'水路와 '수도'水道도 '자연의 길'과 '문명의 길'의 대비를 보여주는 예다. '수로'는 물이 자연적으로 흐르는 길을 가리킨다. 배가 다닐 수 있는 수면 위의 길도 '수로'다. 한편 '수도'는 상수도와 하수도를 아울러 일컫는 말이다. '수로'는 자연적이고, '수도'는 인공적이다. '로'는 물에서 그쳤지만, '도'는 물 외에 여러 가지 사물에도 길을 열어주었다. 그리하여 사람의 몸에서 음식이 지나는 통로는 '식도'食道가, 공기가 드나드는 통로는 '기도'氣道가 되었고, 탄환이 그려내는 포물선은 '탄도'彈道가 되었다. '도'의 인위성은 '적도'赤道라고 부르는, 분명히 지구상에 있지만 결코 눈에는 보이지 않는 상상의 길에서 정점을 찍는다.

'도'의 인위성은 인간 정신능력의 하나인 추상화로 이어진다. '목적지'에서 '지'를 빼면 '목적'이라는 추상명사가 남는다. 목적지로 가는 데 필요한 것도 '길'이고, 목적을 이루는 데 필요한 것도 '길'이다. 문제를 해결하는 것이 목적이라면 '방도'方道가 필요하고, 물건을 만드는 것이 목적이라면 '도구'道具가 필요하다('도구'는 원래 '불도'를 닦는 데 쓰는 불상·포단·바리때 등의 기구를 가리키는 말이었다).

'도'를 아십니까?

길 중에서 가장 추상적인 길이 '도'다. 이 '길'은 너무나 추상적이어서 적도보다도 찾아내기가 어렵다. 길거리에서 아무나 붙잡고 '도를 아십니까?' 하고 묻는 사람들은 도리질하던 어린 시절부터 '도리'道理를 알았는지 모르지만, '사람이 마땅히 행해야 할 바른 길'이나 '사물의 바른 이치'가 어찌 그리 쉽게 알아질 수 있을까.

'사람이 마땅히 행해야 할 바른 길'은 사람이 마땅히 걸어야 할, 차도 옆의 '인도'와 이름이 같다. 굳이 '인도주의'라는 거창한 이름을 내세우지 않더라도, 세상에는 인도적인 사람과 비인도적인 사람 두 종류가 있다고 할 정도로 중요한 것이 '인도'다. 옛날 사람들 중에 가장 특별한 존재였던 제왕들도 '왕도'에 따라야 했던 것은, 위대한 천지자연조차 '천도'를 따르고 있기 때문이다. 그러니 '사람이 곧 하늘'이라 한 '천도교'에서는 '인도'와 '천도'가 다르지 않은 것이 된다.

'도리'와 비슷한 '도의'道義는 사람이 마땅히 행해야 할 도덕상의 의리, 한마디로 '도덕과 의리'다. '부도덕'하다느니 '도덕성'이 땅에 떨어졌다느니 하는 표현에서 '도덕'道德은 오늘날 사람으로서 지켜야 할 도리를 가리키는 말로 쓰이고 있지만, 최초의 용례라 할 노자의 『도덕경』에서 '도덕'은 '윤리' 정도에 해당하는 요즘의 어감에 비해 훨씬 깊은 의미를 지닌 것이었다.

노자와 장자의 가르침을 따르는 '도가'는 유가와 더불어 제자백가의 양대 산맥을 이루었던 학파다. 이러한 노장사상에 음양오행설과 신선사상이 결합하고 불교적 색채까지 더해져 종교의 형태를 띠고 중국의 민간 습속에 큰 영향을 주었던 것이 '도교'다. 불로장생 등을 목적으로 하는 도교의 방술이 '도술'이고, 도교를 믿고 수행하는 사람은 '도인' 또는 '도사'다. '도인'은 천도교를 믿는 사람을 가리키는 말이기도 하고, '도사'는 불가에서 승려를 지칭하거나 '불도'를 깨달은 사람을 가리키는 말로도 쓰인다. 부처의 가르침을 뜻하는 '불도'는 '법도'法道라고도 한다(생활상의 예법과 제도를 뜻하는 '법도'法度와는 다른 말이다). 도교에서 신선이 되기 위해 배우는 도는 '선도'이고, 공맹의 가르침은 유교의 도, 즉 '유도'다.

'도'는 어디에나 있다

종교나 사상의 차원이 아니더라도 이런저런 수단으로 몸과 마음을 닦는 것은 다 '도'다. 그 수단이 차라면 '다도'茶道가 되고, 글씨라면 '서도'書道가 된다. '무도' '검도' '유도' '역도' '태권도' '합기도'가 다 이런 계열인데, 사람들이 과연 '도'의 의미를 새기면서 수련에 임하고 있는지는 별개 문제다. 정치적 권세에도 '세도'勢道가 있어야 하는 법인데, 조선 말기에 그랬듯이 대개는 마음대로 휘두르기 때문에 어감이 좋지 않게 되었다.

궁색한 처지에 있더라도 평안하게 즐기는 마음으로 살아가는 것이 '안빈낙도'安貧樂道이고, 어떠한 처지에 있든지 부모를 정성으로 섬기는 도리가 '효도'孝道다. 어려서 어버이에게 순종, 시집가서 남편에게 순종, 남편이 죽은 뒤에는 아들에게 순종한다는 여자의 세 가지 도리 '삼종지도'는 오늘날 욕먹기 딱 좋은 '도 삼종 세트'다.

바른 길은 '정도'正道이고 바르지 못한 길은 '사도'邪道다. 어느 한쪽으로 치우치지 않는 '중도'中道는 양쪽을 아우름과 동시에 양쪽을 초월하는 경지다. 큰 깨달음이나 진리에 이르는 데에는 정해진 길이나 방식이 없다는 '대도무문'大道無門과도 통하는 말이다.

'도'를 깨치려면 먼저 '수도'修道 즉 도를 닦아야 한다. 도를 닦으려면 돌을 닦든 구두를 닦든 세간에서 '수도자'로 살아가는 방법도 있고, '수도원'으로 들어가 '수도사'가 되는 방법도 있다. '득도'得道는 도를 얻은 것이고, '성도'成道는 도를 이룬 것이다. 이렇게 얻거나 이룬 것을 다른 사람에게 전하고자 마음먹은 사람들은 '전도'傳道에 나서기도 하는데, 일삼아 전도하는 사람을 '전도사'라 하는 것을 보면 기독교에서 추구하는 것도 '도'임을 알 수 있다.

'문도'聞道는 '도를 듣는다'는 말이지만, 공자님이 '아침에 도를 들으면 저녁에 죽어도 좋다'고 하셨던 것을 보면 '문도'가 단순히 도를 듣는 것이 아니라 도를 들어서 깨닫는 것이었음을 짐작할 수 있다. 옛사람들은 인간과 세상을 아우르는 참된 이치를 깨닫는 데 목숨을 걸기도 했던 것인데, 이렇게 더없이 진지한 삶의 태도를 현대적 가벼움으로 탈바꿈시킨 표현이 '사소한 데 목숨 걸지 말라'다.

'팔도' '육도' '사무도'

마지막으로 '도'가 들어간 말 몇 가지를 살펴보자.

조선시대에 남자들이 통상적인 예복으로 입던 겉옷, 즉 두루마기를 '도포'道袍라고 했다. '두루마기'가 '몸을 둘러막는다'는 뜻이고 '도포'는 '도를 닦는 사람들의 겉옷'이라는 뜻이니, 전자는 몸에, 후자는 정신에 초점을 둔 말이다.

서울을 북쪽에서 호위하는 북한산 줄기 서쪽 자락에 명산 '도봉산'이 솟아 있다. 세상의 높은 봉우리들을 모조리 정복한 산악인 엄홍길을 키워낸 '도 봉우리 산'이다.

'재도지기'載道之器는 '도를 싣는 그릇'이라는 뜻으로, 문학 또는 시를 정의하는 말이다. 문학이 도를 실현하는 도구라는 생각을 반영한 표현이다.

‘도학선생’道學先生은 이론만 중시하여 세상 물정에 어둡고 융통성이 없는 학자를 조롱하는 표현으로, ‘책상물림’과도 통하는 말이다.

『논어』에서 공자는 ‘도부동道不同 불상위모不相爲謀’라 하여 ‘사람이 지켜야 할 도리를 달리하는 사람과는 서로 의논하지도 말라’고 충고했다.

‘도’는 조선 태종 시대 이후 ‘평안도’ ‘함경도’ ‘황해도’ ‘경기도’ ‘강원도’ ‘충청도’ ‘경상도’ ‘전라도’ 등 한반도를 ‘팔도’八道로 구분한 행정구역의 이름으로도 쓰여왔다. 불가에서는 일체 중생이 선악의 업인에 의해 필연적으로 이르게 되는 지옥, 아귀, 축생, 수라, 인간, 천상의 육계를 ‘육도’六道라 통칭한다.

한편 도리를 모르는 ‘무도’無道한 자들의 네 가지 품성인 ‘사무도’는 필자가 창안한 개념인데, ‘포학무도’ ‘잔인무도’ ‘흉악무도’ ‘극악무도’가 그 세목이다.

'길' 말모음

도 道 문명이 낳은, 넓고 곧은 길. 보이지 않는 길로 추상화되어
'진리'로 이어진다.

차도車道 | 인도人道 | 보도步道 | 보도報道 | 가도街道 | 연도沿道 | 철도鐵道 |
궤도軌道 | 본궤도本軌道 | 도불습유道不拾遺 | 시도지교市道之交
▶ 눈에 보이는 '도'

수도水道 | 식도食道 | 기도氣道 | 탄도彈道 | 적도赤道 | 방도方道
▶ 눈에 보이지 않는 '도'

도道 | 도리道理 | 도의道義 | 도덕道德 | 도덕경道德經 | 도가道家 | 도교道教 |
도술道術 | 도인道人 | 도사道士 | 도학선생道學先生 | 도포道袍 | 도구道具 |
불도佛道 | 법도法道 | 선도仙道 | 유도儒道 | 천도天道 | 왕도王道 | 인도人道 |
인도주의人道主義 | 효도孝道 | 안빈낙도安貧樂道 | 삼종지도三從之道 |
세도勢道 | 성도成道 | 정도正道 | 사도邪道 | 중도中道 | 대도무문大道無門 |
수도修道 | 수도원修道院 | 수도사修道士 | 수도자修道者 | 전도傳道 |
전도사傳道師 | 문도聞道 | 무도無道 | 포학무도暴虐無道 | 잔인무도殘忍無道 |
흉악무도凶惡無道 | 극악무도極惡無道 | 재도지기載道之器 |
도부동불상위모道不同不相爲謀 | 서도書道 | 다도茶道 |
무도武道 | 검도劍道 | 유도柔道 | 역도力道 |
태권도跆拳道 | 합기도合氣道
▶ '진리' 또는 그와 유사한 것으로 추상화된 '도'

도道 | 팔도八道 | 평안도平安道 | 함경도咸鏡道 |
황해도黃海道 | 경기도京畿道 | 강원도江原道 |
충청도忠淸道 | 경상도慶尙道 | 전라도全羅道 | 육도六道 |
▶ 경계를 나누는 데 쓰인 '도'

로 路   좁고 굽은 길.

여로旅路 ¦ 원로遠路 ¦ 험로險路 ¦ 기로岐路 ¦ 애로隘路 ¦ 귀로歸路 ¦ 진로進路 ¦

퇴로退路 ¦ 보급로補給路 ¦ 판로販路 ¦ 활로活路 ¦ 천로天路 ¦ 철로鐵路 ¦

선로線路 ¦ 차로車路 ¦ 항로航路 ¦ 해로海路 ¦ 농로農路 ¦ 수로水路 ¦ 가로街路 ¦

미로迷路 ¦ 회로回路 ¦ 말로末路 ¦ 대로大路 ¦ 탄탄대로坦坦大路 ¦

군자대로행君子大路行 ¦ 소로小路 ¦ 등산로登山路 ¦

산책로散策路 ¦ 일로一路 ¦ 일로매진一路邁進 ¦

격화일로激化一路 ¦ 노선路線 ¦ 노정路程 ¦ 노독路毒 ¦

노자路資 ¦ 노면路面 ¦ 노상路上 ¦ 노변路邊 ¦

노제路祭 ¦ 노류장화路柳墻花

▶ 고금의 여러 가지 '로'

도로道路 ¦ 고속도로高速道路 ¦ 간선도로幹線道路
▶ '도'와 '로'를 합치면 양자의 고유한 특성이 동시에 사라진다

도 途   '도'道와 통함.

용도用途 ¦ 다용도多用途 ¦ 도중途中 ¦ 도중하차途中下車 ¦ 도상途上 ¦

개발도상국開發途上國 ¦ 중도中途 ¦ 중도금中途金 ¦ 중도이폐中途而廢 ¦

장도壯途 ¦ 전도前途 ¦ 전도양양前途洋洋 ¦ 전도유망前途有望 ¦

전도다난前途多難 ¦ 전도요원前途遙遠 ¦ 일모도원日暮途遠 ¦ 노마지도老馬知途
▶ '도'道와 달리 '도'途는 '진리'까지 품지는 못한다

'떼'냐, '패'냐

무리·군중

'무리'와 '동아리'

이번 글은 흠잡기로 시작해본다. '동아리'는 주로 예전에 대학가에서 같은 뜻이나 취미로 모인 학생들의 단체를 이르던 '서클'을 순화(?)한 말이다. 이 '순화'의 주역인 『표준국어대사전』에 따르면, '동아리'는 '같은 뜻을 가지고 모여서 한패를 이룬 무리'다. '같은 뜻'이라는 표현에서, '동아리'의 주체가 '사람'임을 알 수 있다. 그런데 이 풀이 끝의 '무리'에 대한 『대사전』의 설명에는, '사람이나 짐승, 사물 따위가 모여서 뭉친 한 동아리'라고 되어 있다. 사람에 국한된 '동아리'로 사람·짐승·사물에 두루 걸친 '무리'를 설명하는 자가당착을 범하고 있는 것이다. 한편 '동아리'의 설명에 나온 '패'는 '같이 어울려 다니는 사람의 무리'이고, 이 세 낱말과 뜻이 비슷한 '떼'는 '목적이나 행동을 같이하는 무리'다.

이러한 풀이에 따라 네 낱말의 주체를 구분하면 아래와 같다.

무리 사람·동물·사물

동아리 사람

패   사람

떼   사람·동물

'군중'을 이룬 '군'群과 '중'衆은 둘 다 '무리'라 새기니, 『대사전』에 따르면 두 의미소는 사람·동물·사물에 다 해당해야 맞다. 그러나 과연 그럴까?

'발군'拔群과 '출중'出衆은 둘 다 '무리 가운데 뛰어나다'라는 뜻이다. 여기서 두 '무리'는 같은 '무리'일까? 성격이 상반된 '군웅'群雄과 '군도'群盜에 같은 '군'을 쓴 이유는 무엇일까? '군중'과 '대중'과 '민중'을 이루는 사람들은 모두 같은 사람들일까?

'일당' '신도' '폭력배' '시위대' '고등학교' '유유상종' '금속' '어휘' 등에 들어 있는 '당' '도' '배' '대' '등' '류' '속' '휘'도 모두 '무리'라 새긴다. 이 '무리'들 사이에는 어떤 차이가 있는 것일까?

'군'群의 시조는 '양 떼'

'군'群자의 오른쪽을 이루는 '양'羊은 이 글자의 최초 의미가 '양 떼'와 관련이 있었음을 말해준다. 이렇게 애초부터 '무리를 이룬 가축'을 가리키며 출발했던 이 의미소는 동물과 관련한 표현 몇 가지를 흔적으로 남겼다. '군거'群居는 동물이 무리 지어 사는 일이고, '군비'群飛는 새들이 떼 지어 나는 일이다. '새나 짐승과 무리 지어 살 수는 없다'는 공자의 말씀 '조수불가여동군'鳥獸不可與同群은 사람이 사람을 떠나서는 살 수 없음을 뜻하는 말이다.

근대에 들어 일본의 지식인·학자들은 식물까지 '군'의 울타리 안에 넣었다. '군락'群落은 같은 생육 조건에서 떼를 지어 자라는 식물 집단을 가리키는 학문 용어인데, 문자적 의미는 '많은 부락' 또는 '무리가 사는 마을'이다.

'양 떼'가 동물계에 남긴 유일한 방계후손이 '닭 떼'인 '군계'다. '닭무리 속의 한 마리 학'인 '군계일학'群鷄一鶴은 평범한 사람들 가운데 있는 뛰어난 한 사람을 이른다. 학이 도드라져 보이는 이유는 닭이 상대적으로 볼품이 없어서이기도 하지만(닭들아 미안!) 닭들이 하나같이 개성을 포기한 채 '떼'를 이루고 있어서이기도 하다. 그래서 고고하게 홀로 서 있는 학이 '여럿 가운데서 특별히 빼어난' '발군'이 되는 것이다. '발군'과 비슷한 말로 '불군'不群도 있다. 『표준국어대사전』은 이 말을 '어떤 무리와도 견줄 수 없을 정도로 뛰어나다'는 뜻으로 풀고 있는데, 문자적 의미는 '무리 짓지 않는다'다.

딱히 닭이 아니라도 무엇이든 떼를 이루거나 무리를 짓는 순간 하찮은 존재로 떨어지고 만다. 소 떼, 쥐 떼, 새 떼, 참새 떼, 오리 떼, 기러기 떼, 갈매기 떼, 나비 떼, 벌 떼, 메뚜기 떼, 모기 떼, 파리 떼, 개미 떼, 고기 떼, 멸치 떼, 송사리 떼 등등에 속한 모든 존재들이 다 마찬가지다.

사람도 무리를 짓거나 떼로 몰려다니면 결코 좋은 평판을 듣지 못한다. '여러 현인'인 '군현'群賢과 '많은 영웅'인 '군웅'群雄, '뭇 신하'인 '군신'群臣 같은 말도 있지만, 여러 사람을 뭉뚱그려 이르는 말이지 그들이 무리를 짓거나 했다는 의미는 아니다. 옛날에 '거지 떼'를 비롯해 '강도 떼' '도적 떼' '화적 떼'는 좋지 못한 '떼'를 대표했다. '소인들의 무리'인 '군소배'群小輩는 오늘날 '군소국' '군소정당' 같은 자손을 남겼는데, 여전히 하찮거나 별볼일없다는 어감이 남아 있다. 옛날에 소인배들이 모여 남을 비방하는 일을 두고 '고을 개들이 무리 지어 짖는다'는 뜻으로 '읍견군폐'邑犬群吠라 했다. 오늘날에도 한꺼번에 몰려다니는 사람들은 '개 떼' 취급을 받기 십상이고, 이익을 좇아 몰려다니는 소인들의 무리는 '이리 떼'라는 비아냥을 듣기도 한다.

살아 있지 않은 것들의 '무리'

살아 있지 않은 것들도 무리를 이룬다. '무리를 이룬 크고 작은 섬들'
인 '군도'群島는 '떼도둑'인 '군도'群盜들이 옮겨 다니며 은신하기 좋은
곳이고, 전라북도의 항구도시인 '군산'은 '무리를 이룬 산'이니 이름
만 본다면 등반가나 생태연구자들이 관심을 기울일 만한 고장이다.
'학군' '직군' '어군' '증후군' '개체군' '탄착군' 등도 무생물의 무리인
데, '모으다'라는 '군'의 뜻을 '모아놓은 것' '뭉뚱그린 것'으로 활용한
근대적 용어들이다. '여러 사람이 무리를 지어 추는 춤'인 '군무'群舞
나 '여러 인물을 한 주제 아래 형상화한 미술 작품'인 '군상'群像도 근
대의 산물이고, '한곳에 무리 지어 몰려 있다'는 뜻의 '군집'群集도 사
람, 동물, 식물, 건물 등에 두루 쓰이는 근대 학문 용어다.

한편, '짙은 남색'을 가리키는 '군청색'에 '군'群이 쓰인 이유는 불분
명하다. 전문사전에 따르면 '군청'은 '백토, 유황, 탄산나트륨 등을 분
쇄, 혼합, 소성해 만든 청색 안료'다. 영어로는 'ultramarine blue'인데,
이 말에서 '극도' '초'超 '과'過 등을 뜻하는 의미소인 'ultra'를 '군'으로
옮겼든지, 아니면 재료가 여러 가지여서 '군'을 붙이지 않았을까 짐작
할 뿐이다(물론 옮긴이의 국적은 일본일 것이다). 영영사전은 이 색
을 'very bright blue in colour'(매우 밝은 청색)이라 풀고 용례로
'an ultramarine sky'를 들고 있는데, 바로 '쪽빛 하늘'을 떠올리게
하는 표현이다. '쪽빛'은 곧 '남색'이니, 문자적 의미가 모호한 '군청색'
보다는 '쪽빛'이나 '남색'에 마음이 간다.

호흡을 고르는 의미에서 「추구」推句에 실려 있는 옛 시구 하나를 감

상한 뒤에 다음 이야기로 넘어가자.

바람은 때로 나는 기러기를 몰고　　風驅群飛雁

달은 홀로 가는 배를 보내네　　月送獨去舟

'중'衆은 사람의 무리

'중'衆자의 원래 모습은 '眾'이었다. '눈 목目'처럼 보이는 윗부분은 해[日]의 변형이고, 아래는 세 사람[人人人]이다. 뜨거운 태양 아래 일하는 사람들(아마도 노예)의 모습을 묘사하는 글자다. 본뜻은 '많다'이고, '사람 무리'는 나중에 파생한 뜻이다.

사람을 셋이나 품고 있는 이 의미소는 예나 지금이나 사람에 한정해서 쓰인다는 것이 '군'群과 근본적으로 다른 점이다. '무리를 짓는다'는 동사적 용법이 없고 오로지 명사나 형용사로만 쓰인다는 점도 차이다. 즉, 동물들처럼 스스로 무리를 짓는 것이 아니라 '무리로 분류된 사람들'이 '중'衆이다.

'출중'出衆은 '여러 사람 가운데서 특별히 두드러진다'는 뜻이다(앞서 나왔던 '발군'과 비슷한 말인데, '발군'은 사람이 아닌 것에도 쓰이고 사람의 경우라도 능력이나 성적과 같은 그 사람의 일부를 대상으로 하는 말인 데 비해 '출중'은 사람 자체를 가리킨다는 점이 다르다). '전국시대'라는 말의 유래가 된 『전국책』에 '큰 공을 이루는 자는 여럿과 꾀하지 않는다'成大功者不謀於衆는 말이 나온다. 큰일을 하려는 사람은 다른 사람들의 의견에 흔들리지 말고 자기의 뚜렷한 주관으로

일을 처리해야 한다는 뜻이다. 『논어』에 나오는 '중오필찰衆惡必察 중호필찰衆好必察'이라는 가르침도 있다. '여러 사람이 미워하더라도 반드시 살피고, 여러 사람이 좋아하더라도 반드시 살피라'는 뜻으로, 사람들의 평가에 부화뇌동하지 말고 스스로 숙고해서 판단하라는 말이다. '수중축대'隨衆逐隊는 물속에 쌓은 축대가 아니라 자기의 뚜렷한 주견 없이 여러 사람 틈에 끼여 덩달아 행동하는 경우를 비유하는 말이다.

이 모든 표현에서 알 수 있는 것은, '군'과 마찬가지로 '중'이 결코 특별한 사람들이 아니라는 사실이다. 하지만 '군'과 달리 '중'은 적어도 무리를 지음으로써 자신을 격하하는 일 따위는 하지 않는다. 맏아들 외의 모든 아들을 묶어서 이르던 말이 '중자'衆子인데, 형제들이 무리를 지어 몰려다닌다거나 하는 뜻은 전혀 없다. '중신'重臣은 '중요한 관직에 있는 신하'이고 '중신'衆臣은 '여러 신하'인데, 어느 쪽이든 무리를 짓거나 몰려다니지는 않는다.

'중력'重力은 만유인력의 일종이고, '중력'衆力은 '많은 사람의 힘'이다. '중력이산'衆力移山은 '많은 사람이 힘을 합하면 태산도 옮길 수 있다'는 말이다. '중과부적'衆寡不敵은 '적은 사람으로 많은 사람을 이기지 못한다'는 말이다. 그런데 여기서 '중'이 산을 옮기고 남을 이기고 한 것은 화자의 상상 속에서 일어난 일일 뿐, 실제로 사람들이 무리를 지어서 벌인 일은 아니다.

　'중'이 그 태생적 의미의 연장으로 옛날에는 피지배층인 백성을 가리켰고 오늘날에는 보통사람들이나 서민 또는 노동계급을 가리키고 있지만, 사람 자체를 경시하는 뉘앙스는 거의 풍기지 않는다. 양원제인 일본에서 하원에 해당하는 '중의원'衆議院도 '보통사람들로 구성된 의회'라는 뜻이다(참고로, 일본사람들이 'United States'를 번역한 '합중국'合衆國이라는 말은 사람이 아닌 것에 '중'을 쓴 거의 유일한 예다).

　'오합지졸'은 '까마귀 떼처럼 질서 없이 모인 병졸'이고 '오합지중'烏合之衆은 그렇게 모인 군중인데, 이 말에서 문제 삼고 있는 것은 '중' 자체가 아니라 '질서 없음'이다. '어리석은 대중'을 뜻하는 '우중'愚衆은 근대 이후 파시즘이 퍼뜨린 악의적 단어다. 옛날의 '중우'衆愚는 아직 도를 깨치지 못한 '많은 어리석은 사람들'이라는 의미였다. 오히려 '중인'衆人은 '중의'衆意나 '중론'衆論을 형성하는 주체였고, '중지'衆智를 모을 수도 있는 사람들이었다.

　'뭇사람의 마음이 성을 이룬다'는 '중심성성'衆心成城은 많은 사람들의 뜻이 일치하면 성과 같이 굳어짐을 이르는 말이다. '뭇 입'인 '중구'는 '여러 사람의 평판이나 비난'이고, '중구난방'衆口難防은 어느 구청의 겨울철 업무가 아니라 '여러 사람의 입을 막기 어렵다'는 말로, 여럿이 마구 지껄임을 이른다(『표준국어대사전』은 이 말을 '마구 떠듦'으로 순화(?)할 것을 권장하고 있는데, 나가도 너무 나갔다). '중노

난범'衆怒難犯은 '뭇사람의 분노를 함부로 건드려서는 안 된다'는 말이니, 공분 살 일을 경계하라는 의미다. '사람에게 관대하면 많은 이들의 마음을 얻는다'는 '관즉득중'寬則得衆이라는 말도 있다. 이 모든 표현을 관통하고 있는 것은 '많은 사람들의 존재감'이다.

많은 사람들의 존재감이 극에 달해 '살아 있는 모든 존재'로 넓어진 경우가 불교 용어인 '중생'이다. '아래로 중생을 제도한다'는 '하화중생'下化衆生은 '위로 깨달음을 구한다'는 '상구보리'上求菩提와 짝을 이루는 말이다. '중생을 구제하는 병원'인 '제중원'은 조선 말기에 생겨난 우리나라 최초의 서양식 병원이었다. 현대사회의 주체가 된 '대중'大衆도 원래 불가에서 '많은 승려'나 '모든 재가·출가 불자'를 통틀어 이르는 말이었다. 신자가 여러 승려에게 음식을 차려서 먹게 하는 일이 '대중공양'大衆供養이다. '꽃을 따서 대중에게 보인다'는 '염화시중'拈華示衆은 말이나 글에 의하지 않고 이심전심으로 뜻을 전하는 일을 뜻하는데, '대중'의 직관이나 통찰력에 대한 믿음이 전제가 되어 있다.

'군중'과 '대중'

이제 '군'과 '중'을 합친 '군중'이 남았다. 앞서 본 것처럼 원래 '중'은 무리를 짓는 사람들이 아니었다. 그런데 인구가 늘고 사회가 복잡해지면서 사람들이 대회, 집회, 시위 같은 일로 한군데 모이는 일이 많아지다 보니 이런 사람들을 가리키는 말이 필요해졌고, 그리하여 '무리 지어 모여 있는 사람들'인 '군중'群衆이 생겨났다(여기서 '군'은 '무리를 짓는다'는 동사로 쓰였다). 이들의 공통된 심사를 가리키는 '군중심리'도 이즈음 생겨났고, 운동경기 같은 볼거리의 규모가 커지면서 '구경하기 위해 모인 무리'인 '관중'觀衆도 생겨났다. 강연이나 음악을 듣기 위해 모인 '청중'聽衆도 같은 시기에 탄생했다.

일본을 거쳐 들어온 서양의 물질문명은 뭐든지 이리 가르고 저리 갈라서 이름 붙이기 좋아하는 방식까지 달고 왔다. 그리하여 모여 있지 않은 사람들까지도 이런저런 기준에 따라 이름을 얻게 되었으니, 같은 말을 쓰면 '언중'言衆, 지배층에 속하지 않으면 '민중'民衆이 되었다. 그리고 마침내 이 모든 '중'들을 한데 묶어 어느 한 사람도 빠져나갈 수 없는 '대중'이라는 거대한 집단이 완성되었다(앞서 본 것처럼, 이 말의 저작권은 불가 소유다). 공공성을 중시하는 관료들은 '대중' 대신 '공중'公衆을 선호해서 '공중도덕' '공중전화' '공중화장실' 같은 것을 만들어냈지만, 어차피 두 낱말이 영어의 'mass'나 'the public'에 해당하는 서양 개념을 옮긴 것이라 내용에는 거의 차이가 없다.

'악당'과 '주당'

'무리'를 뜻하는 글자로 '당'黨도 있는데, 뒤에서 살펴볼 '배'輩와 마찬가지로 어감이 별로 좋지 않다. '도당'徒黨은 '떼를 지은 무리'인데, 그냥 '무리'가 아니라 보통은 '불순한 무리'다(수십 년 전에 북한의 원수元首를 원수怨讐로 여겨 '○○○ 도당'이라 칭했던 이들도 있었다).

‘악당’惡黨은 ‘당’의 본래 뜻을 그대로 설명하는 듯한 낱말이다. 떼를 지어 돌아다니며 재물을 빼앗는 사람들이나 남 괴롭히는 것을 일삼는 무도한 사람들의 무리를 ‘불한당’不汗黨이라고 한다. 앞의 ‘얼굴·안면’ 편에 나왔던 ‘한안’汗顔이 ‘땀 흘리는 얼굴’로서 ‘매우 부끄러워하는 얼굴’임에 비추어보면, ‘땀 흘리지 않는 무리’인 ‘불한당’은 ‘나쁜 짓을 하면서도 부끄러움을 전혀 모르는 자들’이 된다. ‘부끄러움’이 ‘염치’고 ‘부끄러움을 부숴 없애는 일’이 ‘파렴치’니, ‘불한당’은 ‘파렴치한 무리’와 동의어다.

　‘이것들이 작당을 하고 달려드네!’ 할 때의 ‘작당’作黨은 ‘패거리를 만든다’는 뜻이다. ‘이것’은 사람을 물건 취급하는 표현이고 ‘패거리’는 ‘무리’의 낮춤말이니, 한목소리로 자신을 비난하여 자존심에 상처를 입힌 사람들을 향한 적대감이 고스란히 묻어나는 외침이다.

　‘무리를 이루어 패거리를 만든다’는 ‘성군작당’이라는 옛말은 ‘당’의 특성을 잘 보여준다. ‘무리’는 ‘이루는’ 것이고, ‘당’은 ‘만드는’ 것이다. 즉, ‘당’은 조직이고, 그 핵심은 결속력이다(‘당’ 중에 결속력이 가장 약한 경우가 ‘함께 어울려 술을 즐기는 무리’인 ‘주당’酒黨이다). ‘작당’을 통해 ‘같은 목표를 위해 행동을 함께하는 무리’인 ‘일당’이 탄생한다. 이 ‘일당’은 도적 떼나 조직폭력배 같은 법외 당이 될 수도 있고, 합법을 가장한 ‘일당독재’의 주체가 될 수도 있다.

　조선시대의 대표적인 법외 당이었던 ‘사당’과 ‘남사당’은 각각 유랑하는 여성 예인 집단과 남성 예인 집단을 가리키는데, 사찰에서 내준 부적을 팔아 그 수입의 일부를 사찰에 바치기도 하는 등 절과 관련이 깊어 ‘절 사寺’자가 붙었다. 법외를 넘어 불법 취급을 받았던 당으로는 개별 명칭인 '동학당'과 일반 명칭인 '활빈당'이 대표적이다.

　조선시대의 제도권 안에는 '북당' '남당' '낙당'洛黨 등 여러 '당파' 또는 '파당'으로 갈린 '붕당'이 있었다. 이들은 '당쟁'을 통해 수많은 사화와 옥사를 연출했고, 이때 화를 당한 사람들의 명부인 '당적'黨籍을 오늘날의 '정당'政黨에 유산으로 물려주었다.

　'붕당'은 개화기의 '독립당'을 거쳐 오늘날의 '정당'으로 이어졌다. '여당' '야당'을 막론하고 '당수'가 두목이나 다름없었던 시절 '창당' '분당' '합당'을 밥 먹듯이 하던 이들은 '탈당'과 '복당'을 손바닥 뒤집듯이 하며 '당원'들과 함께 '당론'을 가장한 '당리당략'에 따라 '집권당'이 되기 위해 분투하고 있다.

　한편 '당'黨에는 '가깝게 지내다' '치우치다' '편들다'라는 뜻도 있는데, '당'의 결속력을 생각하면 자연스러운 의미 연장이다. 요즘도 같은 당에 속한 비리 의원을 감싸고도는 일을 흔히 본다. '불편부당' 不偏不黨은 불편한 서비스의 부당함을 따지는 어느 진상 고객의 주장이 아니고, 자연의 본성이 그러하듯이 '어느 한쪽으로 기울어짐 없이 공평하다'는 의미다.

'신도'와 '폭도'

'도'徒도 '무리'로 새기는 의미소인데, 일반적인 무리가 아니라 '배우는 사람' '제자' '문하생' '가르침을 따르는 사람' 등을 뜻한다. '학도' '문학도' '과학도' '생도'가 다 같은 부류인데, 신라의 '화랑도'(줄여서

'낭도')가 원조 격이다. 종교를 따르는 '신도'와 '교도', 기독교의 가르침을 따르는 '성도', 예수를 따르는 '사도', 공자를 따르는 '중니지도', 스승을 따르는 '문도'門徒 등도 크게 보면 같은 계열이다.

'폭도'暴徒 '흉도'凶徒 '역도'逆徒처럼 스승이 아니라 몹쓸(?) 신념을 따르는 사람들도 '도'다. 자신의 신념과 다르다 하여 애꿎은 사람들을 이런 무리로 몰아가는 몹쓸 인간들도 있는데, 소인의 무리를 '제비와 참새 무리'에 빗댄 '연작지도'燕雀之徒보다도 못한 사람들이다. '상분지도'嘗糞之徒는 '똥도 핥을 놈'이라는 뜻으로, 남에게 아첨하여 부끄러운 짓도 꺼리지 않는 사람을 이른다.

'도'徒는 '맨손'이나 '맨발' 등의 '맨'처럼 '오로지'라는 의미로도 쓰는데, 사실 이것이 '수레를 타지 않고 걸어간다'는 이 글자의 본뜻에 가장 가까운 용법이다. 탈것을 타지 않고 걸어가는 '도보'徒步는 '도'의 본래 의미를 정확히 설명해주는 낱말이다. 기구 없이 맨손으로 하는 체조가 '도수체조'徒手體操이고, 화장을 하지 않은 '맨얼굴'은 '도안'徒顔이다. 게으르거나 능력이 없는 사람을 두고 '하는 일 없이 헛되이 먹기만 한다'는 뜻으로 '무위도식'無爲徒食이라 하는 것이나 '헛수고'를 '도로'徒勞라고 할 때 '도'는 '헛되이'라는 뜻인데, 원래의 의미에서 멀리 가지 못한 용법이다.

'폭력배'와 '선후배'

'배'輩도 바람직하지 않은 무리다. 함께 어울려 같은 짓을 하는 무리를 '도배'徒輩라 하는데, 그 하는 짓이 별로 좋지가 않다. 간사하고 도량이 좁은 '소인배'는 그나마 양반이다. 주먹질을 일삼는 '폭력배', 못된 짓을 밥 먹듯이 하는 '불량배', 하는 일 없이 떠돌아다니는 '부랑배'나 '무뢰배', 방탕한 생활을 하며 시중을 떠돌아다니는 '시정잡배', 정치가와 결탁해 장삿속을 채우는 '정상배', 방법을 가리지 않고 자신의 이익만을 꾀하는 '모리배' 등등, 예부터 '배'들이 해온 못된 짓은 종류를 가리지 않는다.

'배'輩는 '사람을 계속해서 내보낸다'는 뜻으로도 쓴다. 똥이나 배기가스를 밖으로 내보내는 것은 '배출'排出이고, 학교나 지역에서 인재가 계속 나오는 것은 '배출'輩出이다. '선배' '후배' '동년배'의 '배'는 이렇게 배출된 사람들이라는 의미일 텐데, 이렇게 '연배'를 따지는 관습은 아마도 동해 건너편에서 왔을 것이다.

'군대'와 '성가대'

'무리 대'隊는 '언덕'[阝]에 '멧돼지'[豕]들이 무리 지어 다니는 모습에서 온 글자다. 육중하고 단단한 몸집에 신속한 이동능력까지 지닌 멧돼지들이 떼를 지어 행동할 때, 그 위력은 자연계에서 가히 천하무적이다. 멧돼지 떼는 인간계로 치면 강력한 총포를 장착하고 고속 캐터필러로 달리는 탱크 '부대'와 같다. '대'隊는 한마디로 '군대'다.

'대오'를 짓거나 '횡대' '종대' 등 '대열'을 이루어 행동하는 조직이 '군대'다. '입대'한 병사는 '제대'하기 전까지 '소대' '중대' '대대' '연대'

'특공대' '유격대' '돌격대' '결사대' '수색대' '기동대' '원정대' '선발대' '경비대' '의장대' '군악대' '함대' '편대' 중에 적어도 한두 가지 '무리'에는 들어야 한다.

고려 때에는 백정들로 구성한 서북지방의 부대인 '백정대'가 있었고, 대한제국 시대에는 황제를 호위하는 '친위대'와 '근위대'가 있었다. 로마 군대에는 100명으로 조직된 단위 부대인 '백인대'가 있었다. 동서 문명 교류의 첨병이었던 아라비아인 '대상'隊商은 '떼를 지은 상인들'이면서 유사시에는 전투조직으로 변모하는 '군대와 같은 상인 집단'이었다.

헌법상 군대를 보유할 수 없는 일본이 사실상의 군대를 창설하면서 '자위대'라는 이름을 붙인 것은, '대'隊가 '군대'뿐 아니라 '군대에 준하는 조직'이나 '군대와 비슷한 조직'을 뜻하기도 한다는 사실에 착안한 교묘한 작명이다. 태평양전쟁 때 일제가 이 땅을 비롯한 식민지 여성들을 상대로 조직했던 '정신대'는 그나마 군대와 관련이 있었지만, 군대를 흉내만 냈을 뿐인 '구조대' '탐험대' '성가대' '고적대'('북'과 '피리'로만 이루어진 '음악대') 같은 것들도 있기 때문이다.

한편 '시위대'는 그 규모로 보나 참가자들의 결의로 보나 어느 군대 못지않다는 점에서 사뭇 타당성 있는 낱말이다.

'무등산'과 '팔등신'

이 책에서도 그러고 있듯이, 글에서 비슷한 것 몇 가지를 열거하다가

'등'이나 '등등'을 붙이는 경우가 있다. '무리 등等'은 '관청[寺]에서 쓰는 서류를 대쪽[竹]처럼 가지런히 정리하여 순서대로 놓는다'에서 '등급'이나 '같다'를 의미하게 된 글자다. 무엇에 관심이 없거나 소홀한 것이 '등한'이고 소홀하게 보아 넘기는 것이 '등한시'인데, '뭔가를 분류하고 정리하는 일[等]을 한가롭게[閑] 한다'는 뜻으로 풀 수 있겠다.

'등'이 뜻하는 '무리'는 '한 등급으로 분류한 무리'나 '같은 무리'다. 상대비교로 나누었을 때 등급이 같으면 '동등' '평등' '균등'이 된다. 등급이 비슷하면 '대등', 차이가 나면 '차등', 차이가 크면 '월등'이다. 중간을 기준으로 보면 아래쪽에 속한 것이 '열등', 위쪽에 속한 것이 '우등'이다. 열등한 세계에는 이따금 '열등감'과 '열등의식'에 사로잡힌 사람들이 있는 데 반해, 우등한 세계에는 우월감과 우월의식에 우쭐해하는 사람들이 있다.

등급의 기준이 촘촘해져 '등수'가 되면 '일등' '이등'을 따지게 되는데, 군대에서 일정 기간이 지나면 '이등병'을 '일등병'으로, 다시 '상등병'으로 대우하는 것처럼 학업 평가도 그렇게 될 수 있다면 얼마나 좋을까(물론 사고를 쳐서 '강등'을 당하지만 않는다면 말이다). 참고로, '상등'은 '하등'의 반대인데 군대에 '하등병'이 없는 것은 초등학교 통지표의 '수·우·미·양·가' 중에 나쁜 뜻이 하나도 없는 까닭과 같다. 한편 학제를 '초등' '중등' '고등'으로 나눈 것은 등급보다는 단계에 따른 구분인데, 어의상 '초급' '중급' '고급'이 나을 뻔했다.

'등급이나 차별이 없다'는 뜻인 '무등'無等은 성적 '등수'와 내신 '등급' 노이로제에 시달리는 학생들이 좋아할 만한 말인데, '등급을 매길 수 없을 정도로 뛰어나거나 훌륭하다'는 의미도 있으니 '무등산'을 끼고 있는 광주의 시민들은 그 뜻을 새기며 살면 좋을 듯하다.

'등'에 '같다'는 뜻이 있다고 했다. 「3·1 독립선언문」의 첫머리에 나오는 '오등'吾等은 '나와 같은 사람들' 즉 '우리들'이라는 뜻이다. 여러 지역을 열거하다 '이와 같은 곳'으로 마무리할 때에는 '등지'等地를 쓴다.

쇠·돌·풀·나무·흙 등으로 만든 사람의 형상이 '등신'等神인데, 몹시 어리석은 사람을 비유하는 말이어서 남한테 쓰면 심한 욕이 되고 자신한테 쓰면 과도한 자책이 된다(최근에 필자와 인터넷으로 바둑을 두던 상대가 착각으로 덜컥수를 두고는 연신 '등신'이라며 자책하는 것을 보았는데, 정신건강에 이상이 생기지나 않았는지 모르겠다).

'등신'의 '등'이 상상력을 동반한 아날로그적 동등함이라면, 근대적 낱말들에 등장하는 '등'은 하나같이 엄밀함을 추구하는 디지털적 동등함이다. '등식' '등호' '등변' '이등변' '등비' '등분' '이등분' '삼등분' '등가' '등질' '등고선' '등압선' 등등…. 일부 사람들이 균형 잡힌 아름다운 몸의 표준이라고 주장하는, '키가 얼굴 길이의 여덟 배 되는 몸'인 '팔등신'八等身도 사람의 몸을 발가벗겨 눈금자를 갖다 대는 모습이 연상되어 느낌이 별로 좋지 않다.

'유유상종'과 '인류'

'무리 류類'의 태생적 의미는 '어슷비슷하게 생긴[頪] 개[犬]들이 모여 있다'다. 앞에서 양이 떼 짓는 것이 '군'群이라고 했는데, 원래 개가 떼를 짓는 것이 '류'類였다(같은 무리끼리 서로 사귀는 일을 가리켜 '유유상종'類類相從이라 할 때 왠지 어감이 좋지 못한 이유는 '개'와 관련이 있을지도 모른다). 그러던 것이 나중에 개뿐만 아니라 무엇이든 서로 닮은 사물을 의미하게 되었다.

'서로 비슷하다'는 '유사'類似는 '류'의 본뜻을 정확하게 설명하는 낱말이다. '뜻이 유사한 말'이 '유의어'類義語고, '유사한 사례'가 '유례'類例다. '유추'類推는 서로 비슷한 점을 비교해서 한 사물에서 다른 사물로 추리를 미치는 일이다. 정도에 넘치거나 분수에 맞지 않는 경우를 두고 '유만부동'類萬不同이라고 하는데, 문자적 의미는 '비슷한 것들은 많아도 같지는 않다'다.

『지봉유설』『의방유취』『왜어유해』등 '류'가 들어간 조선시대의 서책의 저자들이 한 일은, 대상을 '종류'나 '부류'에 따라 '분류'하는 것이었다. 종류가 같으면 '동류'이고, 동류에 속한 것들을 넣는 틀이 '유형'이다.

근대문명은 전통시대에 비해 한층 탁월한 분류능력을 보여준다. '서류' '의류' '유류' '견과류' '주류' '침구류' 등 온갖 사물이 '류'로 나뉘었고, 살아 있는 것들도 '어류' '양서류' '조류' '파충류' '패류' '갑각류' '녹조류' '홍조류' 등등으로 갈라졌다. 그리하여 마침내 인간도 '인류'로 분류되어 척추동물문 '포유류'에 속하게 되었다.

'금속'과 '부속'

동물의 엉덩이나 꼬리를 가리키는 '미'尾와 잎에 붙은 벌레를 뜻하는 '촉'蜀이 만난 '무리 속屬'은 '붙다' '따르다' '속하다'가 본뜻이어서, '가까이 붙어 있는 무리'를 의미한다. '금속'金屬은 '금붙이' 또는 '쇠붙이'이고, '족속'族屬은 '겨레붙이'다. '권속'眷屬은 '한 집안의 겨레붙이'나 '집에 딸린 식구'이고 '아내'의 낮춤말이기도 하다. '권속' 중에 항렬이 높으면 '존속'尊屬이고, 낮으면 '비속'卑屬이다. 부모, 조부모, 증조부모처럼 직접 이어진 존속은 '직계존속'이고, 반대로 자녀, 손자, 증손은 '직계비속'이다.

사람 또는 사람과 관련된 것이 더 큰 동류에 딸리는 것이 '종속'從屬이고, 작은 물건이 큰 물건에 딸리는 것이 '부속'附屬이다. 이렇게 딸린 물건은 '부속물'이나 '부속품'이 된다. 딸린 것이 나라나 땅일 때에는 '속국' '속주' '속지' '속령'이 된다. 복종해서 딸리게 되었다면 '복속'服屬이고, 딸려서 매여 있다면 '예속'隸屬이다. 직접 예속되어 있으면 '직속'直屬이다.

'속성'屬性은 주로 사물에 딸린 성질이고, '소속'所屬은 주로 사람이 딸린 곳이다. 사람을 배치해서 딸리게 하면 '배속'配屬이 된다. '귀속'歸屬은 재산이나 권리가 사람이나 단체에 딸리는 일이다.

'어휘'와 '자휘'

'휘'彙도 '무리'인데, 스스로 모인 무리가 아니라 사람이 모아놓은 무리다. 원래는 무리를 이루어 사는 짐승의 모습에서 온 글자이지만, 앞서 '잠·수면' 편에 나왔던 '수휘'睡彙(몰려오는 잠)를 제외하고는 옛날부터 말이나 글과 관련해서만 쓰였다. '어휘'語彙와 '사휘'辭彙는 말을 모아놓은 '말무리'다. '어휘'를 뒤집은 『휘어』는 조선 효종 때 김진이 엮은 방대한 백과사전이고, 『휘언』은 영조 때 김시형이 엮은 소략한 사전이다. 『동문휘고』는 조선과 중국 사이에 오고간 외교문서를 모은 책이다. '휘보'彙報는 여러 가지 사실을 한데 모아서 알리는 보고나 기록인데, '잡지'를 가리키는 말로도 쓰인다. '자휘'字彙는 명나라 때 매응조가 지은 자서를 가리키던 이름에서 자전을 가리키는 보통명사가 된 말이다.

'무리' 말모음

군群   본래 '양 떼'를 가리키는 의미소로, 사람·동물·무생물에
두루 쓰인다.

군현群賢 | 군웅群雄 | 군신群臣 | 군도群盜 | 군계群鷄 | 군계일학群鷄一鶴 |
군도群島 | 군산群山 | 군청색群靑色 | 군무群舞 | 군상群像 | 군집群集 |
군락群落 | 군소群小 | 군소배群小輩 | 군소국群小國 | 군소정당群小政黨 |
발군拔群 | 학군學群 | 직군職群 | 어군語群 | 증후군症候群 | 개체군個體群 |
탄착군彈着群
▸ 대상을 가리지 않는 '군'의 쓰임을 보여주는 옛말과 근대어들

불군不群 | 군비群飛 | 읍견군폐邑犬群吠 | 군거群居
▸ '군'의 동사적 쓰임을 보여주는 옛말들

중衆   본래부터 '사람 무리'를 가리키는 의미소로, 사람에게만 쓴다.

중자衆子 | 중신衆臣 | 중인衆人 | 중의衆意 | 중론衆論 | 중지衆智 |
중심성성衆心成城 | 중력衆力 | 중력이산衆力移山 | 중구衆口 | 중구난방衆口難防 |
중우衆愚 | 오합지중烏合之衆 | 출중出衆 | 수중축대隨衆逐隊 |
중노난범衆怒難犯 | 중과부적衆寡不敵 | 관즉득중寬則得衆 |

중오필찰중호필찰衆惡必察衆好必察 | 중생衆生 | 하화중생下化衆生 |
염화시중拈華示衆 | 대중大衆 | 대중공양大衆供養 | 제중원濟衆院

▶ '중'이 들어간 전통적인 낱말과 표현들

대중大衆 | 공중公衆 | 공중도덕公衆道德 | 공중전화公衆電話 |
공중화장실公衆化粧室 | 군중群衆 | 군중심리群衆心理 | 우중愚衆 | 관중觀衆 |
청중聽衆 | 언중言衆 | 민중民衆 | 중의원衆議院 | 합중국合衆國

▶ 모두 근대어로, 마지막 것은 사람 아닌 것에 '중'을 쓴 유일한 예

당黨 바람직하지 않은 무리. 결속력 있는 조직.

일당一黨 | 도당徒黨 | 작당作黨 |
성군작당成群作黨 | 악당惡黨 | 불한당不汗黨 |
사당寺黨 | 남사당男寺黨

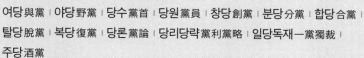

▶ '당'의 부정적 이미지를 보여주는 옛말들

동학당東學黨 | 활빈당活貧黨 | 붕당朋黨 |
북당北黨 | 남당南黨 | 낙당洛黨 | 파당派黨 |
당파黨派 | 당쟁黨爭 | 당적黨籍 |
독립당獨立黨 | 정당政黨 | 집권당執權黨 |
여당與黨 | 야당野黨 | 당수黨首 | 당원黨員 | 창당創黨 | 분당分黨 | 합당合黨 |
탈당脫黨 | 복당復黨 | 당론黨論 | 당리당략黨利黨略 | 일당독재一黨獨裁 |
주당酒黨

▶ '당'이 정치적 결사체를 가리키기도 했음을 보여주는 옛말과 근대어들(마지막 것은 극히 예외적)

불편부당不偏不黨

▶ '치우치다' '편들다'라는 뜻으로 쓰인 '당'

'떼'냐, '패'냐

도徒 제자, 문하생, 배우는 사람, 가르침을 따르는 사람. '오로지' '헛되이' 등의 의미로도 쓰인다.

낭도郎徒 | 화랑도花郎徒 | 중니지도仲尼之徒 |
문도門徒 | 생도生徒 | 학도學徒 | 문학도文學徒 |
과학도科學徒 | 사도使徒 | 신도信徒 | 교도敎徒 |
성도聖徒
▶ '도'의 일반적 용법을 보여주는 옛말과 근대어들

폭도暴徒 | 흉도凶徒 | 역도逆徒 | 연작지도燕雀之徒 |
상분지도嘗糞之徒
▶ '도'를 부정적 의미로 쓴 옛말들

도보徒步 | 도수체조徒手體操 | 도안徒顔
▶ '오로지'의 의미로 쓰인 '도'

무위도식無爲徒食 | 도로徒勞
▶ '헛되이'의 의미로 쓰인 '도'

배輩 바람직하지 않은 무리. '사람을 계속해서 내보내다'라는 의미로도 쓰임.

소인배小人輩 | 폭력배暴力輩 | 불량배不良輩 |
부랑배浮浪輩 | 무뢰배無賴輩 | 시정잡배市井雜輩 |
정상배政商輩 | 모리배謀利輩 | 도배徒輩
▶ '배'의 부정적 이미지를 보여주는 낱말들

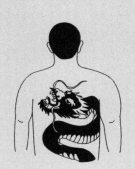

배출輩出 | 선배先輩 | 후배後輩 | 연배年輩 |
동년배同年輩
▶ '사람을 계속해서 내보내다'라는 의미로 쓰인 '배'

무리·군중

대隊   군대 또는 군대와 유사한 무리.

백정대白丁隊 | 백인대百人隊 | 자위대自衛隊 | 정신대挺身隊 | 군대軍隊 |
부대部隊 | 함대艦隊 | 편대編隊 | 소대小隊 | 중대中隊 | 대대大隊 | 연대聯隊 |
특공대特攻隊 | 유격대遊擊隊 | 돌격대突擊隊 | 결사대決死隊 | 수색대搜索隊 |
기동대機動隊 | 군악대軍樂隊 | 의장대儀仗隊 | 경비대警備隊 | 친위대親衛隊 |
근위대近衛隊 | 입대入隊 | 제대除隊 | 대열隊列 | 대오隊伍 | 횡대橫隊 | 종대縱隊
▶ 동서고금의 다양한 군사조직 및 관련 용어

원정대遠征隊 | 선발대先發隊 | 구조대救助隊 | 탐험대探險隊 | 성가대聖歌隊 |
음악대音樂隊 | 고적대鼓笛隊 | 시위대示威隊 | 대상隊商
▶ '대'가 들어간 유사 군사조직들

등等   구분해 분류한 무리, 같은 무리. '같다'.

등等 | 등등等等 | 등지等地 | 등급等級 | 강등降等 | 동등同等 | 평등平等 |
균등均等 | 대등對等 | 차등差等 | 월등越等 | 우등優等 | 무등無等 | 무등산無等山 |
열등劣等 | 열등감劣等感 | 열등의식劣等意識 | 하등下等 | 초등初等 | 중등中等 |
고등高等 | 등수等數 | 일등一等 | 일등병一等兵 | 이등二等 | 이등병二等兵 |
상등병上等兵 | 등한시等閑視 | 등신等神 | 팔등신八等身 | 등식等式 | 등호等號 |
등변等邊 | 이등변二等邊 | 등분等分 | 이등분二等分 | 삼등분三等分 | 등비等比 |
등가等價 | 등질等質 | 등고선等高線 | 등압선等壓線
▶ 압도적인 근대어의 수가 근대사회의 분석적 세계관을 그대로 반영한다

'떼'냐, '패'냐

류 類   비슷한 것들의 무리.

유유상종類類相從 | 유만부동類萬不同 | 유례類例 | 유추類推 | 분류分類 | 종류種類 |
부류部類 | 동류同類 | 유형類型 | 유사類似 | 유의어類義語
▸ 처음의 둘만 빼고 모두 근대어

서류書類 | 의류衣類 | 침구류寢具類 | 유류油類 | 주류酒類 | 견과류堅果類
▸ 근대문명이 낳은 '무생물 무리'

녹조류綠藻類 | 홍조류紅藻類 | 패류貝類 |
갑각류甲殼類 | 어류魚類 | 양서류兩棲類 |
파충류爬蟲類 | 조류鳥類 | 포유류哺乳類 |
인류人類
▸ 근대 이후 탄생한 '생물 무리'

속 屬   서로 가까이 붙어 있는 무리, 또는 큰 것에 딸린 것. '딸리다'.

금속金屬 | 족속族屬 | 권속眷屬 |
존속尊屬 | 직계존속直系尊屬 |
비속卑屬 | 직계비속直系卑屬
▸ '가까이 붙어 있는 무리'들

속국屬國 | 속주屬州 | 속지屬地 | 속령屬領 | 속성屬性
▸ '딸린 것'이라는 의미로 쓰인 '속'

복속服屬 ㅣ예속隷屬 ㅣ종속從屬 ㅣ직속直屬 ㅣ부속附屬 ㅣ부속물附屬物 ㅣ
부속품附屬品 ㅣ배속配屬 ㅣ귀속歸屬 ㅣ소속所屬

▸ '딸리다'라는 의미로 쓰인 '속'

휘彙   사람이 모아놓은 무리.

동문휘고同文彙考 ㅣ사휘辭彙 ㅣ자휘字彙 ㅣ휘언彙言 ㅣ휘어彙語 ㅣ어휘語彙 ㅣ
수휘睡彙 ㅣ휘보彙報

▸ 예나 지금이나 '휘'의 쓰임은 그리 많지 않다

'떼'냐, '패'냐

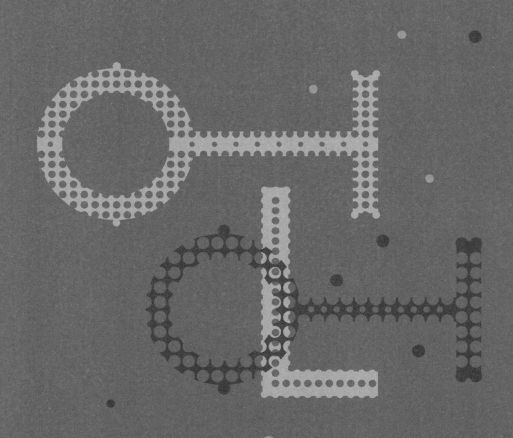

넷 자연

'하늘은 둥글고 땅은 네모지다'

땅·육지

'짝꿍'을 찾아서

광물의 주인이시며

씨앗을 틔워 내고 땅속에 자원을 숨겨놓으신

발 아래 어머니 땅의 위대한 영이시여

당신의 아낌없는 선물에 늘 감사하게 하소서

아메리카 원주민의 「일곱 가지 신성한 기도」 중에서

'땅'을 '육지'라고도 한다. 도종환의 「도요새」가 찾아가는 '대륙'도 '넓은 땅'이고, 펄 벅의 『The Good Earth』를 옮긴 '대지'도 '넓은 땅'이다. 비행기의 매끈한 '착륙'도, 체조선수의 사뿐한 '착지'도 '땅에 닿기'라는 점에서는 같다. '육군'도 '지상'에서 싸우고 '지상군'도 '지상'에서 싸운다. '륙'陸과 '지'地가 가리키는 '땅'에는 어떤 차이가 있는 것일까?

언어는 상징이고 개념이다. 어떤 말이 정확히 무슨 개념을 나타내는지 파악하기 어려울 때, 그와 상대되는 개념을 찾아서 거꾸로 뒤집어보는 것이 쉬운 방법이 될 수 있다. '선악'이나 '남녀'처럼, 우리말의 한자어 중에는 상대되는 개념을 쌍으로 묶은 것이 많다. '악'을 모두 제거하면 '선'이 드러나고, '남자'를 제외하면 '여자'가 남는다. '륙'과 '지'의 차이를 잘 모르겠다면, 두 의미소가 각기 어떤 상대와 짝을 이루고 있는지 살펴보는 방법이 쓸모가 있다.

'륙'의 짝은 '뭍'

'륙'陸자의 오른쪽을 이루는 '坴'(륙)은 지붕이 높은 건물의 모양인 '六'과 '土'를 합쳐 '흙더미'나 '높이 솟구쳐 오른 언덕'을 가리키던 글자였다. 여기에 지형을 더 분명히 나타내기 위해 '언덕'을 가리키는 좌부변[阝]을 더해 생겨난 '륙'陸은 '높은 언덕 위의 땅'을 뜻한다.

'륙'은 '땅'이라기보다는 '뭍'이다. '뭍'은 '땅'보다 좁은 개념이다. 『표준국어대사전』은 '뭍'을 '지구의 표면에서 바다를 뺀 나머지 부분'과 '섬이 아닌 본토'라는 두 가지 의미로 풀고 있는데, 둘 모두 '바다'와 관련이 있다는 점이 중요하다.

'뭍'은 '바다'의 상대어이고, 나아가 '물'의 상대어이다. '륙'이 들어간 낱말들을 살펴보면 이 점이 금방 드러난다.

해안 지방에서 밤낮의 기온 차이로 방향이 바뀌는 바람을 '해륙풍'이라고 한다(낮에는 바다 쪽에서 해풍이, 밤에는 육지 쪽에서 육풍이 분다). 바다와 육지에서 나는 맛난 먹을거리를 가리키는 '해륙진미'는 산해진미와 거의 같은 의미다.

'해륙'에서 육지에 초점을 두면 '육해'가 되는데, 하늘까지 포함한 '육해공'이나 '육해공군' 같은 말이 대표적이다. '지대공'이니 '공대지'니 하는 무기체계 이름에서 알 수 있듯이, '공'空의 상대는 '지'地다. 따라서 땅 위에서 싸우는 군대를 '지군'이나 '지상군'이 아니라 '육군'이라 한 것은 공군보다는 해군을 의식한 결과임이 틀림없다.

바다에서 뭍으로 오르는 '상륙' 작전은 '높은 언덕'이라는 '륙'의 원래 뜻에 충실한 군사용어다. 옛날에 배에서 내려 육지에 오르는 일을

'등륙'이라 하고, 바다에 있는 것을 뭍으로 올리거나 배에 실려 있던 것을 뭍으로 옮기는 일을 '육양'陸揚이라 했던 것도 같은 맥락이다(사람이 배에서 내리는 일이나 선박, 화물차, 비행기 따위에서 짐을 땅으로 옮겨 놓는 일을 '등륙'과 반대로 '하륙'이라고 하는 것은 근대 이후에 생겨난 용법으로 보인다).

이 밖에도 '륙'이 '해'와 짝을 이룬 경우는 많다. '해산'의 상대는 '육산'이고, '해물'의 상대는 '육물'이다. '해초'의 반대는 '육초'이고, 우렁이는 '해라'海螺의 반대인 '육라'陸螺다(밭에서 난다 하여 '전라' 또는 흙에서 난다 하여 '토라'라고도 한다). 육지에서 나는 소나무는 '해송'의 상대인 '육송'이고, 옛날에 육지에 있는 고을은 바다에 뜬 섬의 상대로서 '육읍'이라 했다. 육지에 난 길 역시 '해로'의 반대인 '육로'다. 육지의 하천과 땅 밑을 흐르는 물은 '해수'와 상대하여 '육수'가 된다(냉면 육수와 헷갈리지 마시길). 육지 깊숙한 곳을 가리키는 '내륙'도 바다와 멀리 떨어져 있다는 점이 중요하다.

'육상'과 '수상'

'륙'은 '바닷물'에서 '바다'가 떨어져나간 '물', 즉 '수'水의 상대로서도 손색이 없다. 상륙 작전에 쓰는 '수륙' 양용 장갑차는 바닷물과 강물을 가리지 않는다. 바닷물을 가로질러 섬을 육지와 연결하는 '연륙교'나 강물을 가로지르는 보통의 다리와 다르게 땅과 땅을 잇는 다리는 '육교'라고 한다. 올림픽의 '육상' 경기는 '수상' 경기와 '수중' 경기를 한꺼번에 상대한다. 벼 중에는 무논[水田]에 심는 '수도'水稻뿐 아니라 밭 벼인 '육도'陸稻도 있다. 산과 바다에서 나는 진귀하고 맛있는 산해진 미는 바다와 육지에서 나는 '수륙진미'나 '수륙진찬'과 다르지 않다.

강이든 바다든 물 위를 가는 것이 배다. 되지 않을 일을 억지로 하 려고 할 때 '육지에서 배를 저으려 한다'는 뜻으로 '육지행선'陸地行船 이라고 한다. 비슷한 뜻으로, '뭍에서 배를 민다'는 '추주어륙'推舟於陸 도 있다. 바다와 육지를 사이에 두고 아주 멀리 떨어져 있는 경우에 '수륙만리'라고 한다.

한편 서아시아, 남유럽, 북아프리카에 둘러싸인 세계 최대의 내해 인 '지중해'는 세 '대륙'을 끼고 있다는 점뿐만 아니라 '지중'地中이 '땅 속'을 가리킬 때가 많다는 점에서도 '육중해'陸中海라 하는 것이 더 나 을 뻔했다('무겁다'는 뜻의 '육중해'와 헷갈릴까봐 그랬다는 농담조 설명은 성립하지 않는 것이, 번역의 주체는 일본인들이었다).

'대륙'과 '대지'

이 글의 표제어인 '육지'는 다음 글의 표제어인 '해양'의 상대어다. 육 지는 지구 표면 중 바닷물에 덮이지 않은 곳을 가리킨다. 섬이 아닌, 대륙과 어어진 땅도 육지라고 한다. 세상의 모든 바다를 가리키는 '해 양' 중에 '큰 바다'는 '대양'이고, 여기에 상대되는 말이 '대륙'이다. '오대양 육대주'에서 '육대주'는 아시아, 유럽, 아프리카, 아메리카, 오 스트레일리아, 남극 등 여섯 대륙을 일컫는다. 아시아에 딸린 인도는 대륙에 버금간다 하여 '아대륙'이라고 한다.

1931년에 미국의 여성 작가 펄 벅이 발표한 장편소설 『The Good Earth』는 우리나라에서 『대지』로 번역되었다. 이 작품 속에서 '대지'는 주인공 왕룽과 그 자손들이 농사를 지으며 살아가는 터전이다. '대지'에서는 사람 냄새가 난다. '대륙'에는 이런 냄새가 없다. '대륙'은 '대양이 아닌 모든 땅'이고, '대지'는 '사람이 사는 땅'이다.

'착륙'과 '착지'

체조선수는 '착지'를 하고 비행기는 '착륙'을 한다. 착지의 전제는 도약이고, 착륙의 전제는 '이륙'이다. 맨몸을 이용한 '솟구쳐 뛰어오름'의 순간은 잠깐일 수밖에 없다. 하지만 기계의 힘을 빌린 '땅과의 이별'은 긴 시간 동안 이어진다. 인간이 기계의 힘을 빌리지 않고 맨몸으로 땅과 이별하거나 땅을 떠날 수는 없다. 사람이 살아 있는 동안 결코 이별할 수 없고 떠날 수 없는 땅, 늘 몸을 의지해야만 하는 땅이 '지'다. 그러니, 너무나 황공하여 몸 둘 데가 없다는 '황공무지'惶恐無地나 감격스런 마음을 이루 헤아릴 수 없다는 '감격무지'感激無地는 '무지하게' 정도로는 도저히 표현 못할 엄청난 무게를 담고 있는 말이다('무지하게'의 '무지'는 '무지'無知에서 왔을 것이다).

사람은 '지상'에 살다가 '지하'에 묻힌다. '지상'은 '이 세상'이고 '지하'는 '저 세상'이다. 불교와 기독교에서는 '저 세상'을 '천국/천당'과 '지옥'으로 나눈다. 천도교 같은 데서는 두 세상을 나누지 않은 '지상

천국'을 이야기한다. 어쨌거나 '지상'은 '사람이 살고 있는 곳'이다.

사람 사는 곳을 요즘에는 '거주지'나 '주거지'라고 하지만, 원래부터 '지'는 사람이 사는 곳을 뜻했다. '풍수지리'風水地理는 사람이 사는 터전에 대한 학문이다. 김정호의 『대동지지』大東地志(1864)도 당대 사람들의 더 나은 삶을 위해 써낸 '지리' 책이다.

'땅'은 삶의 터전

사람은 '출생지'에서부터 혈연 못지않게 질긴 '지연'으로 다른 사람들과 엮이게 된다. 고향을 떠나 '객지' '외지' '타지'에서 사는 삶은 갈수록 많아지고 있다. 번잡한 '도회지'都會地에서 먼 '격지'隔地에서도, 외진 '벽지'僻地나 으슥한 '오지'奧地에서도 사람들의 삶은 이어지고 있다. 모험적인 사람들이 '간척지'나 '처녀지'를 개척하고 공격적인 인간들이 '식민지'를 건설했던 것도 다 삶의 터전을 넓히기 위한 노력이다.

'지'地자의 오른쪽을 이루는 '也'(야)는 원래 뱀을 가리키는 '它'(사)였고, '파충류가 기어다니는 땅'이 이 글자의 본뜻이었다. 땅에 파충류만 사는 것은 아니니, 여성 음부의 상형으로서 모성과 생산을 상징하는 '也'가 '뱀'을 대신하게 된 것은 의미심장한 변화였다.

'서식지'는 새 같은 동물들이 '깃들이고 쉬는 곳'이다. 깃들이고 쉬지 않을 때 동물들이 하는 행동은 모두 생존을 위한 것이다. 사람의 삶은 생존을 넘어 생활이 되었을 때 인간다워진다. '근거지'나 '본거지'는 '뿌리를 둔 곳'이라는 문자적 의미를 넘어 활동의 터전이 되는 곳을 뜻하고, '중심지'도 일이나 활동의 중심이 되는 곳을 가리킨다. '목적지'나 '행선지' 같은 말도 무언가를 위해 움직이는 사람의 모습을 담고 있다.

옛 '도읍지'나 오늘날의 '도심지'와 '시가지'는 사람들의 활동이 집중되는 곳이다. '임지'任地는 관공서나 회사에 딸린 사람이 부임하여 일하는 곳이고, '금지'金地는 절에 딸린 스님들이 생활하는 곳이다. '휴양지' '유원지' '피서지' '명승지' '관광지'는 푹 쉬거나 놀거나 구경한 뒤에 결국 일 열심히 잘 하라고 만든 곳이다. 풀과 나무가 많은 '푸른 땅' '녹지'도 따지고 보면 인간들의 생산적 삶을 위한 것이다.

땅 위에서 부지런히 몸을 움직이지 않으면 생활은커녕 생존조차 위협받게 된다. '땅에 엎드려 움직이지 않는다'는 '복지부동'伏地不動은 마땅히 해야 할 일을 하지 않고 몸을 사리는 공직자를 질타하는 의미로 쓰일 때가 많은데, '사람은 땅을 무대로 움직이는 존재'라는 더 근본적인 의미로 풀 수도 있다. 반대로, 열심히 발을 놀리고 몸을 움직여 착실하게 일을 하는 솜씨는 '발이 실제 땅을 밟았다'는 뜻으로 '각답실지'脚踏實地라고 한다.

'땅 따먹기' 게임

마르크스는 '토지'를 가장 중요한 생산수단으로 보았다. 인간 삶의 가장 기본적인 터전인 땅이 쟁탈의 대상이 되는 것은 당연한 일까지는 아닐지 몰라도 매우 자연스러운 일이라고 할 수 있다. 땅[一]과 사람[口]을 지키기 위해 창[戈]을 들고 울타리[口]를 친 것이 '나라 국國'이다.

법률을 제도적 폭력이라고 한다면, 나라가 차지한 '국유지'든 민간의 '사유지'든 땅에 대한 모든 소유권 주장은 폭력의 일종이다. 토지의 소유와 처분을 공공의 이익을 위해 적절히 제한할 수 있다는 '토지공개념'은 그 폭력의 강도를 낮추고자 하는 노력이라 할 수 있다.

땅을 차지하거나 지키기 위한 폭력을 대표하는 것이 군대다. '요지'를 차지하거나 '실지'를 회복하기 위해 '주둔지'를 떠나 '숙영지'에 도착한 군대가 '적지' 가까운 '고지' 주위에 '지뢰'를 매설하고 구축한 '진지'는 병사들에게 '사지'나 '묘지'가 되기도 한다. 한 고조 유방이 언급했던 '일패도지'一敗塗地는 '싸움에 한 번 패하여 간과 뇌가 땅바닥에 으깨어진다'는 뜻으로, 여지없이 패하여 다시 일어날 수 없게 되는 지경을 상정하여 한 말이다.

'처지'와 '경지'

생존과 생활을 위한 인간의 활동은 끊임없이 땅을 옮겨 다니며 이루어진다. 그러다 어느 한 곳, 즉 '지점'에 처하게 되었을 때 그곳이 '처지'處地가 되고, 그곳의 높낮이까지 따지면 '지위'地位가 된다. 자신의 처지에서 보고 생각하는 것이 '견지'見地이고, 서로 처지를 바꾸어 생각하는 것이 '역지사지'易地思之다.

모든 것은 관계 속에서만 의미가 있다. '지점'이나 '처지'는 상황을 전제로 한다. 어려운 상황은 '궁지'窮地이고, 갑작스럽게 닥친 상황은 '졸지'猝地다. 움직이다 보니 어쩌다 이르게 된 곳이 '지경'地境이고, 애써 움직여 이르게 된 곳은 '경지'境地다. 어떤 일이든 일어나려면 그 바탕인 땅이 남아 있어야 하는데, 그런 땅이 바로 '여지'餘地다.

수많은 '지' 계열 낱말들 중에는 비유적 의미를 담고 있는 경우도 많다. 몸을 움직이다 보면 뜻하지 않게 '음지'에 처할 수도 있고 어느 날 갑자기 '양지'가 찾아올 수도 있다. 애써 도달한 '평지'에 풍파가 이는 경우도 있다. '지평선'地平線이 줄어든 '지평'은 어떤 일의 앞날, 전망, 가능성을 뜻한다.

'물줄기가 비롯한 곳'인 '발원지'發源地는 어떤 현상이 처음 발생한 곳을 가리키기도 한다. 큰 의의를 지닌 일이 처음으로 일어난 땅인 '발상지'發祥地도 비슷한 뜻이다. 종교의 발상지는 으뜸가는 '성지'聖地다. '지진'의 중심이 되는 곳을 뜻하는 '진원지'震源地도 사건이나 현상이 일어난 근원이 되는 곳을 가리키는 말로 쓰인다.

아무것도 덧보태지 않은 '알땅'인 '소지'素地는 말 그대로 '바탕'이라는 뜻이지만, 주로 부정적인 맥락에서 쓰여 문제를 일으킬 만한 원인이나 좋지 않은 일이 일어날 가능성을 뜻한다. '심지가 곧다'거나 '심지가 바르다' 할 때의 '심지'心地는 마음의 본바탕이고, '양복지'洋服地는 양복의 바탕이다.

달라진 '땅' 대접

땅을 대하는 사람들의 태도는 세월의 흐름과 함께 변해왔다. 옛사람들에게 땅은 '지신'이 다스리는 곳이었다. 인간 존재와 그 삶은 땅의 '땅김' 또는 '대지의 정기'인 '지기'의 영향에서 자유로울 수 없다는 것이 그들의 믿음이었다. 땅 밑에는 죽은 사람이 가서 사는 '지부'地府가 있었다.

오늘날에는 아파트 '단지'團地나 공업 '지구'地區를 조성할 때 지기는 물론이고 '지세'나 '지형'조차 고려의 대상이 되지 못한다. 물류 '기지'基地를 건설하기 위해 '정지'整地를 하고 '지반'地盤을 닦을 때, 또는 '지하수'를 끌어 올리거나 '지하철'을 뚫기 위해 땅 밑을 파 들어갈 때, 그 작업이 '지부'에 미칠 영향을 생각하는 사람은 없다.

오늘날 땅은 '지역'地域으로 나뉘고 '번지'番地 수로 쪼개지거나, '지표'地表 '지면'地面 '지각'地殼 '지층'地層 '지질'地質 같은 용어를 통해 분석의 대상이 되고 있다('비무장지대'나 '사각지대'의 '지대'地帶는 자연조건이 띠 같은 모양을 이룬 지역을 가리킨다).

'지'의 짝은 '하늘'

'륙'의 짝이 '물'이라면 '지'의 짝은 '하늘'이다. '하늘'과 '땅'이 만나면 '온 세상'이 된다. '대명천지'大明天地는 매우 밝은 세상이고, '고금천지'古今天地는 옛적부터 지금에 이르는 온 세상이다.

신이 주재한 '천지창조'나 저절로 벌어진 '천지개벽'에서 '천지'는 우주를 가리킨다. 그래서 '천지현황'으로 시작한 『천자문』이 곧바로 '우주홍황'으로 넘어가는 것이다. '천지신명'은 하늘과 땅뿐 아니라 우주를 주관하는 존재다. 창조 또는 개벽의 결과인 '천지'에 사람을 더하면 우주의 주장이 되는 '천지인'天地人 삼재가 완성된다.

　'천문지리'天文地理는 우주의 법칙에 능통한 '상통천문'과 땅의 이치에 숙달한 '하달지리'를 줄인 말이다. '천장지구'天長地久는 하늘과 땅이 오래도록 변하지 않는다는 뜻으로, 사물이 오래오래 계속됨을 뜻한다. '경천위지'經天緯地는 온 세상을 다스리는 일이다.

　'하늘은 둥글고 땅은 네모지다'는 '천원지방'天圓地方은 옛사람들의 세계상을 반영한다. '하늘 방향이 어디이고 땅의 축이 어디인지 모른다'는 '천방지축'天方地軸은 너무 바빠서 두서를 잡지 못하고 허둥대는 모습이나 어리석은 사람이 갈 바를 몰라 두리번거리는 모습을 비유한다. '천방지방'天方地方도 비슷한 뜻이다.

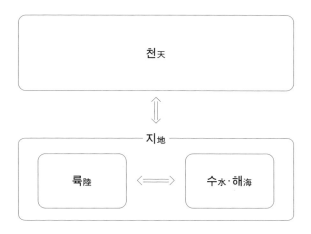

'하늘을 놀라게 하고 땅을 움직이게 한다'는 '경천동지'驚天動地는 세상 사람들이 몹시 놀랄 만한 일을 가리킨다. '하늘이 무너지고 땅이 꺼진다'는 '천붕지괴'天崩地壞도 비슷한 뜻이다. '하늘의 재앙과 땅의 변고'인 '천재지변'天災地變, '하늘의 변고와 땅의 이변'인 '천변지이' 天變地異, '하늘이 날아가고 땅이 뒤집힌다'는 '천번지복'天翻地覆은 모두 어슷비슷한 의미로 쓰인다. '지동설'도 '천동설'과 짝을 이루는 개념이다.

이렇게 '지'가 '하늘'의 상대 개념으로 쓰일 때에는 범위가 '륙'보다 훨씬 넓어져, 때로는 바다까지도 포함하게 된다.

'천지'와 '건곤'

'곤'坤도 '땅'으로 새기는 의미소인데, 그 짝인 '하늘'은 '천'이 아니라 '건'乾이다. '건곤'은 '온 세상'을 뜻한다는 점에서는 '천지'와 같지만, '건'과 '곤'이 『주역』의 괘를 이룬다는 점에서 상징적인 의미가 더 강하다(태극기의 4괘인 '건곤감리'는 하늘과 땅, 물과 불을 상징한다). 그래서 건곤은 천지를 넘어 음양을 상징한다. 음의 대표인 땅을 다스리는 신령은 '곤령'이고, 음의 기운이 충만한 음력 10월은 '순음월' 또는 '순곤월'이다.

눈이 내려 온 세상이 한 가지 빛깔로 뒤덮인 듯한 경치를 '건곤일색'이라고 한다. 흰 눈이 하늘과 땅에 꽉 찼다는 의미로 '백설이 만건곤하다'라고도 한다. 이 세상 밖의 다른 세상, 또는 속된 세상과는 딴

판으로 아주 좋은 세상인 '별천지'는 '별건곤'이라고도 한다. '별천지'의 원형인 '별유천지'는 '별유건곤'도 된다. '건곤일척'乾坤一擲은 '하늘이냐 땅이냐를 한 번 던져서 결정한다'는 뜻으로, 운명과 흥망을 걸고 단판으로 승부나 성패를 겨룰 때 쓰는 말이다. '술 항아리 속의 천지'인 '호리건곤'은 늘 취한 상태에 있는 술꾼의 모습이다. '역려건곤'逆旅乾坤은 '세상이란 여관과 같다'는 뜻으로, 세상의 덧없음을 비유한다.

'지구'의 옛말

왕후의 덕을 뜻하는 옛말 '곤의'坤儀는 오늘날의 '세계' 또는 '지구'에 상응하는 말이기도 하다. 명나라에 와 있던 이탈리아 신부 마태오 리치가 만든 세계지도 〈곤여만국전도〉(1602)와 독일인 신부 샬이 만든 〈곤여도〉(1628)의 '곤여'坤輿도 같은 의미였다.

조선에서는 '곤여'보다 '여지'輿地를 선호하여, 성종 때 왕명에 따라 노사신 등이 편찬한 지리서 『동국여지승람』(1481), 인조 때 제작한 세계지도 〈천하여지도〉(1637), 철종 때 김정호가 27년간 전국을 답사해 만든 〈대동여지도〉(1861) 등에 쓰였다('수레'를 뜻하는 '여'輿는 본뜻에서 넓어져 '만물을 담는 대지'를 뜻하기도 했다).

'땅' 말모음

륙陸　'물' 또는 '바다'의 상대 개념으로서 '땅'. 뭍.

육수陸水 ┃ 육풍陸風 ┃ 육산陸産 ┃ 육송陸松 ┃ 육물陸物 ┃ 육도陸稻 ┃ 육초陸草 ┃

육라陸螺 ┃ 육읍陸邑 ┃ 육로陸路 ┃ 육교陸橋 ┃

연륙교連陸橋 ┃ 육군陸軍 ┃ 육상陸上 ┃

상륙上陸 ┃ 등륙登陸 ┃ 하륙下陸 ┃

육양陸揚 ┃ 대륙大陸 ┃ 아대륙亞大陸 ┃

내륙內陸 ┃ 이륙離陸 ┃ 착륙着陸 ┃

추주어륙推舟於陸

▶ '륙'이 '땅'보다는 '뭍'에 가까운 개념임을
　보여주는 옛말과 근대어들

수륙水陸 ┃ 수륙양용水陸兩用 ┃ 수륙만리水陸萬里 ┃ 수륙진찬水陸珍饌 ┃

수륙진미水陸珍味 ┃ 해륙진미海陸珍味 ┃ 해륙풍海陸風 ┃ 육해陸海 ┃

육해공陸海空 ┃ 육해공군陸海空軍

▶ '륙'이 '수'와 '해' 양쪽의 상대가 됨을 보여주는 말들

지地　'하늘'의 상대 개념으로서 '땅'. '륙'보다 품이 넓어서,
　　　때로는 바다까지 품는다.

천지天地 ┃ 천지신명天地神明 ┃ 천지현황天地玄黃 ┃ 천지개벽天地開闢 ┃

천지창조天地創造 | 천지인天地人 | 대명천지大明天地 | 고금천지古今天地 |
별천지別天地 | 별유천지別有天地 | 천재지변天災地變 | 천변지이天變地異 |
천붕지괴天崩地壞 | 천번지복天飜地覆 | 천장지구天長地久 |
천원지방天圓地方 | 천방지방天方地方 | 천방지축天方地軸 |
경천동지驚天動地 | 경천위지經天緯地

▶ '천'과 '지'가 짝을 이루어 '온 세상'을 가리켰음을 보여주는 옛말들

여지輿地 | 금지金地 | 음지陰地 | 양지陽地 | 평지平地 | 지세地勢 | 지기地氣 |
지신地神 | 지부地府 | 지옥地獄 | 지진地震 | 지리地理 | 풍수지리風水地理 |
천문지리天文地理 | 하달지리下達地理 | 역지사지易地思之 |
각답실지脚踏實地 | 일패도지一敗塗地 |
황공무지惶恐無地 | 감격무지感激無地 |
복지부동伏地不動 | 육지행선陸地行船

▶ '지'가 들어간 옛말들

'하늘은 둥글고 땅은 네모지다'

착지 着地 | 육지 陸地 | 대지 大地 | 성지 聖地 | 요지 要地 | 발상지 發祥地 |

발원지 發源地 | 진원지 震源地 | 출생지 出生地 | 본거지 本據地 | 근거지 根據地 |

주거지 住居地 | 거주지 居住地 | 번지 番地 | 임지 任地 | 지위 地位 | 타지 他地 |

객지 客地 | 외지 外地 | 격지 隔地 | 벽지 僻地 | 오지 奧地 | 처녀지 處女地 |

간척지 干拓地 | 식민지 植民地 | 국유지 國有地 | 사유지 私有地 | 중심지 中心地 |

목적지 目的地 | 행선지 行先地 | 도읍지 都邑地 | 도회지 都會地 | 도심지 都心地 |

명승지 名勝地 | 관광지 觀光地 | 유원지 遊園地 | 피서지 避暑地 | 휴양지 休養地 |

서식지 棲息地 | 녹지 綠地 | 정지 整地 | 단지 團地 | 토지 土地 |

토지공개념 土地公概念 | 묘지 墓地 | 사지 死地 | 적지 敵地 | 실지 失地 | 진지 陣地 |

기지 基地 | 주둔지 駐屯地 | 숙영지 宿營地 | 고지 高地 | 지평 地平 |

지평선 地平線 | 지연 地緣 | 지역 地域 | 지구 地區 | 지대 地帶 | 사각지대 死角地帶 |

비무장지대 非武裝地帶 | 여지 餘地 | 견지 見地 | 처지 處地 | 궁지 窮地 | 졸지 猝地 |

경지 境地 | 지경 地境 | 지점 地點 | 지형 地形 | 지표 地表 | 지면 地面 | 지각 地殼 |

지질 地質 | 지반 地盤 | 지층 地層 | 지상 地上 | 지상군 地上軍 | 지상천국 地上天國 |

지하 地下 | 지하수 地下水 |

지하철 地下鐵 | 지중 地中 |

지중해 地中海 | 공대지 空對地 |

지대공 地對空 | 지뢰 地雷 |

지동설 地動說

▶ '지'가 인간 삶의 터전이 되어왔음을
　보여주는 낱말들(대부분 근대어)

소지 素地 | 심지 心地 | 양복지 洋服地

▶ 의미 범위가 '바탕'으로 넓어진 '지'

곤坤   상징으로서 '땅', '하늘 건乾'의 상대.

건곤乾坤 | 만건곤滿乾坤 | 건곤일색乾坤一色 | 별건곤別乾坤 |
별유건곤別有乾坤 | 건곤일척乾坤一擲 | 호리건곤壺裏乾坤 | 역려건곤逆旅乾坤
▶ '건'과 짝을 이룬 '곤'

곤령坤靈 | 순곤월純坤月
▶ '음'陰을 상징하는 '곤'

곤의坤儀 | 곤여坤輿
▶ '땅'을 상징하는 '곤'

'하늘은 둥글고 땅은 네모지다'

해외여행이 사라지는 날

바다·해양

'해양' '서양' '대서양'

이번 글은 말장난으로 시작해본다. 「오래된 기도」에서 시인 이문재는 '바다에 다 와 가는 저문 강의 발원지를 상상하기만 해도' 기도하는 것이라고 했다. 바다는 저문 강의 맑은 강물도, 대도시의 탁한 하수도 가리지 않고 다 받아준다. 바다는 모든 것을 다 '받아'주어서 '바다'인지도 모른다. 반면에 해양수산부나 해양경찰대는 아무나 받아주지 않는다. '바다'와 '해양'의 차이는 '받아'와 '안 받아'다.

땅에서 가까운 바다는 '앞바다' 또는 '근해'라고 한다. 그렇다면 먼 바다는 '뒷바다'나 '원해'가 되어야 할 텐데, 이도저도 아니고 '난바다'나 '원양'이라고 한다. '해'와 '양'은 어떻게 다른 것일까?

우리나라를 기준으로 유럽은 서쪽에 있고 아메리카 대륙은 동쪽에 있다. 그런데 둘을 묶어서 '서양'이라고 한다. 게다가 '서양'의 말뜻은 '서해'와 마찬가지로 '서쪽 바다'이니, 땅덩어리를 가리키는 말도 아니다. 또 유럽과 아메리카 대륙 사이의 바다 이름은 '대서양'이다. 대체 '양'에 무슨 곡절이 있었던 걸까?

'해'海와 우리 역사

한반도는 남북 '해류'가 교차하는 대한'해협'을 사이에 두고 일본 열도와 마주보고 있다. '반도'는 '반 섬'이니, '온 섬' 일본이 거느린 '북해'(홋카이도)만 빼고 삼면이 '동해' '서해' '남해'로 둘러싸인 형편을 사실 그대로 표현한 말이다. 그래서 이 땅에는 경남 '김해', 부산 '해운대', 강원도의 '해금강', 북녘의 '황해도' 등 '해'가 들어간 지명이 많고, 전국의 '해변' 곳곳에는 '해수욕장'도 널려 있다. '해안'을 따라 피어나는 '해당화'(때찔레꽃) 빛깔은 또 얼마나 고운가. 새벽녘의 '다도해'를 감싼 '해무'가 느릿한 '해풍'에 쏠려가는 모습은 '해발' 천 미터를 넘나드는 지리산 자락의 '운해' 못지않은 장관이다. 제주의 '해녀'들이 건져 올리는 각종 '해산물'을 맛볼 수 있는 것도, 이따금 '해난' 사고가 일어나기는 하지만 '대해'가 멀어 쓰나미나 '해일' 걱정할 일이 거의 없는 것도 이 땅에서 누리는 행운이다. 굵직한 '해운' 회사 선박들이 '해도'에 의지해 전세계 '해상'의 '해로'를 누비고 있는 것이나, '해군'과 더불어 수륙 양용의 '해병'까지 거느리게 된 것도 다 이 땅에 바다가 딸려 있기 때문이다.

'동해'를 뒤집은 '해동'은 예부터 우리나라를 가리키는 말이었다. '발해의 동쪽'에서 온 말이라는 설이 널리 퍼져 있지만 지리상 잘 맞지 않는 데다 당시 중국에서 '발해'를 '해동성국'이라 하기도 했다는 점에서, 중국인들이 '바다 동쪽'이라는 뜻으로 불렀다는 설이 훨씬 신빙성 있어 보인다.

일연은 『삼국유사』에서 백제의 마지막 왕인 의자왕을 '해동증자'라 칭했다. 중국인들은 신라의 고승 원효를 '해동법사'로, 『대승기신론소』는 '해동소'로 불렀다. '해동서성'海東書聖은 신라의 명필 김생의 중국식 별칭이다. 고려 문종 때의 유학자 최충은 '해동공자'라 불리기도 했다.

'해동요순'은 조선시대에 세종을 고대 중국의 전설적인 두 군주에 빗대어 일컫던 말이다. 세종의 명으로 정인지 등이 지은 최초의 한글 문헌인 『용비어천가』 제1장에는 '해동 육룡이 나르샤'라는 대목이 나온다. 세종 때의 문신 서거정은 명나라 사신들로부터 '해동기재'라는 찬탄을 듣기도 했다. '해동통보'는 숙종 때 주조한 화폐의 이름이다. 『해동가요』는 영조 때 김수장이 엮은 시조집이고, 『해동역사』海東繹史는 조선 말기의 실학자 한치윤 등이 편찬한 역사서다. 고종의 친부 흥선대원군의 호는 '해동거사'였다.

'광해군'은 인조반정으로 폐위된 임금의 봉작이었고, '만해'는 일제 강점기의 승려로서 독립운동가이자 시인이기도 했던 한용운의 법호였다. 예부터 일본사람들은 대한해협 남쪽의 수심이 얕고 풍파가 심한 바다를 '검은 바다여울'이라는 뜻의 '현해탄'이라 불렀다.

바다의 맛

'해물'海物은 바다에서 나는 물고기, 조개, 해초 같은 먹을거리를 재미없게 부르는 말이고, '해미'海味는 같은 것을 맛있게 부르는 말이다. 금강산뿐 아니라 바다도 식후경이니, 잠시 '산해진미' 중에 '해진미'를 맛보기로 하자.

'바다풀'을 '해초'라고 한다. 비슷한 의미로 쓰이는 '해조'의 '조'藻는 '마름'이다. 마름은 연못이나 늪 밑의 진흙에 뿌리를 박고 물속줄기에 달린 잎이 물위에 뜨는 풀로, 잎이 평행사변형에 가까워 '마름모꼴'의 어원이 된 식물이다. 해조류의 대표 격인 김은 '해태'海苔(바다이끼)

또는 '해의'(바다옷)라고도 부른다. 국물에 우리면 누구나 입맛을 다시게 되는 다시마는 띠처럼 생겼다 해서 '해대'海帶이고, 이것을 튀긴 부각은 '해대자반'이다. 미역은 '해채'海菜 즉 '바다나물'이다.

보리새우인 대하는 바다에서 나니 '해하'海蝦도 된다. 바다에서 나는 소라는 '해라'海螺다. 가리비는 '해선'海扇 곧 '바다부채'이니, 여름에 껍데기를 응시하면서 먹으면 피서에 도움이 될 수도 있겠다. 홍합은 '동해부인'이라는 딴 이름이 좋지 않은 상상을 불러일으킬 수도 있으니, '맑은 물에서 나는 나물'이라는 뜻의 '담채'淡菜나 그 영남 방언인 '담치'가 나아 보인다.

'바다인삼'인 '해삼'海蔘은 더 큰 분류체계로 묶어 부를 때 '해서'海鼠 즉 '바다쥐'가 되니, 먹을 때에는 인삼이나 쥐치포를 연상하는 것이 식욕 저하를 막는 데 도움이 될 것이다. '해파리'는 별칭인 '해월'('바닷속 달')을 상상하면서 먹으면 훨씬 낭만적인 식탁이 될 듯싶다.

한편 바다에는 지상의 웅담 못지않게 쓰고 몸에 좋은 것이 있으니, '바다의 쓸개'인 '해담'海膽 즉 성게다. '해구' 곧 물개의 수컷에 딸린 생식기인 '해구신'海狗腎도 맛보다는 강장 효과에 대한 믿음 덕에 유명해졌다.

바다에 사는 것들

'해구'가 나왔으니 다른 '해수'海獸(바다짐승)에 대해서도 살펴보자.

'해표'海豹는 식용유 브랜드가 아니라 '바다표범'을 가리킨다. 비버는 '바다의 삵'이라는 뜻의 '해리'海狸인데, 『해리포터』 시리즈에는 나오지 않았던 것으로 안다. (소리가 같은 '해리'海里는 해상의 거리를 나타내는 단위로, 위도 1도의 1/60인 1분, 약 1.85킬로미터다. 배의 속도인 노트knot는 시간당 이동한 해리로 표시한다.)

'바다 돼지'라는 뜻의 '해돈'海豚은 '해저'海豬라고도 하는데, '돌고래'를 가리킨다(소리가 같은 '해저'海底는 '바다 밑바닥'이다). 참고로, '돌고래'는 '돝고래'에서 온 말이다. '돝'은 '돼지'의 옛말로, '강아지' '송아지' '망아지'처럼 작고 어린 짐승을 가리키는 '아지'가 붙어서 '돝아지 → 돼지'가 된 것이다. 멧돼지가 좋아하는 '도토리'도 '돝'에서 가지 친 말이다.

땅에서는 소와 말의 덩치가 엇비슷하지만 바다에서는 그렇지 않다. '바다 소'인 '해우'海牛는 듀공과 비슷한 포유동물로, 체장 5미터에 몸무게는 600킬로그램이 넘는다. 이에 비해 '바다 말'인 '해마'海馬는 '실고기'과에 딸린 동물답게 길이가 10센티미터를 넘지 않는다. 바다코끼리도 '해마'라고 하는데, 몸무게가 1톤을 훌쩍 넘으니 두 '말'의 덩치 차이가 말이 안 나올 정도다.

한편 '바다 소나무'라는 뜻의 '해송'은 곰솔이나 잣나무를 가리킨다. '해송자'海松子는 해송의 씨, 즉 '잣'이다. '바다 오동나무'인 '해동' 海桐은 '개두릅나무'라고도 하고 지역에 따라 '엄나무'라고도 하는 '음나무'를 가리키는 말이다.

'해면'海綿은 색과 모양이 솜과 비슷해서 '물에서 나는 솜'이란 뜻의 '갯솜'이라고도 한다. 영어로는 '스펀지'sponge인데, 인공물질로 비슷하게 만들어서 목욕이나 청소에 쓰는 물건의 이름으로 이어졌다.

'바다귀신'인 '해귀'는 '보자기'(해인海人), 즉 바닷속에 들어가 해산물 따는 일을 하는 사람들을 비유하는 말로도 쓴다.

바다는 넓다

'대해'는 '넓은 바다'고, '망망대해'茫茫大海는 '한없이 넓은 바다'다. 아주 많거나 넓은 것 가운데 있는 매우 하찮고 작은 것을 '대해일적' 大海一滴이라고 한다. '큰 바다의 물 한 방울'이다. 중국 북송의 문인 소식의 시에 나오는 '창해일속'滄海一粟도 비슷한 뜻으로, '큰 바다 속의 좁쌀 한 알'이다. 둘을 합친 '창해일적'이라는 표현도 있다.

'창해'滄海는 '넓은 바다'고 '창해'蒼海는 '푸른 바다'다. 황진이의 시조에서 '청산리 벽계수'가 당도하게 되는 '창해'는 '넓은 바다'로 해석하는 경우가 많은데, 이보다는 '푸른 바다'로 새기는 쪽이 남달랐던 그의 감수성에 대한 예우가 아닐지.

'푸른 바다'로는 '벽해'도 있다. 자연산천을 밀어내고 대규모 아파트 단지가 들어서거나 해서 세상이 몰라볼 정도로 바뀌었을 때 '상전벽해'桑田碧海라고 한다. '뽕나무밭이 푸른 바다가 되었다'는 뜻이다.

'대해'나 '창해'가 아니어도 '해'는 원래 넓다. 긴 강과 넓은 바다를 가리키는 '장강대해'라는 말이 있는데, 바다가 강물을 받아들이듯이 모든 사람을 포용하는 것이 '해용'海容이다. 남의 허물을 너그러운 마음으로 용납하는 태도를 말한다. 바다같이 넓은 마음인 '해량'海量으로 용서하는 것은 '해서'海恕다. 사극에 이따금 등장하는 '하해와 같은 은혜'는 '하해지은'河海之恩으로, 큰 강이나 넓은 바다와 같이 넓고 큰 은혜를 말한다.

바다는 육지의 대표 격인 산과 짝이 되기도 한다. 육지에 산적이 있다면 바다에는 '해적'이 있다. 중국의 신화적인 인문지리책인 『산해경』은 산의 풍물을 기록한 『산경』과 바다의 산물을 기록한 『해경』으로 되어 있다. 사람이 헤아릴 수 없이 많이 모여든 모양을 두고 '사람이 산을 이루고 바다를 이루었다'는 뜻으로 '인산인해'라고 하는 것도 산과 바다가 짝을 이룬 경우다.

세상을 떠도는 온갖 말들을 한군데 모아놓으면 '말의 바다'가 된다. 『사해』辭海는 1937년에 중국에서 나온 대사전의 이름이다. 석가모니는 생로병사를 벗어날 수 없는 인간 삶을 '괴로움의 바다', '고해'苦海로 규정했다.

'사해'四海는 '사방의 바다'이면서 '온 세상'을 뜻하기도 한다. '사해동포주의'는 모든 인류를 형제처럼 사랑하는 박애주의의 다른 이름이다. 고통받는 중생을 위해 한결같이 크고 우렁차게 설법하는 부처의 소리, 또는 여러 대중이 일념으로 나무관세음보살을 제창하는 소리는 '바다의 밀물과 썰물이 흐르는 소리'나 '파도 소리'라는 뜻으로 '해조음'海潮音이라고 한다. 큰 파도가 칠 때 바다가 내는 소리는 '바다울음' 즉 '해명'海鳴이다.

경남 합천에 팔만대장경을 간직한 대찰 해인사가 있다. '해인'海印은 바다의 넓음을 가장 드라마틱하게 형상화한 표현이다. '잔잔한 바다가 만상을 비춘다'는 뜻의 '해인'은 우주의 일체를 깨달아 아는 부처의 지혜를 일컫는다. (세종이『석보상절』을 보고 석가모니의 공덕을 찬양하여 지은『월인천강지곡』의 '월인천강'은 '천 줄기 강에 비친 달'이다. 여기서 '월인'月印은 '해인'과 의미가 상통한다.)

바다의 신

'해'海에서 '양'洋으로 넘어가려면 '바다의 신' 이야기부터 해야 한다.

'해천산천'海千山千이라는 말이 있다. '바다에서 천 년, 산에서 천 년을 산 뱀은 용이 된다'는 뜻으로, 오랜 경험을 통해 세상 안팎을 다 알아 지나치게 약삭빠른 사람을 비유하는 표현이다. 바닷속 용왕의 품성에 해당하는 이야기는 아니겠지만, 어쨌든 용궁을 다스리면서 구름을 일으키고 비를 내려 중생의 번뇌를 식혀준다는 용왕은 바다의 지존을 가리키는 '해신'海神의 우리식 이름이다.

'해신'과 비슷한 '해왕'은 옛날 일본의 번역자들이 태양계의 여덟째 행성인 넵튠을 대체하기 위해 만든 '해왕성'海王星에 들어 있는 말이다. '넵튠'은 라틴어 '넵투누스'의 영어식 표기인데, 넵투누스는 그리스 신화의 해신인 포세이돈을 로마 사람들이 바꿔 부른 이름이다. 해왕성의 천문기호 'Ψ'은 포세이돈이 들고 다니던 삼지창 트라이던트를 상징한다. 일연의『삼국유사』에 따르면 환인(하느님)의 서자로 태어나 인간 세상에 뜻을 두었던 환웅이 태백산 신단수 아래로 내려올 때 풍백·우사·운사가 수행했다고 한다. 이 셋은 각각 바람, 비, 구름을 관장했는데, 포세이돈의 삼지창이 상징하는 바가 바로 바람·비·

구름이다. 용왕도 구름을 일으키고 비를 내리는 존재였으니, 셋의 능력이 정확하게 겹친다.

그리스 신화에서 포세이돈 이전에 바다를 관장하던 신은 오케아노스였다. 지구를 평평한 땅으로 여겼던 그리스인들은 넓은 땅덩어리와 크고 작은 바다를 합친 세계 전체를 거대한 강이 둘러싸고 있다고 믿었다. 이 거대한 강이 오케아노스였고, 그대로 신의 이름이 되었다.

'큰 바다'와 '먼바다'

육대주의 하나인 '대양주'大洋洲는 오스트레일리아 대륙과 뉴질랜드를 포함해 멜라네시아, 미크로네시아, 폴리네시아 등을 합친 지역이다. 이 말의 원어인 '오세아니아'Oceania는 '오케아노스의 땅'이다. 큰 바다를 뜻하는 영어 '오션'ocean의 어원도 같다.

'오대양'을 이루는 '태평양' '인도양' '대서양' '남대양' '북대양'은 각각 'Pacific Ocean' 'Indian Ocean' 'Atlantic Ocean' 'Southern Ocean' 'Northern Ocean'을 번역한 말이다. ('pacific'은 '평화'를 뜻하는 영단어 'peace'의 어원인 라틴어 'pacificus'에서 온 말이니 '태평한 바다'라는 의역이 잘 어울린다. 'Atlantic'은 플라톤이 언급했던 전설의 대륙 아틀란티스에서 온 말이다. '남극해' 또는 '남빙양', '북극해' 또는 '북빙양'이라고도 부르는 두 바다는 2000년 국제수로기구 회의 이후 '남대양'과 '북대양'이 공식 명칭이 되었다.)

한편 아라비아반도 서부의 요르단·이스라엘 국경에 있는 소금호수

'Dead Sea'는 '사해'이고, 아라비아반도와 아프리카대륙 사이의 좁고 긴 바다 'Red Sea'는 '홍해'다. 서아시아와 남유럽과 북아프리카로 둘러싸인 세계 최대의 내해 'Mediterranean Sea'는 '지중해'이고, 지중해 동부의 '에게해'를 거쳐 터키 북쪽으로 빠져나간 곳에 자리 잡은 'Black Sea'는 '흑해'다.

이상에서 본 것처럼, 'sea'는 '해'가 되고 'ocean'은 '양'이 되었다. '해'는 '바다'이고 '양'은 '큰 바다'이니, 둘을 합친 '해양'은 그냥 '바다'가 아니라 'sea and ocean', 즉 '바다와 큰 바다'이고, 나아가 '세상의 모든 바다'다. (말장난 같기는 하지만, '양'洋은 '대해'大海를 뜻하니 '대양'大洋은 '대대해'大大海라 풀 수 있다.)

'큰 바다'와 '넓은 바다'는 사실상 같은 말이다. 큰 바다가 넓지 않을 수 없기 때문이다. '넓은 바다'는 '먼바다'와 비슷한 말이다. 넓은 바다를 지나는 것은 곧 바다 멀리 가는 것이기 때문이다.

육지 가까운 바다는 '근해'다. '땅 가장자리의 바다'라는 뜻으로 '연해'沿海라고도 하고, 토박이말로는 '눈앞에 펼쳐진 바다'인 '앞바다'

다. 육지에서 먼바다가 '원해'가 아니라 '원양'遠洋이 된 것은, 먼바다는 곧 넓은 바다이기 때문이다.

'원양'과 비슷한 토박이말이 '난바다'다.『표준국어대사전』은 '난바다'를 '육지로 둘러싸이지 않은, 육지에서 멀리 떨어진 바다'로 풀고 있는데, 품을 너무 넓게 잡은 설명이다. 육지로 둘러싸이지 않은 바다는 '외해'이고, 그 반대가 '내해'다. '내해'에 대응하는 토박이말이 '든바다'다. 즉 '내해-외해' '든바다-난바다'가 쌍을 이룬다. '육지에서 먼바다'는 '육지에서 가까운 바다'와 짝이 되어야 하니, '근해'의 상대어인 '원해' 또는 '원양'이 되거나 '(눈)앞바다'의 상대어인 '먼바다'가 되는 것이 말뜻에 들어맞는다. 육지로 둘러싸이지 않은 바다라고 해서 반드시 육지에서 먼 것은 아니기 때문이다.

근대 이후에 생겨난 '원양'에 해당하는 옛말은 '절해'絶海였다. 육지에서 아주 멀리 떨어진 바다에 외로이 뜬 섬이 '절해고도'다. 너무 멀어서 용왕님께 수백 번 절하고도 가기 어려운 곳이다.

'서양'의 등장

'동양화'東洋畫 '서양화'西洋畫는 '동양문명' '서양문명'의 하위 개념이다. '서양'을 대신해서 '서구'를 쓰는 일도 있지만, 이 말이 '동구' 즉 동유럽과 상대되는 서유럽을 뜻할 때도 있으니 서양문명권 전체를 가리키는 말로는 약점이 있다. '구라파'와 '미대륙'을 합친 '구미'도 지리적인 의미가 좀더 강해서 '서양'에는 미치지 못한다.

‘동양’과 ‘서양’에 오늘날과 같은 문명권의 의미를 부여한 것은 메이지 시대의 일본이지만, 말 자체는 훨씬 전에 중국에서 생겨났다. 송대에 중국 대륙의 동남쪽 바다와 서남쪽 바다를 ‘동남해’와 ‘서남해’로 구분했던 것을 원대에 이르러 ‘동양’과 ‘서양’으로 줄여서 부르기 시작했다. 이 무렵 선교를 위해 중국 땅으로 건너온 이탈리아 신부 마태오 리치는 중국 최초의 세계지도인 〈곤여만국전도〉를 제작했는데, 여기서 서부 인도양을 ‘소서양’으로, 유럽 서쪽의 바다를 ‘대서양’이라 하고 자신을 포함한 유럽인들을 ‘대서양인’이라 칭했다. 이후 ‘서양’은 유럽을 가리키는 말이 되었고, 더 줄어서 ‘양’이 되었다. 이 말이 조선으로 들어와 서양사람을 얕잡아 부르는 ‘양이’(서양오랑캐)나 서양인을 배척하는 ‘척양’, ‘병인양요’나 ‘신미양요’에서처럼 이들이 일으킨 소요를 가리키는 ‘양요’ 등에 쓰이게 되었다.

이리하여, 사람의 앞길에 발전할 여지가 매우 큰 경우를 한없이 넓은 바다에 비유한 ‘전도양양’ 정도가 고작이었던 ‘양’의 쓰임은 개화기와 일제강점기를 기점으로 밀려든 온갖 서양 문물에 힘입어 그 수를 한없이 불려갔다. 서양에서 들어온 물건이나 서양식으로 만든 물품을 뜻하는 ‘양품’과 양품을 파는 가게인 ‘양품점’은 중국에 ‘서양’이 등장한 초기부터 생겨난 말이고, ‘양복’ ‘양의’(서양 의사) ‘양약’(서양 약) ‘양주’ ‘양식’洋式(서양식) ‘양식’洋食(서양식 음식) ‘경양식’輕洋食 ‘양옥’ ‘양변기’ ‘양란’洋蘭 ‘양궁’洋弓 ‘양공주’(서양사람을 상대로 매춘을 하는 여자) 등등, 예를 들기에도 벅찰 지경이다.

이렇게 해서 생겨난 말 중에는 어원을 짐작하기 어려워진 낱말들도 있는데, ‘양촉’이 변한 ‘양초’나 ‘서양 버선’을 뜻하는 ‘양말’, ‘탄력 있는 서양식 깔개'인 '양탄자'(카펫) 등이 대표적이다. 여성 정장을 뜻하는 '양장'은 서양식 책 장정, 즉 '하드커버'를 가리키는 말로도 쓰인다. '양철지붕 위의 고양이' 할 때의 '양철'은 안팎에 주석을 입힌 얇은 철판이고, '양은냄비'의 '양은'은 구리·아연·니켈 따위를 합금한 것으로 빛이 은처럼 희어 '양백'이라고도 한다.

'양회'는 '서양 회' 즉 시멘트를 가리키는 말이니, '쌍용양회'가 어떤 회사인지 금방 알 수 있다. '유한양행'의 '양행'은 '서양으로 간다'는 뜻에서 국제간 무역 거래를 전문으로 하는 서양식 상점을 일컫던 말이다. 청나라 때 외국 무역을 독점했던 관허 상인들이 결성한 조합의 이름도 '양행'이었고, 1883년에 독일 마이어 상사가 제물포(인천)에 설립한 무역상사 '세창양행'에도 전례가 있다.

'해외'여행이 사라지는 날

'한반도'의 '반도'를 다른 시각에서 풀면 '섬 같지만 사실은 대륙과 이어져 있는 땅'이 된다. 옛날에 중국인들은 이 땅을 '동쪽에 있는 육지' 즉 '동륙'이라 부르기도 했다. 하지만 광복 이후 70년 넘게 분단시대가 이어지면서, 우리가 살고 있는 한반도의 남쪽은 바다를 통하지 않고서는 밖으로 나갈 수 없는 '섬'이 되고 말았다. 그러니 섬나라 일본 사람들이 'overseas'를 옮겨 '외국'에 갈음하는 말로 써온 '해외'라는 말을 의심 없이 받아 써온 저간의 무신경을 탓할 일만도 아니다.

지구촌의 마지막 냉전 지역인 한반도에 화해와 공존의 시대가 열리길 고대한다. 북녘땅을 통과하는 '아시안 하이웨이'가 뚫리는 날, 유라시아 대륙의 어딘가로 가는 '해외'여행은 자연히 사라지게 될 것이다.

'바다' 말모음

해海　바다.

대해大海 | 망망대해茫茫大海 | 장강대해長江大海 |
대해일적大海一滴 | 창해蒼海 | 창해滄海 |
창해일속滄海一粟 | 창해일적滄海一滴 | 벽해碧海 |
상전벽해桑田碧海 | 근해近海 | 연해沿海 | 내해內海 |
외해外海 | 해외海外 | 절해絶海 | 절해고도絶海孤島 |
운해雲海 | 해무海霧 | 해풍海風 | 해류海流 |
해협海峽 | 해변海邊 | 해안海岸 | 해수욕장海水浴場 |
해발海拔 | 해녀海女 | 해귀海鬼 | 해난海難 | 해일海溢 | 해운海運 | 해도海圖 |
해리海里 | 해상海上 | 해저海底 | 해로海路 | 해군海軍 | 해병海兵 | 해적海賊 |
해신海神 | 해왕海王 | 해왕성海王星 | 해천산천海千山千 |
▶ '해'가 들어간 옛말과 근대어들

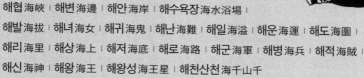

해산물海産物 | 해물海物 | 해미海味 | 산해진미山海珍味 | 해초海草 | 해조海藻 |
해태海苔 | 해의海衣 | 해대海帶 | 해대자반 [海帶-] | 해채海菜 | 해하海蝦 |
해라海螺 | 해선海扇 | 동해부인東海夫人 | 해삼海蔘 | 해서海鼠 | 해월海月 |
해담海膽 | 해구海狗 | 해구신海狗腎 | 해수海獸 | 해표海豹 | 해리海狸 |
해돈海豚 | 해저海猪 | 해우海牛 | 해마海馬 | 해면海綿
▶ 바다에서 나는 것, 바다에 사는 것

홍해紅海 | 흑해黑海 | 사해死海 | 지중해地中海 | 남극해南極海 | 북극해北極海 |
동남해東南海 | 서남해西南海 | 동해東海 | 서해西海 | 남해南海 | 북해北海 |
다도해多島海 | 현해탄玄海灘 | 해운대海雲臺 | 해금강海金剛 | 황해도黃海道 |
김해金海 | 발해渤海 | 해동海東 | 해동성국海東盛國 | 해동증자海東曾子 |
해동법사海東法師 | 해동서성海東書聖 |
해동공자海東孔子 | 해동요순海東堯舜 |

해동기재海東奇才 | 해동거사海東居士 |
해동가요海東歌謠 | 해동역사海東繹史 |
해동소海東疎 | 해동통보海東通寶 | 해당화海棠花 |
해송海松 | 해송자海松子 | 해동海桐 | 광해군光海君 |
만해卍海

▶ '해'가 들어간 이름들

하해지은河海之恩 | 인산인해人山人海 | 사해辭海 |
사해四海 | 사해동포주의四海同胞主義 | 고해苦海 | 해조음海潮音 |
해명海鳴 | 해인海印 | 해인사海印寺 | 해용海容 | 해량海量 | 해서海恕 |

▶ 바다의 이미지에 기댄 비유적 표현들

양洋　큰 바다, 넓은 바다.

해양海洋 | 원양遠洋 | 대양大洋 |
대양주大洋洲 | 오대양五大洋 |
태평양太平洋 | 인도양印度洋 |
대서양大西洋 | 남대양南大洋 |
북대양北大洋 | 소서양小西洋

▶ '바다'로서 '양'

동양東洋 | 동양화東洋畵 | 동양문명東洋文明 |
서양西洋 | 서양화西洋畵 | 서양문명西洋文明

▶ '세계'로서 '양'

양이攘夷 | 척양斥洋 | 양요洋擾 | 병인양요丙寅洋擾 | 신미양요辛未洋擾 |
양품洋品 | 양품점洋品店 | 양복洋服 | 양장洋裝 | 양의洋醫 | 양약洋藥 |

양주洋酒 ∣ 양식洋食 ∣ 경양식輕洋食 ∣ 양식洋式 ∣ 양옥洋屋 ∣

양변기洋便器 ∣ 양란洋蘭 ∣ 양궁洋弓 ∣ 양공주洋公主 ∣

양초[洋燭] ∣ 양말洋襪 ∣ 양탄자 [洋 −] ∣ 양철洋鐵 ∣

양철지붕 [洋鐵 −] ∣ 양은洋銀 ∣ 양은냄비 [洋銀 −] ∣

양백洋白 ∣ 양회洋灰 ∣ 양행洋行

▶ '서양'으로서 '양'

전도양양前途洋洋

▶ '너른 바다'의 이미지에 기댄 비유적 표현

죽었니, 살았니?

나무·수목

'수목'과 '나무'

늙은 나무꾼이 나무를 베고 있었다.

개구리: 할아버지!

나무꾼: 거, 거기 누구요?

개구리: 저는 마법에 걸린 개구리예요.

나무꾼: 엇! 개구리가 말을?

개구리: 저한테 입을 맞춰주시면 사람으로 변해서 할아버지와 함께
　　　　살 수 있어요. 저는 원래 하늘에 살던 선녀였거든요.

그러자 할아버지는 개구리를 집어들어 나무에 걸린 옷의 호주머니에
넣었다. 그러고는 다시 나무를 베기 시작했다.

개구리: 이봐요, 할아버지! 나한테 입을 맞춰주시면 사람이 돼서 함
　　　　께 살아드린다니까요!

나무꾼: 쿵! 쿵! (무시하고 계속 나무를 벤다.)

개구리: 왜 내 말을 안 믿어요? 나는 진짜로 예쁜 선녀라고요!

나무꾼: 믿어.

개구리: 그런데 왜 입을 맞춰주지 않고 나를 주머니 속에 넣어두는 거
　　　　죠?

나무꾼: 나는 예쁜 여자가 필요 없어. 너도 내 나이 돼봐. 개구리하고
　　　　얘기하는 게 더 재미있지.

이외수의 페이스북 글

오랜 세월 동안 나무꾼과 머슴으로 대표되는 건장한 사내들의 도끼

질에 시달리던 '나무'는 오늘날 '수목'으로 신분이 상승해 사뭇 점잖은 대접을 받고 있다. 백두에서 몸을 일으킨 산줄기가 동해를 외로보며 남으로 내달리다 마지막 숨을 고르듯 고개를 쳐든 태백산 자락에 국립백두대간수목원이 있다. 국립국어원이 펴낸 『표준국어대사전』에 따르면 '수목원'은 '수목 연구와 지식 보급을 위해 각종 수목을 수집하거나 재배하는 시설'이다. 수목원에 딸린 사람들이 재배하고 연구하는 것이 '수목'이다.

'수'樹와 '목'木은 둘 다 '나무'다. '수'樹자 안에 '목'木자가 들어 있는 것으로 보아 '수'樹는 '목'木보다 뒤에 생겨난 것이 틀림없다. 그런데 이렇게 이미 나무를 가리키는 글자가 있음에도 뜻이 같은(?) 글자를 새로 만든 까닭은 무엇일까?

'식수'도 '나무 심기'고 '식목'도 '나무 심기'다. 여기서 두 '나무'는 같은 것일까, 다른 것일까?

감정이 메마른 사람을 두고 흔히 '목석같다'고 한다. 여기서 '나무'[木]는 대체 어떤 나무이기에 돌[石]과 한데 엮여 이런 비유에 쓰이게 된 것일까?

'월계수'와 '합성수지'

본격적인 이야기로 들어가기 전에, '수'가 들어간 낱말들을 통해 드넓은 나무의 세계를 일람해보자. 한반도의 '수림'은 '수종'이 다양하기로 이름이 높다. 떡갈나무·오동나무·단풍나무·밤나무같이 잎이 넓적한 '활엽수', 소나무·잣나무·향나무같이 잎이 바늘처럼 가는 '침엽수', 대나무나 전나무같이 잎이 늘 푸른 '상록수', 오리나무나 참나무같이 가을이면 잎이 지는 '낙엽수' 등등이 전국의 산과 들을 메우고 있다.

산밑 인간세계로 내려온 나무는 마당으로 들어와 '정원수'가 되기도 하고, 대도시의 길거리에 세로로 늘어선 '가로수'가 되기도 한다. 사람들이 좋아하는 과실이나 유용한 열매를 맺는 나무들은 '과수'나 '유실수'라는 평범한 이름을, 사람들의 눈을 즐겁게 해주는 나무들은 '관상수'觀賞樹라는 특별한 이름을 얻는다.

나무는 어디에서나 자란다. 남국에는 '야자수'와 '가가아수'加加阿樹 (카카오나무)가 자란다. 그리스에는 마라톤 우승자에게 씌워줄 월계관을 만들라고 '월계수'月桂樹가 자라고, 달나라에는 방아 찧는 토끼들 땀 식히라고 '계수나무'가 자란다. 옛날 하느님의 아들 환웅이 그늘이 필요했는지 열매가 필요했는지 태백산 '신단수' 아래로 강림한 뒤로 한반도 방방곡곡에는 영묘한 신령이 깃든 '신수'가 한두 그루씩 자라기 시작했다. 오래전 유라시아 대륙 선인들의 머릿속에서는 지상에 뿌리를 박은 채 하늘을 떠받치는 '세계수'가 자라고 있었다. 옛 사람들이 세계의 중심이자 인류의 발상지로 여긴 이 나무는 뭇 생명의 원천이기도 해서 '생명수'라고도 불렸다.

석가모니가 그 아래에서 진리를 깨달았다는 '보리수'菩提樹는 아마도 가장 많은 이름을 매단 나무일 것이다. '깨달음을 이룬 나무'라는 뜻의 '각수'覺樹, '도를 이룬 나무'라는 뜻의 '도수'道樹, '생각의 나무'라는 뜻의 '사유수'思惟樹, '근심이 없는 나무'라는 뜻의 '무우수'無憂樹

등. 석가모니 입멸 후 56억 7천만 년 만에 세상에 나타난 미륵보살이 도를 이룬 뒤 '용화수'龍華樹 밑에서 세 차례 설법을 행한다고 하는데, 이 나무는 높이와 넓이가 40리씩이고 용이 백보百寶를 토하듯이 꽃을 피운다. 불가 설화에서, 불경·불효·무자비의 죄를 지은 사람은 시뻘겋게 단 쇠알 열매가 달리고 잎이 칼로 된 '검수' 숲에서 온몸이 찔리는 고통을 받는다.

전라북도 임실에는 안도현의 재미진 시 「열심히 산다는 것」에 등장하는 '오수'라는 곳이 있다. 신라시대에 충견의 희생 덕분에 불길에서 목숨을 건진 사내가 개의 무덤 앞에 꽂아 놓았던 지팡이에서 싹이 돋아 마침내 하늘을 찌를 듯한 느티나무가 되었고, 그 나무를 '오수'라 이름 지어 이 고장의 이름으로 이어졌다고 한다. '오수'의 '오'獒는 '길이 잘 든 개'를 뜻한다.

'온실수'溫室樹는 온실에서 자라는 나무가 아니고, 중국 한나라 궁중에 온실이라는 집이 있었고 그 앞에 서 있던 나무를 온실수라 한 데서 유래하여 임금이 거처하는 대전 가까운 곳을 이르던 말이다. '계통수'系統樹는 1886년에 독일의 동물학자 헤켈이 생물의 유연관계를 나무에 비유하여 그린 그림이다.

한편 나무껍질을 흔히 '목피'라고 하는데, 목재라면 어울리겠지만 살아 있는 나무라면 '수피'가 적절하다(그 이유에 대해서는 뒤에서 살펴볼 것이다). 수피 안쪽에는 나무가 땅속에서 빨아올려 양분으로 삼는 '수액'이 흐르는데, 고로쇠 수액은 사람들에게도 양분이 될 때가 있다. 고무나무의 유액같이 나무껍질에서 저절로 나오거나 나무껍질에 흠이 났을 때 흘러나오는 것도 수액이다.

　　　　　　　　　　　　　　　　　　　　　나무·수목

'나무 기름'인 '수지'樹脂는 소나무나 전나무 같은 나무가 분비하는 점도 높은 액체를 뜻하기도 하고 그것이 공기를 만나 산화하여 굳은 송진·호박 따위를 가리키기도 한다. 건축 용재나 각종 부품, 식기 등에 쓰이는 합성 고분자 화합물인 '합성수지'와는 비교할 수 없는 귀한 물질이다.

'산 나무'와 '죽은 나무'

'목'木자는 땅에 뿌리를 박고 선 나무의 모양을 본뜬 글자로 출발했다. 하지만 시간이 흐르면서 점차 나무와 관련된 여러 사물로 쓰임이 넓어졌고, 동양적 추상 개념의 극치인 오행의 하나를 가리키게까지 되었다. 이렇게 의미 범위가 넓어지자 '목'의 최초 기능, 즉 '살아 있는 나무'만을 가리키는 글자의 필요성이 생겨났고, 이것이 '수'樹가 탄생하게 된 배경이다. (이와 같은 새 글자의 탄생 과정은 수많은 경우에 반복되어 뜻이 비슷한 글자들의 쌍을 대량으로 생산해냈고, 이로써 동아시아의 문자 세계는 한층 풍요로워질 수 있었다. 이 책의 집필도 이런 사정에 힘입은 것이다.)

자전의 설명은 두 글자의 차이를 또렷하게 보여준다.

목木　　1. 나무　2. 목재　3. 오행의 하나

수樹　　살아서 서 있는 나무

조금 헷갈릴 수도 있는 얘기를 해보겠다. 위 풀이에 따르면 '목'은 '나

무'고 '수'는 '살아서 서 있는 나무'다. '목'이 가리키는 '나무'는 '산 나무'와 '죽은 나무'를 다 포함한다. '죽은 나무'는 '목재'다. '목재'는 토박이말로 '나무'다. 토박이말 '나무'에는 '산 나무'와 '죽은 나무'(목재)가 다 들어간다. '나무'는 살아서도 '나무', 죽어서도 '나무'다. '나무'는 죽지 않는다….

'수상돌기'라는 말이 있다. 수상의 연두순시나 물 위의 공중제비 같은 것이 아니고, 해부학에서 '나무 모양의 돌기'를 가리키는 말이다. '수상'樹狀 대신 '나뭇가지 모양'을 뜻하는 '수지상'樹枝狀을 쓰기도 한다. 신경세포(뉴런)에서 뻗어 나온 나뭇가지 모양의 이 짧은 돌기는 다른 신경세포에서 보내는 전기화학 신호를 받아들여 신경세포체에 전달하는 역할을 한다. 어원도 나무를 뜻하는 그리스어 'dendron'이다. 이 말을 썼던 고대 그리스인들이나 한자어로 옮긴 근대 일본의 번역가들 머릿속에, 그리고 '가지 돌기'라는 순화어(?)를 만들어낸 사람들의 머릿속에 공통으로 들어 있었던 것은, 살아 숨 쉬는 한 그루 나무의 모습이었다(앞서 등장한 '수' 계열의 모든 낱말이 이런 경우에 해당한다).

 '수'의 생명력은 명사였던 이 의미소를 동사로 만드는 원동력이 되었다. '나무'에서 '나무를 심다'로 옮겨간 '수'는 자체로 '식수'나 '식목'에 갈음하는 의미를 품게 되었고, 나무는 눕혀서 심는 법이 없기에 '세운다'는 뜻까지 나타내게 되었다('수'樹의 오른쪽 부분인 '주'尌는 손으로 물건을 세운 모양이다). 이것이 오늘날 정부, 제도, 계획 따위를 이룩하여 세울 때 '수립'樹立이라는 표현을 쓰게 된 내력이다.

 춘추전국시대의 고전 『관자』에 나오는 다음의 세 구절은 '수'가 '심다'를 넘어 '심어서 키운다'는 의미까지 품고 있었음을 보여준다.

일년의 계획으로 곡식을 심는 것만한 것이 없고 　一年之計莫如樹穀
십년의 계획으로 나무를 심는 것만한 것이 없으며 　十年之計莫如樹木
일생의 계획으로 사람을 키우는 것만한 것이 없다 　終身之計莫如樹人

'죽은 나무'의 활약

미당을 키운 것은 8할이 바람이었고, '수목'의 사전적 의미를 '살아 있는 나무'로 만든 것은 8할이 '수'였다. 죽은 나무를 '수'라고 하는 경우는 없다. 이에 반해 '목'은 살아 있는 나무와 죽은 나무를 모두 가리키니, '수'보다 의미의 폭이 넓다. 영어로 치면 '수'는 'tree'이고, '목'은 'tree'와 'wood'를 다 포함한다(앞에 나온 '수피'와 '목피'의 차이를 생각해보라).

'목'이라는 의미소를 거느린 수많은 낱말들의 존재는 '목재' 즉 '죽은 나무'가 인간 삶의 거의 전 분야로 파고 들어왔음을 보여준다. 건설·건축 분야만 해도 '목수' '대목'(큰 목수) '토목' '목조' '갱목' '침목' 등이 있고, '침목'을 뒤집은 '목침'을 비롯해 '목기' '목어' '목검' '목관'(악기) '목마' '목선' 등 수많은 '목제' 물건들이 있다.

팔다리를 다친 사람들은 길쭉한 '부목'의 도움을 받을 때가 있고, 마음을 다친 사람들은 '목로'주점의 기다란 '나무 상'에 놓인 술잔에서 위로를 받을 때가 있다. 예술가들은 '목조'로 인물을 조각하기도 하고 '목판화'로 동식물의 모습을 찍어내기도 한다. 장인들은 '목각'으로 글씨를 새기고, 문헌학자들은 오래된 '목판본'의 글씨들을 들여다본다.

'고목'枯木과 '고목'古木 사이

'고목'枯木은 사람을 나무에 비유할 때 자주 쓰는 말이다. 『표준국어대사전』은 '고목'을 '고사목'枯死木과 마찬가지로 '말라서 죽어버린 나무'라면서 아예 '죽은 나무'로 순화(?)할 것을 권하고 있다. 있을 수 없는 일이라는 뜻으로 '고목에 꽃이 피랴' 하거나 도저히 일어날 수 없는 일이라는 의미로 '절로 죽은 고목에 꽃 피거든' 하는 속담이 있는 것을 보면, 사전의 말대로 '고목'이 '죽은 나무'인 듯도 하다. 그러나 '피랴'가 '핀다'로 뒤바뀐 속담도 있고, (농담이지만) '피거든'의 말꼬리를 치켜올리면 '핀다'를 극도로 강조한 표현이 되기도 한다.

'고목'은 '죽은 나무'나 '말라 죽은 나무'가 아니라 겨울나무와 비슷한 상태에 있는 나무일지도 모른다. 생기와 의욕을 잃어버린 사람을 '마른 나무와 불기 없는 재'에 비유한 '고목사회'枯木死灰라는 말도 있기는 하다. 그러나 간혹 마른 나무에서 꽃이 피는 일도 있고, 꺼진 불을 다시 보지 않으면 불씨가 다시 살아나기도 하는 법이다. 이런 의미에서 '고목'은 '삶과 죽음 사이에 있는 나무'라고 할 수도 있다. 사람의 경우든 나무의 경우든, 삶과 죽음의 경계가 둘로 잘린 무 조각 사이의 칼날 같은 것은 아닐 테니 말이다.

이번에는 작정하고 말장난을 해보겠다. '죽은 나무' 빼기 '나무'는 '죽은'이 아니라 '산 나무'다. '고목'枯木에서 '나무'[木] 하나를 빼면 '고목'古木(늙은 나무)이 된다. 죽었는지 살았는지조차 불분명했던 나무가, 늙기는 했지만 확실히 살아 있는 나무가 되는 것이다. '역전앞'이나 '초가집'처럼 의미소가 겹친 '고목나무'로 더 친숙한 나무다. 쓸모 없는 사람이나 물건을 빗댄 '고목후주'枯木朽株(마른 나무와 썩은 등걸) 같은 옛말에서 보듯이 '고목'枯木 시절에는 눈길조차 받지 못하던 나무가, '고목'古木이 되면 제법 귀한 대접을 받기도 한다. 값진 물건을 손질해 시시한 물건으로 만들어버린 일을 비유할 때 '고목을 베어 낙엽을 턴다'고 한다. 목돈을 헐어서 푼돈으로 쓰는 경우를 빗댈 때도 어울리는 속담이다.

'목장갑'과 '면장갑'

나무를 포함해서, '목'으로 시작하는 식물 이름은 흔치 않다. 먼저, 예부터 과일전 망신을 도맡았다는 '모과'(목과木瓜)가 있다. 문자적 의미는 '나무에 열리는 오이'다. 백색이나 자색 꽃을 피우는 '목련'木蓮은 '나무에 피는 연꽃'이다. 무궁화의 다른 이름인 '목근'木槿은 '나무에 피는 무궁화'다. '목이'木耳는 탕수육 같은 중국음식에 많이 쓰이는 버섯으로, 귀처럼 생긴 것이 나무에서 돋는다 하여 생겨난 이름이다. 이렇게 '목'으로 시작하는 것들은 '무슨무슨 나무'가 아니라 '나무에/에서 ~하는 무엇'이다.

'목'으로 끝나는 나무 이름은 그리 많지 않은데, 그중에 기독교『구약성서』에 자주 등장하는 '백향목'柏香木이 있다. 이스라엘의 왕 솔로몬이 성전을 지을 때 썼던 재목이 인근 레바논의 고산지대에서 나는 백향목이었고(이 나무의 다른 이름이 '레바논 삼나무'다), 카이사르 사후 로마제국의 패권을 놓고 옥타비아누스와 각축하던 안토니우스가 자신의 연인이자 동맹 파트너였던 클레오파트라에게 전함 건조용으로 선물했던 것도 터키 땅 남쪽의 토로스 산맥을 뒤덮은 백향목이었다. 이탈리아의 불가사의한 해상도시 베네치아의 아름다운 석조건축물들을 떠받치고 있는 것도 수십만 개에 이르는 백향목 기둥이다.

'주목'朱木은 나무껍질과 줄기 속의 색이 모두 붉은 데서 생겨난 이름이고, '태산목' '채진목' '회양목' '인가목' '마가목' 정도가 '목' 계열 나무들이다.

이 밖에 '목'을 살아 있는 나무에 쓰는 경우는 '교목'喬木(큰키나무), '관목'灌木(떨기나무)처럼 여러 종의 나무를 묶어 부를 때나 앞의 '고목'古木과 '고목'枯木처럼 늙은 나무나 죽어가는 나무를 통칭할 때 정도이다. 무성했던 잎을 다 떨어버리고 헐벗은 모습으로 서 있는 한겨울의 '나목'裸木에서도 생명력 같은 것은 느끼기 어렵다.

앞의 여러 예에서 보았듯이 물건 이름 앞에 '목'이 붙으면 십중팔구 '목재'로 만든 '목제'임을 뜻하게 되는데, 예외가 하나 있다. '목장갑'은 나무로 만든 장갑이 아니라 '목화'로 짠 장갑이다. 목화에서 솜이 나온다. 솜을 자아 만든 실이 무명실이다. 무명실로 짠 천이 무명이다. 무명은 곧 면이고, 무명실은 면사다. 면사로 짠 장갑이 면장갑이다. 그러니 목장갑은 곧 면장갑이 된다(일부 사람들이 생각하듯이 '손바닥 쪽에 빨간 고무를 묻힌 작업용'과 '아무것도 묻히지 않은 예식용'의 차이가 아니다).

'식목'과 '식수'

나무 심는 일을 '식목'이라고 한다. '식목일'을 제정한 인사가 생존해 있던 시절, 북쪽에 천리마 운동이 있었다면 남쪽에는 '심으마 운동'이 있었다 할 정도로 이날만 되면 어른 아이 할 것 없이 전 국민이 나무 심기에 나섰었다. 그런데 똑같은 나무를 심는데도 남북정상회담이나 무슨 기념일 같은 특별한 날에는 '식목'이 아니라 '식수'를 한다. '죽은 나무'와 '산 나무'의 차이로는 설명할 수 없는 둘 사이의 구별은 어떻게 생겨난 것일까?

일단 둘은 양에서 차이가 난다. 식목은 한 사람이 적어도 수십 그루를 심는 작업이다. 집단이 나서게 되면 나무의 수가 수천수만을 헤아리기도 한다(조선 정조 시절에 영의정 서명선이 사도세자의 사당

인 경모궁 안팎에 나무를 심고 관리하는 규정을 『식목절목』으로 정리했는데, 이때 심은 나무도 수가 상당했을 것이다). 반면에 식수는 대개 한두 그루에 그친다.

식목은 양이 많다 보니 일정한 구역을 채우거나 때에 따라서는 온 산을 덮다시피 하는 작업이 되고, 식수는 한 지점에서 끝나버린다. 또 식목은 나무를 심는 것이 목적이니 작업복이 필수지만, 식수는 남에게 보여주는 것이 목적이니만큼 말끔한 정장이 기본이다. 그리고 식목은 손수 하는 일이라 땀깨나 흘려야 하지만 식수는 사실상 남의 (대개는 아랫사람의) 손을 빌리고 본인은 시늉으로 삽질 한두 번만 하면 되니 땀 한 방울 흘릴 필요가 없다는 점도 차이라면 차이가 되겠다.

어쨌든, 양의 차이는 질의 차이를 낳는다. 어떤 사물이든 개체수가 많아지면 개성은 묽어지기 마련이다. 심는 나무의 양이 중요해질수록 한 그루 한 그루의 소중함은 옅어질 수밖에 없다. 집단화는 대상화와 통한다. '식목'에서 '목'은 집단으로 대상화된다. 식목의 대상은 '묘목'이다. 사람도 나이가 어리면 개체성을 존중받지 못하는 경우가 허다한데, 나무는 오죽하겠는가. 처음부터 '목' 취급을 받은 나무들은 세월이 흐른 뒤에도 '벌목'伐木의 대상이 되기 십상이다. 운이 나빠 '잡목'雜木 취급을 받게 된다면 사정은 더할 것이다. 나무의 대상화라는 점에서는 '접목'接木도 '벌목'에 뒤지지 않는 말이다.

'식수'에서 '수'는 대개 묘목이 아니라 어느 정도 자란 나무일 때가 많다. 하지만 설사 어린 나무라 해도 그 독자성은 존중받는다. 세상 뜬 집안 어른을 기려서든 지방에 뜬 중앙의 '어른'을 기념해서든 한

그루 나무를 위해 뜬 한 삽의 흙은,
부모가 어린 자식의 생일날 머리 위에
흩뿌려주는 반짝이와도 같은 것이다.

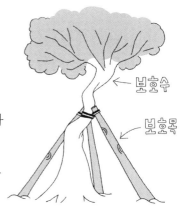

　나무의 개체성이 극도로 존중받을 때
'보호수'가 된다. 이런 나무가 쓰러지거나
흔들리지 않도록 보호하기 위해 대는
말목은 '보호목'이다. '수'와 '목'의 차이는
'보호를 받는 나무'와 '다른 나무를
보호하는 나무'의 차이로도 나타난다.

'목석같은' 사람

한자어의 세계에서는 한 낱말을 이루고 있는 두 글자를 뒤집으면 사
뭇(때로는 전혀) 다른 의미가 되거나 새로운 의미기능이 생겨나는 일
이 흔한데, '목재'를 뒤집은 '재목'도 이런 경우다. '건축이나 토목 또
는 기구 등의 재료로 쓰이는 나무'라는 기본 의미에서는 '목재'와 다
를 것이 없는 이 말이, 어떤 일을 할 수 있는 능력을 지녔거나 어떤 직
위에 알맞은 사람을 가리키기도 하기 때문이다.

　'죽은 나무'가 이러할진대, 살아 있는 나무가 사람과 이런저런 관계
를 맺는 것은 당연하다. '거목'이 대표적인 예로, 굵고 키가 큰 나무를
뜻하면서 위대한 인물을 비유하는 말로도 쓰인다('거수'도 매우 큰 나
무를 가리키기는 하지만 사람을 비유하는 의미는 없는데, 여기서도

죽었니, 살았니?

'목'과 '수'의 차이를 볼 수 있다). 스님들의 손에 들린 '나무 방울' 즉 '목탁'木鐸도 기독교의 '빛과 소금'처럼 세상 사람들을 가르쳐 바로 이끌 만한 사람이나 기관을 가리키는 말로 쓰이기는 하지만, 사물 자체가 상징이 된 경우이니 맥락은 다르다.

사람을 나무에 빗댄 표현 중에서 그 의미가 가장 부정적인 경우가 '목석같다'일 것이다. 바람직한 인간이라면 당연히 풍부해야 할 감정이 어떤 이유에선지 메말라버린 사람을 두고 하는 말이다. 사람은 목석처럼 무정한 존재가 아니라는 '인비목석'人非木石이나 '나무사람에 돌마음'이라는 뜻의 '목인석심'木人石心 같은 더 직설적인 표현도 있다. 돌이야 흔히 생명이 없다고 여기는 것이니 푸대접이 당연하다 해도, 아무런 죄(?)도 없어 보이는 나무는 왜 그 옆에 끌어다 앉힌 것일까?

'목석'의 '목'이 유죄 평결을 받는다면, 유일한 죄목은 '살아 있지 못하고 죽어버렸음'이 될 것이다. 살아 있는 나무는 사람들에게 몸과 마음을 쉴 수 있는 공간을 베풀기도 하고 대화 상대가 되어 위로를 건네기도 한다. 지친 몸으로 자신을 껴안거나 둥치에 등을 기댄 이들에게는 생명에너지를 나눠주기도 한다. 그러한데도 사람들이 집을 짓거나 가구를 짜는 데 목재를 거리낌 없이(?) 사용하는 것은, 나무가 죽으면서 그 감정능력도 사라졌다고 믿기 때문이다. 석재가 그렇듯이, '목재'에는 '가슴'이 없다.

죽은 나무에는 '간과 창자'도 없다. '목석간장'木石肝腸은 톱밥과 돌가루로 담근 간장이 아니라 나무(목재)나 돌처럼 아무런 감정도 없는 마음씨를 뜻한다. 이렇게 감정이 몸속 장기와 긴밀하게 연결되어 있

다고 본 옛사람들의 생각은 '사촌이 땅을 사면 배가 아프다' 같은 속
담이나 '가슴이 아프다' '속이 탄다' '애가 끓는다' '간이 부었다' '쓸개
가 빠졌다' 같은 관용적 표현에도 투영되어 있다.

'나무 시집보내기'

'나무'가 들어간 옛 표현 몇 가지를 살펴보는 것으로 나무 세계 여행
을 마무리하자.

가장 널리 쓰이는 표현으로 '연목구어'緣木求魚가 있다. '나무에 연
유하여 물고기를 구한다'는 뜻으로, 수단이 목적에 합당하지 않아 성
공이 불가능한 경우나 허술한 계책으로 큰일을 도모하는 경우를 비
유하는 말이다.

'풀뿌리와 나무껍질'을 가리키는 '초근목피'草根木皮는 곡식이 없어
산나물 따위로 만든 험한 음식이나 영양가가 적은 악식을 뜻하기도
하고, 한약의 재료가 되는 것들을 묶어 가리키기도 한다.

'한 나무에서 백 배를 수확한다'는 '일수백확'一樹百穫은 인재 양성
의 보람을 이르는 말로, 인재 한 사람을 길러내는 일이 사회에 막대한
이익을 준다는 의미가 담겨 있다.

'봄나무와 저녁구름'인 '춘수모운'春樹暮雲은 멀리 있는 벗에 대한
그리움이 마치 봄날에 깨어나는 신록과 저녁하늘에 피어오르는 구름
처럼 마음속을 채워 온다는 의미다.

'백년하청'百年河淸과 비슷한 의미로 '철수개화'鐵樹開花라는 말도 있

는데, '쇠나무에 꽃 피거든' 정도로 옮길 수 있겠다(이 경우에는 '피거든'의 말끝을 아무리 올려봤자 소용이 없다).

　옛날, 과일나무가 있는 집에서 설날이 되면 그해에 과일이 많이 열릴 것을 기원하며 가지 틈에 돌을 끼워두는 '가수'嫁樹라는 풍속이 있었다. 일명 '나무 시집보내기'다.

　오늘날로 치면 초등학생용 '바른생활' 교과서에 해당하는 조선시대의 초학 교재 『소학』에는 영화 《사운드 오브 뮤직》에서 개과천선(?)하기 전의 폰 트라프 대령이 보았다면 반색했을 만한 권고성 윤리규정이 실려 있다.

　　높은 나무에 오르지 마라　　　　莫登高樹

　　부모님께서 근심하신다　　　　父母憂之

'나무' 말모음

수 樹　살아 있는 나무. 영어의 'tree'.

일수백확一樹百穫 | 춘수모운春樹暮雲 | 철수개화鐵樹開花 | 거수巨樹 |
가수嫁樹 | 오수獒樹 | 월계수月桂樹 | 계수나무 [桂樹-] | 신단수神壇樹 |
신수神樹 | 보리수菩提樹 | 각수覺樹 | 도수道樹 | 사유수思惟樹 |
무우수無憂樹 | 용화수龍華樹 | 검수劍樹 | 야자수椰子樹 | 가가아수加加阿樹 |
과수果樹 | 과수원果樹園 | 유실수有實樹 | 온실수溫室樹 | 정원수庭園樹 |
관상수觀賞樹 | 가로수街路樹 | 보호수保護樹 | 침엽수針葉樹 | 활엽수闊葉樹 |
낙엽수落葉樹 | 상록수常綠樹 | 세계수世界樹 | 생명수生命樹 | 계통수系統樹 |
식수植樹 | 수림樹林 | 수종樹種 | 수피樹皮 | 수액樹液 | 수지樹脂 |
합성수지合成樹脂 | 수지상樹枝狀 | 수상돌기樹狀突起

▶ '수'가 들어간 옛말과 근대어들

수립樹立

▶ '세우다'라는 의미로 쓰인 '수'

죽었니, 살았니?

목木 살아 있는 나무보다는 죽은 나무,
즉 목재를 가리킬 때가 많다. 영어의 'tree'와 'wood'.

주목朱木 ⏐ 백향목柏香木 ⏐ 태산목泰山木 ⏐
채진목菜振木 ⏐ 회양목[-楊木] ⏐ 인가목[-木] ⏐
마가목[-木] ⏐ 교목喬木 ⏐ 관목灌木 ⏐ 묘목苗木 ⏐
거목巨木 ⏐ 잡목雜木 ⏐ 나목裸木 ⏐ 고목古木 ⏐
고목枯木 ⏐ 고사목枯死木 ⏐ 고목사회枯木死灰 ⏐
고목후주枯木朽株

▶ 여러 가지 나무

재목材木 ⏐ 목재木材 ⏐ 목피木皮 ⏐ 초근목피草根木皮 ⏐
토목土木 ⏐ 대목大木 ⏐ 목수木手 ⏐ 목제木製 ⏐
목조木造 ⏐ 목조木彫 ⏐ 목각木刻 ⏐ 목판화木版畵 ⏐
목판본木版本 ⏐ 목기木器 ⏐ 목탁木鐸 ⏐ 목어木魚 ⏐
목검木劍 ⏐ 목관木棺 ⏐ 목마木馬 ⏐ 목선木船 ⏐
목로木壚 ⏐ 목로주점木壚酒店 ⏐ 목침木枕 ⏐
침목枕木 ⏐ 갱목坑木 ⏐ 부목副木 ⏐ 보호목保護木

▶ '죽은 나무'와 관련된 말들

목석木石 ⏐ 인비목석人非木石 ⏐ 목석간장木石肝腸 ⏐ 목인석심木人石心 ⏐
연목구어緣木求魚

▶ 나무에 기댄 옛 비유들

목련木蓮 | 목근木槿 | 목이木耳 | 모과[木瓜] | 목화木花 | 목장갑木掌匣

▶ '목'으로 시작하는 식물 및 관련어

식목植木 | 접목接木 | 벌목伐木

▶ 나무를 대상으로 한 인간의 행위

죽었니, 살았니?

'참'이 '진실'이 된 사연

열매·과실

'과실'과 '과일'

> 햇빛을 받아 변화시키는 이파리와
>
> 고운 뿌리를 지닌 식물들에 감사드립니다
>
> 그들은 바람을 묵묵히 견디고
>
> 열매를 늘어뜨리며 춤을 춥니다
>
> 우리들 마음도 그리 되게 하소서
>
> 게리 스나이더, 「위대한 가족에게 드리는 기도」 중에서

'마실'은 동사 '마시다'의 활용형이기도 하지만 마을의 이웃집에 놀러 가는 일을 가리키는 명사이기도 하다. '마실'은 '마을'의 방언이다. 흔히 표준어가 변해 방언이 되었다고 여기기 쉬운데, 사실은 반대인 경우가 대부분이다. '마을'은 '마실'이 변한 말이다. 깍두기 담그는 '무'도 여러 지역의 방언에서 볼 수 있는 '무수'가 '무우'를 거쳐 정착(?)한 말이다.

헛바닥을 입천장에 살짝 갖다 붙이고 좁은 틈새로 재빨리 바람을 내보내야 하는 'ㅅ'은 다른 자음에 비해 발음의 난이도가 높은 편이다. 그래서 말을 배우는 아이들뿐 아니라 어른들도 제대로 된 소리를 내는 데 어려움을 겪는 경우가 많다(여기에는 필자도 속한다).

'열매 과果'와 '열매 실實'을 합친 '과실'이 '과일'이 된 것은 특정인의 과실이 아니라 수많은 언중이 발음의 편이를 좇아 'ㅅ'을 버린 결과다. 유성음 사이에 낀 무성음을 버리면 목젖을 울리다 말다 하는 번거로움도 덜 수 있다. 그런데 이렇게 'ㅅ'이 떨어져 나가면서 미묘

한 의미 변화도 생겨났다. '과실' '과일' '열매'가 어떻게 다른지, 『표준국어대사전』이 풀어놓은 내용을 들여다보자.

과실   1. 과일   2. 열매

열매   식물이 수정한 후 씨방이 자라서 생기는 것으로, 대개 속에 씨가 들어 있다.

과일   나무 따위를 가꾸어 얻는, 사람이 먹을 수 있는 열매. 대개 수분이 많고 단맛 또는 신맛이 난다.

이 설명에 따르면 '열매'는 '과일'을 포함하고, '과실'은 '열매'와 '과일'을 포함한다(아래 그림 참조). 그런데 흥미롭게도 이 사전에는 '과실'을 뒤집은 '실과'가 '과일'과 같은 말이라고 되어 있다. '과실'이 변해 '과일'이 되었는데, '과실'은 '과일'과 같지 않고 '열매'까지 포함한다. '과일'은 '열매'의 일종이다. 그런데 '과실'을 뒤집은 '실과'는 '과일'과 같다…. 모르긴 해도 사전 편찬자의 머릿속이 꽤나 복잡했을 것이다. 지금 우리의 과제는 '과실'을 '과'와 '실'로 갈라서 서로 어떻게 다른지를 알아보는 것인데, 독자 여러분의 머리가 복잡해지지 않기를 바랄 뿐이다.

'결과'와 '결실'은 둘 다 문자적 의미가 '열매를 맺다'다. 여기서 두 '열매'는 어떻게 다른가? 요컨대 이것이 우리의 의문이다.

'선악과'와 '무화과'

'과'果는 나무[木]에 열매가 달린 모양을 본뜬 글자로, '열매' 또는 '열매를 맺다'가 일차적인 뜻이다. 앞서 보았듯이 '열매'에는 '과일'도 들어가는데, '과'가 의미하는 것은 주로 '과일'이다. '과일'은 '사람이 먹을 수 있는 열매로 대개 수분이 많고 단맛 또는 신맛이 난다'고 했다. 한마디로 '맛있는 열매'가 '과일'이다. 맛있어서 사람들이 많이 찾고, 그래서 너도나도 '과수'를 심어 키우는데, 태풍이나 병충해로 인한 '낙과'가 '과수원' 주인들의 가장 큰 걱정거리다.

예부터 '온갖 곡식과 과일'을 '오곡백과'五穀百果 했던 것을 보면, 과일의 종류가 곡식의 스무 배쯤 되는 모양이다(소리가 같은 '백과'白果는 빛깔이 흰 은행 열매를 가리키는 말이다). 오곡은 좁게는 쌀·보리·콩·조·기장을 가리키고, '오과'는 복숭아·자두·살구·밤·대추를 말한다. 범서梵書에서 온갖 열매를 다섯 가지로 나누어 복숭아·대추·살구 따위를 '핵과'核果, 배·사과 따위를 '부과'膚果, 콩·팥 따위를 '각과'殼果, 솔방울·잣 따위를 '회과'檜果, 야자·호두 따위를 '견과'堅果라 했던 것도 한데 묶어 '오과'라 하는데, '과'가 넓은 의미의 '열매'로 쓰인 경우다. '서울 열매'인 '경과'京果는 한국음식이 아니라 중국요리에서 맨 먼저 상에 나오는 호박씨, 수박씨, 땅콩, 호두 따위를 일컫는 말인데, 역시 '과'를 '열매'의 의미로 썼다.

'시원한 과일'인 '쾌과'快果는 '배'의 별칭이고, '신선의 과일'인 '선과'仙果는 '복숭아'를 달리 일컫는 말이다('천도복숭아'의 '천도'天桃도 선가에서 '하늘나라의 복숭아'라는 뜻으로 쓰던 말이다). 신선들도 좋

'참'이 '진실'이 된 사연

아할 '신선한 채소와 과일'이 '청과'靑果다.

아주 오랜 옛날 유대교·기독교·이슬람 신자들의 공통 조상이 살았던 에덴동산에는 선과 악을 알게 하는 '선악과'善惡果가 있었다. 금단의 열매였던 이 선악과를 따 먹은 죄로 동산에서 추방당한 아담과 이브가 처음으로 부끄러움을 알고 치부를 가리는 데 썼던 것이 '무화과無花果나무' 잎이다. 그 착하신 분이 실제로 그랬는지는 모르지만 어쨌거나 『신약성서』에는 예수가 이 '꽃 피지 않는 나무'를 저주했다고 되어 있는데, 사실은 속에서 피는 꽃이 개화하지 않고 그대로 열매가 되는 것뿐이다.

고대 그리스의 신들은 불사의 식물인 암브로시아를 먹고 신주神酒인 넥타르를 마셨다고 하는데, 우리 조상들은 죽어 귀신(?)이 되어서도 생전에 먹던 것을 똑같이 먹었다. 그리스 신들은 자신들의 능력으로 음식을 자급자족한 반면, 이 땅의 망자들은 이승의 유족이나 후손들에 기대어 식생활을 했기 때문이다. '술과 과일'을 가리키는 '주과'는 살림이 넉넉지 않아서든 검소한 가풍에 따라서든 간소한 제물로 제상을 차렸을 경우에 쓰는 말이다. 하지만 아무리 간소해도 과일은 '과도'果刀로 살짝 깎아서 '과반'果盤에 올리는 것이 기본이다.

'정과'와 '약과'

과일이나 열매를 이용해 만든 음식 중에도 '과'로 끝나는 것들이 있다. '정과'正果는 과일·생강·연근·인삼 등을 꿀이나 설탕물에 조려 만든 음식인데, 흔히 '수정과'水正果만 있는 줄로 알지만 '매실정과' '홍삼정과' 등 종류가 여럿이다.

쌀이나 밀 같은 곡식도 넓게 보면 '열매'의 일종이니 '과'라 불릴 자격이 있다. '약과'藥果는 꿀과 기름을 섞은 밀가루 반죽을 판에 박아서 모양을 낸 뒤 기름에 지진 과자로, '과줄'이라고도 한다. 크기도 만만하고 먹기도 편한 것이 '약과'여서, '그만한 것이 다행이다' 또는 '그 정도는 아무것도 아니다' 하는 뜻으로도 쓴다. 영어로 옮기면 'a piece of cake'다.

밀가루나 쌀가루 반죽을 적당한 모양으로 빚어서 기름에 튀긴 뒤에 꿀이나 조청을 바르고 튀밥, 깨 따위를 입힌 과자가 '유과'油菓 또는 '유밀과'油蜜菓다. '과자 과菓'에 '열매 과果'가 들어 있는 까닭은, 옛날에 과자의 필수조건인 단맛을 얻어내는 재료가 주로 과일이었기 때문이다. 단 과일의 '과육'에서 짜낸 '과즙'에는 '과당'이 들어 있다. 말려서 '건과'乾果가 되면 과당이 농축되어 단맛이 더욱 진해진다.

'결과'와 '사과'

초목이 열매를 맺는 것은 햇빛과 공기와 흙의 도움으로 꽃을 피우고 생장해온 결과다. 그래서 '과'果는 '어떤 일의 결과'를 뜻하기도 한다. '결과'結果는 글자 그대로 '열매를 맺다' 또는 '맺은 열매'라는 뜻인데, 비유적인 용법이 많아지면서 결과가 물질적인 것으로 나타난 경우만을 가리키기 위해 '결과물'이라는 말도 생겨났다. 그런데 결과는 좋을 수도 있고 그렇지 않을 수도 있다. 바라던 대로 결과가 나오면 '효과' 效果를 본 것이고, 결과가 반대면 '역효과'가 난 것이다. 일을 해서 이루어낸 '결실'結實이 '성과'이고, 성과에 따라 지급하는 임금이 '성과급'成果給이다. 전투에서 얻은 성과는 '전과'戰果다.

'원인과 결과'를 아울러 이르는 '인과'는 행위의 선악에 따라 '선과'나 '악과'를 낳는다는 '인과응보'因果應報에서 온 말이다. '과보'도 '인과응보'를 줄인 말이다. 불도를 닦아 이르는 부처의 지위를 '불과'佛果라 하고, 불과의 덕이 넓고 큼을 바다에 비유한 말이 '과해'果海다(서울 강서구의 '과해동' 주민들은 이 사실을 아는지 모르겠다). 과일 '사과'沙果는 붉은색 광물인 단사丹沙의 빛깔을 지녔다 해서 생겨난 이름이고, '사과'四果는 불교에서 이르는 깨달음의 네 단계인 '수다원과' '사다함과' '아나함과' '아라한과'를 말한다.

'과연'과 '과감'

돌발 퀴즈. '역시'와 '과연'의 차이는 무엇일까? (바로 다음 문단으로 넘어가지 말고 잠시 생각해보기를 권한다. 언어 세계에서는 '정답'을 찾아가는 과정이, 또는 정답을 찾고자 하는 노력이 '정답' 자체보다 훨씬 중요하다.)

이제 '정답' 나간다. '역시'는 자신의 말이 실제와 들어맞았을 때 쓰는 말이고, '과연'은 다른 사람의 말이 실제와 들어맞았을 때 쓰는 표현이다.

그런데 '과연'果然에 '열매 과'가 들어간 까닭은 무엇일까? 문자 그대로 풀면 '결과가 그러하다'는 것이니, 남이 했던 말과 실제 결과가 일치함을 표현하는 말이 된다. 한편, 바라는 결과를 얻으려면 일을 하되 '과감'果敢하게 또는 '과단성'果斷性 있게 해야 한다. 이런 표현들에 '과'가 들어간 연유다.

'수레에 가득한 과일'

'실'實로 넘어가기 전에 '과'果가 들어간 표현 몇 가지를 추려본다.

'독수독과'毒樹毒果는 '독이 있는 나무는 열매에도 독이 있다'는 뜻으로, 고문이나 불법 도청 같은 위법한 방법으로 수집한 증거는 법정에서 증거로 사용할 수 없다는 의미다.

'꽃을 먼저 피우고 나중에 열매를 맺는다'는 '선화후과'先花後果는 딸을 먼저 낳고 그다음에 아들을 낳는 경우를 두고 하는 말이다(필자의 경우는 '선과후화'이니 자연의 법칙을 정면으로 거스른 셈).

'척과영거'擲果盈車 또는 '척과만거'擲果滿車는 '던진 과일이 수레에 가득하다'는 뜻으로, 여성이 남성에게 사랑을 고백함을 이르는 말이다. 옛날 중국 진나라의 반안이라는 사내가 누구나 반할 정도로 잘생겨서, 집 밖으로 나갈 때면 여자들이 그의 시선을 받기 위해 너도나도 과일을 던지는 바람에 집으로 돌아올 무렵에는 수레가 가득 찰 정도였다고 한다.

'과일은 제 고장을 떠나면 귀하게 되고[果離鄕則貴] 사람은 제 고장을 떠나면 천하게 된다[人離鄕則賤]'는 옛 격언은 고금과 동서를 관통하는 경험적 진실이다.

'매실' '송실' '납실'

'실'實자가 표현하는 것은 '집 안[宀]에 끈으로 꿴 많은 동전[貫]이 가득하다'다. 따라서 원래 의미는 '실속 있다' '튼실하다' '실답다' '알차다' 같은 것이었는데, 나중에 '씨가 잘 여문 열매'라는 뜻으로까지 넓어졌다. 껍질만 생기고 속에 알맹이는 들지 않은 벼나 보리 따위의 비실비실한 열매를 '비실'非實이라고 하는데, '실'實의 원초적 의미라 할 수 있는 '내실'을 정면으로 거스른 예다.

'과'가 주로 '과일'을 뜻하는 데 비해, '실' 이 의미하는 것은 '열매'다. 과일은 열매의 부분집합이니, '실'은 '과'보다 품이 넓은 개념이다. 맛이 없어서든 너무 딱딱해서든 열매 중에는 사람들이 아예 거들떠보지도 않

는 것들이 허다하고, 먹더라도 식용보다는 약용일 때가 많다. 식용이든 약용이든 인간에게 유용한 열매를 맺는 나무가 '유실수'有實樹다.

매화나무의 열매인 '매실'梅實은 매실장아찌, 매실주, 매실엑기스 등 식용과 약용으로 두루 쓰이는 대표적인 열매다. 소나무의 열매인 솔방울은 '송실'松實이라고 한다(좌우 대뇌 반구 사이 셋째 뇌실의 뒷부분에 있는 솔방울 모양의 내분비 기관인 솔방울샘을 '송과선'松果腺

이라고 하는데, 솔방울은 과일이라고 할 수 없으니 '송실선'이라고 하는 것이 나을 뻔했다).

　열매는 대개 씨를 핵심으로 품고 있지만, 열매 자체가 곧 씨일 때도 있다. 도종환의 「엉겅퀴 꽃씨」에 나오는 '맑은 풀씨'가 이런 경우이다. 목화씨는 '면실'綿實이고, 목화씨에서 짜낸 기름은 '면실유'綿實油다. 삼씨기름은 '마실유'인데, 마시지는 마시라. 뽕나무 열매인 '오디'가 '상실'桑實이고 '상수리'와 '도토리'도 소리가 같은 '상실'橡實인데, 이제는 용도를 거의 상실한 말들이다.

　연꽃의 열매인 '연밥'은 '연실'이라고 하는데, 옛날에 대통을 연밥 모양으로 만든 담뱃대를 '연실죽'蓮實竹이라 했다. '가시연밥'은 '감실'芡實이다.

　쪽의 씨인 '남실'藍實은 한방에서 열독으로 인한 발진이나 목이 아픈 데에 쓰고, 찔레나무의 열매인 '영실'營實은 이뇨제와 해독제로 쓰인다.

　부산의 금정구와 동래구에는 '시실로'가 있는데, '홍시'나 '연시'에 쓰는 '감 시枾'자에 '열매 실實'자를 붙인 것은 실로 처음 보았다.

　한편 친아버지를 '실부', 친형을 '실형', 친아우를 '실제'라 하는 것도 '실'을 '씨'로 풀면 이해가 간다. 모두 '씨가 같은 사람'들이니.

'착실'과 '장영실'

'실'實은 식물에게는 생존의 목적이고, 사람에게는 품성의 기본이다.

『표준국어대사전』에 따르면 '실하다'라는 형용사에는 네 가지 뜻이 있다. '든든하고 튼튼하다' '실속 있고 넉넉하다' '일정한 범위에 거의 도달하거나 들어찰 정도이다' '일하는 것이 빈틈이 없이 능숙하며 착실하다'. 이런 의미에서 멀지 않은 뜻을 담은 낱말들이 '착실' '건실' '충실' '성실' '신실' '독실' '진실' 등이다. 사람이 이런 품성을 갖추지 못하면 '부실'不實한 사람이 되고, 사물이라면 '부실' 기업이나 '부실' 공사 같은 것이 된다.

'영실'英實은 '영특하고 튼실하다'는 뜻이니, 조선 세종 때의 과학자 '장영실'은 천부적 재능과 뛰어난 업적에 값하는 이름을 지니고 있었던 셈이다. 한편 신라의 18대 왕인 '실성왕'은 실성한 왕이 아니고 '신실하고 거룩한 왕'이었다.

참고로, 앞에서 '실'의 본뜻 풀이에 나왔던 '실속 있다' '튼실하다' '실답다'에도 '실'이 들어 있다. 이 중에 '실속'은 한자 의미소와 그에 상응하는 토박이말이 동어반복적으로 합쳐진 재미난 구조를 지녔다.

'사실'과 '실제'

사실　'실제'로 있었던 일, 또는 있는 일

실제　'사실'의 경우나 형편

실지　어떤 사물의 '실제'의 경우나 처지

현실　현재 '실제'로 존재하는 '사실'이나 상태

『표준국어대사전』이 '실' 계열 낱말 네 가지를 풀이해 놓은 내용이다 (따옴표는 필자가 붙였다). 이 '실'을 저 '실'로 설명하고 저 '실'은 다시 이 '실'로 설명하는, 실로 흥미로운 내용이다. '실제'와 '실지'를 풀이한 내용도 '경우'라는 낱말만 빼고 다 다른데, 글자의 뜻으로 보나 실제 쓰임으로 보나 둘은 거의 완벽히 같은 말이라는 것이 필자의 판단이다. 물론 편찬자의 고충도 이해는 간다. 우리의 감각과 인식은 '실제'의 '사실'들로 이루어진 '현실' 속에 갇혀 있는데, 그러한 상황을 메타적으로 설명하는 일은 물고기가 물을 설명하는 것만큼이나 어려운 일이기 때문이다.

'사실'이라는 낱말은 청나라 고증학파에서 생겨나 조선의 '실학'으로 이어진 '실사구시'의 '실사'實事를 뒤집은 말이다. '실제의 일'이라는 뜻으로 보면 '사실'보다는 옛날의 '실사'가 사실 어법에 맞는 말이다. 근대 이후에 생겨난 수많은 '실' 계열 낱말들을 보아도 그렇다. '실존' '실재' '실체' 같은 철학 용어, '실황' '실태' 같은 보도 용어, '실감' '실천' '실행' '실현' 같은 일반 용어가 모두 마찬가지다. 오늘날 우리들은 '실험' '실습' '실전'을 통해 '실력'을 쌓고 '실물'과 관련된 '실무'를 익힘으로써 '실비'를 최소화하고 '실리'와 '실익'을 최대화하는 '실효'와 '실용'의 시대정신 속에 살고 있다.

'구실'과 '행실'

'실질' 만능의 세계가 되어버린 오늘날, 영화나 소설 같은 상상력의 세계가 아닌 '실생활' 속에서 '진실'은 '사실'에 밀려나고 신화는 '사실 무근'이라는 딱지가 붙은 채 '실화'와 '실례'에 자리를 내주고 말았다. 옛날 이 땅의 선인들은 '사실성'이나 '확실성'보다는 '진실성'을 따졌다. '실토'實吐는 거짓 없는 마음으로 사실을 털어놓는 일이고, '이실 직고'以實直告 역시 마음속에 숨기는 것 없이 사실을 고하는 일이다. 근대인들이 주로 '사실' 여부만을 따지는 데 비해, 옛사람들은 사실을 있는 그대로 이야기할 수 있는 마음의 태도에 초점을 두었다.

　옛날의 '행실'行實은 오늘날의 '행동'과 달랐다. '구실'口實이 '입에 달린 열매' 즉 '말뿐인 행위'라면, '행실'行實은 '실제로 몸을 써서 행하는 바람직한 일'이다(『표준국어대사전』은 '구실'을 '핑계'로 순화할 것을 권하고 있는데, 그럴 경우 '구실'과 '행실' 사이의 연관성은 사라지고 만다). 오늘날 '실명'實名은 '진짜 이름'일 뿐이지만, 옛날의 '명 실'名實은 '이름과 실상', 또는 '알려진 것과 실제'라는 철학적 개념이었다. 이름만 있고 실상이 없는 것이 '유명무실'有名無實이고, 이름과 실상이 서로 부합하는 것이 '명실상부'名實相符이자 '명실공히'다. '실제와 같다'는 '여실'如實도 같은 맥락에서 나온 말이다.

'참'과 '거짓'

'가죽' '거죽' '거짓'은 모두 '겉'에서 나온 말들이다. '겉 다르고 속 다르다' 하는 속담이나 '겉 희고 속 검은 이는 너뿐인가 하노라' 하는 옛 시조 구절에서 보듯이, '겉'은 '속'과 짝을 이루는 말이다. '겉'과 '속'

의 관계는 '껍데기'와 '알맹이'의 관계와 같다. 껍데기 안에 알맹이가 들지 않은 알곡은 음식으로 쓸모가 없고, '속 빈 강정'은 주전부리로 부적격이다. 겉만 번드르르한 속없는 사람, 곧 '실없는' 사람은 사회에 쓸모가 없다. 껍데기 안에는 알맹이가 들어 있어야 하고, 겉은 속으로 들어차야 한다. 속이 들어찬 것이 '참'이고, 속이 들어차지 않고 '겉'이나 '거죽'이나 '가죽'만 있는 것은 모두 '거짓'이다.

'차다'의 명사형인 '참'은 '거짓'의 반대가 되기 전에 '비다'의 명사형인 '빔'의 반대였다. '참'과 '빔'을 대비시킨 '허실'虛實이나 '허허실실' 虛虛實實 같은 표현도 그렇고, '겉은 허술한 듯 보이나 속은 들어찼다'는 '외허내실'外虛內實이라는 말도 '참'과 '빔'의 대비를 보여준다. 사람이든 사물이든 속이 들어찼을 때 '참'이 되고 '참다움'이 된다는 것을 일러주는 의미소가 '실'實이다.

감각적·실제적 '참'인 '실'實이 추상적·관념적 '참'인 '진'眞과 만나 생겨난 말이 '진실'이다. 양 차원의 '참'을 아우른 '진실'은 우리 삶의 '속' 또는 '알맹이'를 남김없이 품어 안는다.

진실은 없었다
모든 게 진실이었으니까
좋음만도 아니었다 아름다움만도 아니었다 깨끗함만은 더욱 아니었다
아닌 것이 더 많아 알맞게 섞어지고 잘도 발효되어
향기는 높고 감칠맛도 제대로인 피와 살도 되었더라
친구여 연인이여
달고 쓰고 맵고 짜고 시고도 떫고 아린

우정도 사랑도 인생이라는 불모의 땅에 태어나준

꽃이여

서로의 축복이여

기적은 없었다 살아온 모두가 기적이었으니까.

유안진,「기적」

'열매' 말모음

과果 식물의 열매 가운데 주로 과일을 가리킨다.

실과實果 | 과수果樹 | 과수원果樹園 | 낙과落果 | 오곡백과五穀百果 |

백과白果 | 오과五果 | 핵과核果 | 부과膚果 | 각과殼果 | 회과檜果 | 견과堅果 |

건과乾果 | 경과京果 | 사과沙果 | 쾌과快果 | 선과仙果 | 청과靑果 |

선악과善惡果 | 무화과無花果 | 송과松果 | 송과선松果腺 | 주과酒果 |

정과正果 | 수정과水正果 | 홍삼정과紅蔘正果 |

매실정과梅實正果 | 약과藥果 | 과줄[果-] |

과육果肉 | 과즙果汁 | 과당果糖

독수독과毒樹毒果 | 선화후과先花後果 |

척과영거擲果盈車 | 척과만거擲果滿車 |

과도果刀 | 과반果盤

▶ '과'가 들어간 옛말과 근대어들

결과結果 | 결과물結果物 | 효과效果 | 역효과逆效果 | 성과成果 |

성과급成果給 | 전과戰果 | 인과因果 | 인과응보因果應報 | 불과佛果 |

과해果海 | 사과四果 | 수다원과須陀洹果 | 사다함과斯陀含果 |

아나함과阿那含果 | 아라한과阿羅漢果 | 과연果然 | 과감果敢 |

과단성果斷性

▶ 비유·상징으로 쓰인 '과'

실實 과일을 포함한 모든 식물의 열매.

유실수有實樹 | 과실果實 | 매실梅實 | 송실松實 |
면실綿實 | 면실유綿實油 | 마실유麻實油 | 상실桑實 |
상실橡實 | 연실蓮實 | 연실죽蓮實竹 | 감실芡實 |
남실藍實 | 영실營實
▶ 열매·씨앗을 가리키는 '실'

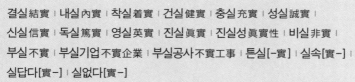

실부實父 | 실형實兄 | 실제實弟
▶ '씨앗'의 의미가 넓어진 경우

결실結實 | 내실內實 | 착실着實 | 건실健實 | 충실充實 | 성실誠實 |
신실信實 | 독실篤實 | 영실英實 | 진실眞實 | 진실성眞實性 | 비실非實 |
부실不實 | 부실기업不實企業 | 부실공사不實工事 | 튼실[-實] | 실속[實-] |
실답다[實-] | 실없다[實-]
▶ 긍정적 가치의 표상이 된 '실'

행실行實 | 구실口實 | 여실如實 | 명실名實 |
유명무실有名無實 | 명실상부名實相符 |
명실공히[名實共-] | 허실虛實 |
허허실실虛虛實實 | 이실직고以實直告 |
실토實吐 | 실지實地 | 실사實事 |
실사구시實事求是
▶ '실'의 개념화를 보여주는 옛말들

사실事實 | 사실성事實性 | 사실무근事實無根 | 확실確實 | 확실성確實性 |
실존實存 | 실존주의實存主義 | 실재實在 | 실제實際 | 실체實體 | 실태實態 |
실상實狀 | 실황實況 | 실질實質 | 실물實物 | 실화實話 | 실례實例 | 실명實名 |

실생활實生活 | 실용實用 | 실비實費 | 실리實利 |
실익實益 | 실효實效 | 실무實務 | 실전實戰 |
실력實力 | 실험實驗 | 실습實習 | 실감實感 |
실천實踐 | 실행實行 | 실현實現 | 현실現實

▶ 근대 이후의 '실' 계열 낱말들

Jean-Paul Sartre

'참'이 '진실'이 된 사연

말과 나

'헐' '대박' '쩐다' 세 마디로 웬만한 감정이나 생각을 다 표현할 수 있는 편리한(?) 세상이 되었다. 유튜브를 비롯한 온갖 온라인 수단과 수많은 방송 매체들이 사람들을 사로잡으면서 '말'은 많아지고 '글'은 적어졌다. 정확한 수치를 알아내기는 힘들지만, 입말에 쓰이는 낱말의 수는 글말의 어휘에 비해 1,000분의 1도 되지 않을 것이다.

낱말과 표현의 수가 적어졌다는 것은 곧 생각이 단순해지고 감정이 뭉툭해졌다는 말이다. 언어는 생각과 감정의 결과이기도 하지만, 거꾸로 생각과 감정을 한정하는 노릇도 하기 때문이다.

감정과 생각이 단순뭉툭해지는 현상은 명백히 인간 진화의 방향에 역행한다. 인류가 수십만 년에 걸쳐 '직립'이라는 형태를 향해 진화해 온 것은, 무거워진 뇌를 곧추선 척추로 지탱하기 위함이었다. 그리하여 인간의 뇌 속에서는 다른 동물들이 범접하지 못할 '사유능력'이 자라나기 시작했다. 직립은 땅을 향해 있던 머리를 '얼굴'로 만들었고, 눈과 입을 땅바닥이 아니라 동료 인간들을 향하도록 만들었다. 심장을 비롯한 모든 내장기관도 대지가 아니라 '나를 닮은 다른 존재들'을 향하게 되었다. 이리하여 인간 삶 속에서 '소통'이 가장 중요한 요소로 자리 잡게 되었다. 그리고 마침내 사유능력의 도움으로 소통의 도구인 언어가 탄생했다.

언어는 인간 존재의 핵심인 사유와 소통의 수단이자 동물과 인간을 구별하는 경계선이다. 언어의 진화는 인류의 진화와 거의 같은 의미를 띤다. 그런데 이런 언어가 각종 영상매체의 위력 앞에서 퇴보하고 있는 것이다. 그에 따라 사유와 소통의 능력 또한 뒷걸음질치고 있다. 사유능력과 소통능력의 퇴보는 종으로서 인류의 퇴화를 의미한다. 직립을 통해 (동물의 차원을 포함하면서도) 동물의 차원을 넘어선 존재가 되었던 인간은, 두 가지 능력의 퇴화와 함께 다시 동물의 차원으로 돌아가려 하고 있다.

'정밀한 언어'와 '정밀한 사유'는 거의 동의어다. 정밀한 사유와 언어는 '먹고사는' 문제를 넘어 '잘(!) 사는' 문제와 직결되어 있다. 언어능력과 사유능력은 인간 삶의 질을 좌우한다. 자신이 구사하고 있는 낱말이 정확히 무슨 뜻을 지니고 있는지, 지금 자신의 입에서 나가고 있는 표현이 어떤 느낌을 동반하고 있는지 자각하지 못하면 말 그대로 '의미 없이, 느낌 없이' 말하고 있는 것이다.

자각적인 언어생활의 중요성을 생각하지 않는 것은 스스로 '인간다움'을 포기하는 일이나 다름없다. 언어는 의사전달이라는 기본적인 기능을 넘어 자신의 감정을 표현하고 자신의 정신을 외화外化하는, 자기 존재의 일부이자 연장延長이라는 점을 생각할 때 더욱 그러하다. 자신의 언어를 자각하는 일, 자신의 말과 글을 정밀하게 들여다보는 일은 곧 자기 자신을 성찰하는 일과 다르지 않다. 말은 단지 말이 아니다. 말을 정밀하게 살펴야 하는 까닭은, 말 속에 우리들 자신이 들어 있기 때문이다.

적벽재에서

김철호

● 인용 작품 출처

91쪽   홍은택, 「나비잠 1」, 『노래하는 사막』, 서정시학, 2014.

98쪽   이해인, 「오늘을 위한 기도」.

111쪽   박노해, 「별은」, 박노해의 '숨고르기', 나눔문화.

124쪽   한바다, 『사랑은 사랑이라 부르기 전에도 사랑이었다』, 유토피아, 2009.

129쪽   황금찬, 「꿈과 눈물의 미학」.

143쪽   박노해, 「더 채워라」, 박노해의 '숨고르기', 나눔문화.

191쪽   윤제림, 「가족」, 『그는 걸어서 온다』, 문학동네, 2008.

213쪽   박준, 「숲」, 『우리가 함께 장마를 볼 수도 있겠습니다』, 문학과지성사, 2018.

245쪽   김형영, 「따뜻한 봄날」, 『다른 하늘이 열릴 때』, 문학과지성사, 1987.

248쪽   박노해, 「직선이 없다」, 박노해의 '숨고르기', 나눔문화.

359~360쪽   유안진, 「기적」, 『봄비 한 주머니』, 창작과비평사, 2000.